KB218748

나라의 운명을 바뀌게 한

천하절색

나라의 운명을 바뀌게 한

천하절색

변원종 지음

역사는 지난날에 일어났던 사건의 실마리를 찾아 현실의 난관을 해결하기 위한 일환이다. 세상의 변화 흐름에 적응하지 않으면 발전할 수도 없고 새로운 가지를 창출할 수도 없다. '온고지신溫故知新'이라는 말이 역사의 현재 상황을 가장 잘 설명해내는 적절한 표현이다. '옛것을 익히고 배워서 새로운 것을 알아가는 것'은 만고의 진리다.

역사는 과거의 경험 지식인 '온고'를 통하여 시행착오를 겪지 않게 새로운 지식을 가능하게 만드는 것이지, 어느 날 갑자기 새로운 지식이 성취되는 것이 아니다. 과거와 현재, 미래 사이에는 불가분의 관련성이 있다. 즉 지나간 것에 대한 올바른 지식이 없으면, 현재의 새로운 사태를 정확히 파악할 수 없고 다가올 미래의 문제 상황에 대해 대처할 수 있는 능력을 발휘할 수 없게 된다. 역사는 과거의 사태를 정확하게 인식하여 장차 닥쳐올 미래사태에 대해 올바른 판단을 세워 대처할 수 있도록 능력을 배양하게 한다.

예나 지금이나 재물·권력·명예·여자 등에 초연한 사람은 드물다. 사람이 일생 동안 이 네 가지 때문에 번뇌하게 하는 것은 누구나 알 수 있는 사실이다. 재물은『사기』에 "사람은 재물 때문에 죽고, 새는 먹을 것 때문에 죽는다"라고 했다. 권력을 추구하는 것은 명예나 재물, 나아가 여색 방면에서 유리한 위치를 확보하기 위해서 유용하다. 그리고 명예는 세상에서 모든 사람이 남에게 훌륭하다고 칭찬을 받을 만큼 성공한 것을 말한다. 끝으로 남자든 여자든 평생 동안 회피할 수 없는 문제가 남녀의 애정 문제이다. 대부분 이런 감정 문제는 사랑, 결혼과 관련되어 있고, 나아가 성욕의 문제로까지 이어진다.

권력과 미인은 떼어놓을 수 없는 관계다. 예나 지금이나 인간의 삶에서 권력은 재산이고 존엄이며 욕망의 성취이자 마음대로 원하는 것을 할 수 있는 요술 지팡이와 같다. 재물이 있다고 해서 반드시 권력을 가질 수는 없지만, 권력이 있다면 재물을 가질 수 있다.

여자는 자기를 사랑해 주는 사람을 위해 화장을 하고, 선비는 자기를 알아주는 사람을 위해 죽는다고 한다. 미인의 조건으로 중국의 고문헌에는 날씬하고 호리호리한 여성이 선호되었지만, 당나라 시대에는 풍요로운 외모가 미인의 조건이 되기도 했다. 하얀 얼굴에 붉은 연지를 칠하면 얼굴에 생기가 감도는 것이다. 중국 고대 미인의 필수조건에는 눈썹과 입술화장이 중요하였다.

당나라 시대에는 눈썹 화장인 미대眉黛, 이마엔 화전花鈿, 볼을 붉게 칠하는 홍장紅粧, 이마와 콧등, 턱을 희게 칠하는 삼백三白, 이마의 머리털이 난 언저리를 황색으로 염색하는 액황液黃, 보조개를 그리는 면엽面靨, 관자놀이엔 사홍斜紅을 그렸다. 사홍은 위나라 문제가 총애하는 궁녀 설야래가 사방 수정으로 된 병풍이 둘려 친 등불 아래에서 책을 보고 있는 문제에게 다가가다가 수정 병풍에 얼굴을 부딪쳐 피를 흘렸는데, 이 흔적이 너무 예쁘다며 궁녀들이 따라서 했다고 한다.

눈썹은 석대石黛라는 검은색 광물을 이용했다. 잘생긴 눈썹 역시 미인의 필수조건으로, 누에나방 눈썹처럼 가늘고 아름다운 아미蛾眉는 곧 미인의 대명사였다. 앵두 같은 입술 역시 매우 중요한 화장의 하나였다. 입술에 바르는 안료는 단丹을 사용했지만, 주로 작고 진한 입술을 그리는 방법이 다달랐다.

중국에서는 옥 같은 손가락과 하얀 팔, 가느다란 허리와 흰 피부, 전족을 한 작은 발, 백분과 연지로 화장한 얼굴, 진한 체향, 검고 긴 머리카락에 구름처럼 틀어 올린 머리 형태, 누에나방처럼 짙고 푸른 눈썹, 맑은 눈동자와 윤기 있는 공막, 붉은 입술과 흰 치아를 갖고 있어야 미인으로 여겼다. 여기에 필수조건처럼 따라오는 것이 깨끗하고 희고 밝은 피부이다. 이런 여러 가지 조건을 완벽하게 갖춘 여인 때문에 임금이 미혹되어 나라가 기울어져도 모를 만큼 매우 빼어난 천하절색의 미녀가 역사적으로 존재했다는 사실이다.

권력의 주위에는 항상 아름다운 여인이 있었다. 황제들이 온고를 통해서 지신을 알았다면 나라를 망하게 하는 일은 없었을 것이다. 남녀 간 사랑은 누구한테도, 어디에서도 언젠가는 일어날 수 있는 피할 수 없는 일이다. 아무리 뒷방 사사私事라고는 하지만 역시 한나라의 통치하는 황제들과 천하일색의 도리에 벗어난 남녀 간의 사랑은 항상 주목의 대상이 된다. 황실의 여인들은 사랑을 잃으면 그 모든 게 한순간에 물거품이 되어버리는 것이 그녀들의 인생이다.

한 국가가 망하게 되는 원인은 여러 가지가 있다. 그 하나는 부족한 역량과 포악한 성품을 지닌 자손에게 제왕의 자리를 넘겨주어, 마침내 정사에 능력이 없는 자손이 세습하여 나라가 망한 예이다. 즉 어질고 지혜와 유덕한 능력이 있는 훌륭한 사람에게 선양하지 않아 나라의 운명이 바뀌게 된 경우다. 또 하나는 부덕한 황제와 사악한 절세가인의 사치와 향락도 한몫했다.

마지막으로 이 책이 출판되기까지 물심양면으로 도움을 주신 채종준 사장님, 실무를 담당하신 양동훈 선생님, 정성껏 한 자 한 자 심혈을 기울여 수정과 교열을 꼼꼼히 보아주신 이혜송 선생님께 진심으로 감사를 드립니다.

제1장

중국의 이상적인
왕위 교체, 선양

왕권 교체에는 여러 가지 방법이 있다. 어떤 방법으로 교체했든 간에 권력을 잡은 왕은 앞선 왕의 행적을 나쁘게 평가하거나 실정과 폭정인 단점을 부각시켜 왕권 교체를 당연시하였다. 이 같은 왕권 교체의 갈등을 미연에 방지하기 위해 '부자 세습'이라는 권력 이양이 당연시되었다.

중국의 역사를 보면 선양禪讓*제도가 존재했던 시기는 '요·순' 시기였을 뿐이다. 『논어』의 편명 중에는 「요왈」이 있다. 지덕이 뛰어나 천하가 우러러 사표로 삼을 이상적인 임금으로 받들던 요·순 등의 왕위 교체 때의 일이 기술되어 있다. 순은 요와 함께 상고시대의 대표적인 덕이 뛰어난 어신 임금으로 손꼽히고 있다. 그래서 뛰어난 군주의 치세를 일컬어 요순시대라 부르기도 한다.

---

* 선양(禪讓): 임금이 살아 있으면서 자신의 혈육인 자식에게 왕위를 물려주는 것이 아니라 혈육이 아닌 다른 사람에게 왕위를 물려주는 것을 말한다. 유교의 이상적인 정권 교체 방식으로, 천자가 제위를 덕이 있는 자에게 물려주는 것을 일컫는다. 곧 요·순·우 사이에 행해진 정권의 이양을 말하는 것으로, 유교 정치의 모범이 되었음을 의미한다.

요·순시대는 태평성대와 같은 의미의 관용 표현이기도 하다. 요·순시대의 태평성대는 중국 역사상 주로 "되돌아갈 수 없는 좋은 옛 시절"을 나타내는 표현으로 자주 사용되었으며, 각종 시와 노래, 민요와 상소문 등에서 용례를 찾아볼 수 있다. 정치적으로 혼란이 없고 사회가 안정되고, 백성들이 행복하게 살 수 있는 평화로운 시대를 연 것을 말한다. 이 당시에는 법질서가 공정하게 유지되고, 사람들 간의 관계가 조화로워 통합적인 목표 달성이 이루어지는 이상적인 사회 형태를 의미한다.

선양은 나라를 다스리는 임금이 살아 있으면서 '부자 세습'이 아닌 다른 사람에게 왕위를 물려주는 것을 말한다. 맹자는 백성의 뜻이 곧 하늘의 뜻에 반영된 것으로 설명한다. 그는 요·순시대를 이상 국가라 칭송하면서 임금이 자신의 자리를 자식에게 물려주지 않고 주위에 능력 있고 덕이 있는 사람을 택해 오랫동안 지켜보고 나서 제위를 물려주는 것을 선양이라 하여 제도 자체를 대단히 높이 평가했다. 요임금은 단주를 비롯해 아홉 명의 아들이 있었으나 친척도 아닌 순에게 제위를 물려주었다.

순은 요임금 밑에서 28년간이나 재상을 지냈다. 요임금은 아들 단주가 자신의 덕망이나 유업을 이어받지 못할 것이라는 생각에 그동안 눈여겨보아 온 순이라는 사람에게 제위를 물려준 것이다. 또 순임금 밑에 우라고 하는 사람이 17년간 재상을 지냈다. 순임금의 아들 상균이 있었지만 역시 그의 부족한 능력과 성품 때문에 친척도 아닌 우라는 사람에게 제위를 물려줬다. 유교에서는 선양을 가장 이상적인 정권 교체 방식으로 보았다. 즉 덕을 쌓고 천자가 제위를 덕이 있고 어진 사람에게 양도하는 것을 말한다.

『사기』에 보면, 요임금은 초가집에서 살았는데 벽에 석회도 바르지 않았다. 음식은 주로 현미와 야채만 먹었고, 겨울에는 사슴 털가죽 한 장만을 덥고 지냈다. 의복은 너무 오래 입어서 너덜너덜해져서야 새 옷으로 갈아입었다. 백성들이 단 한 사람이라도 굶주리거나, 죄를 지으면 그것은 모두 자기 잘못된 정책 때문이라는 생각으로 나라를 다스렸다. 그래서 그 덕이 하늘과 같이 높고, 지식은 신과 같이 미묘하여 헤아릴 수가 없었다. 백성들은 그를 대하기를 태양과 같이 여기고, 가뭄에 비를 기다리는 듯하였다. 하늘의 이치에 따라 농업에 필요한 시기를 백성들에게 가르쳤으며, 해 뜨는 시각을 알려 농사짓는 시기를 알려주었다. 1년을 366일로 정하고 3년에 한 번 윤달을 둔 것도 요임금 시대의 일이다. 백성들은 배불리 먹고 격양가擊壤歌*를 부르며 태평성대를 누렸다고 한다.

요임금이 나이가 들어 후계자를 고르게 되었다. 당시 요임금에게는 적자인 단주가 있었으며, 상속에 따라 여러 신하는 단주를 후계자로 추천하였다. 그러나 요임금은 자식인 단주가 천하를 다스릴 만한 훌륭한 인물이 되지 못함을 알고 있었다. 그는 단주가 천하를 다스리면 한 사람, 즉 단주만이 즐거울 것이고 온 천하 사람이 괴롭고 아픈 느낌이 있을 수 있다고 생각하였다.

요임금이 제위를 이을 천자 될 사람을 찾기 위해 백방으로 알아보던 중에 '허유라는 사람이 심지가 깊고 어질다'라는 소문을 듣고 허유에게 천자의 자리를 넘겨주는 것이 옳다고 마음먹고 신하들에게 말했다. 이 소문을 들은 허유는 기산으로 숨어버렸다. 요임금이 다시 허유를 '구주九州**의 우

---

* 격양가(擊壤歌): 요임금 시대의 태평세월을 노래한 민요이다. 사람들은 자연에 순응해 해가 뜨면 일어나 일하고, 해가 지면 집으로 돌아가 쉰다. 이러하니 굳이 임금님의 힘이 필요하지 않다는 것이다.

** 구주(九州): 중국 고대에 전국을 9개의 주로 나눈 것을 말한다. 순시대와 하나라 때에는 기(冀)·연(兗)·청(靑)·서(徐)·형(荊)·양(揚)·예(豫)·양(梁)·옹(雍)이며, 은나라 때에는 기·예·옹·양·형·연·서·유(幽)·영(營)이고, 주나라 때에는 양·형·예·청·연·옹·유·기·병(幷)이다.

두머리'로 삼으려 하자, 이번에는 영수라는 강가에 가서 강물에 귀를 씻었다. 그때 마침 말에게 물을 먹이기 위해 강가에 나왔던 허유의 절친한 친구 소부가 물었다.

"아, 이 사람아, 왜 귀를 물에 씻는가?"

"못 들을 말을 들었네."

"무슨 말을 들었기에 그러는가?"

"아니 요임금이 전에는 나에게 천자의 자리를 넘겨준다고 하여 기산에 숨었는데, 이번에는 '구주의 우두머리'를 삼겠다고 해서 귀를 물에 씻는 중이라네."

그 말을 듣고 소부는 말을 끌고 강 상류로 향했다. 이번에는 허유가 소부에게 물었다.

"왜 말에게 물을 먹이지 않고 강 상류로 가는가?"

"더러운 귀를 씻은 물을 어떻게 말에게 먹일 수 있겠는가?"

소부는 말을 상류로 끌고 가서 물을 먹였다.

이에 요임금은 신하를 불러놓고 말하였다.

"신분이 어떻든, 어느 곳에 사는 사람이건, 생활이 어렵건, 모든 것을 불문하고 온 세상을 샅샅이 뒤져서라도 나라를 다스릴 훌륭한 인물을 찾아오라. 내가 그에게 천하를 맡길 것이다."

그러자 신하들이 한목소리로 말하였다.

"순이라는 인물이 적당할 것으로 압니다."

"그는 어떤 인물이냐?"

한 신하가 나서며 순의 인물 됨을 말하였다.

"그는 장님의 아들입니다. 그의 아비는 부덕하고 어미는 남을 헐뜯으며 아우 또한 교만하지만, 그는 효성과 우애로 가족을 화목하게 이끌어가고 있습니다."

이런 일이 있고 난 뒤 요임금은 그를 불렀다. 요임금은 순을 시험해 보려고 자기 딸 아황과 여영을 순에게 시집보냈다. 그들 부부는 천생연분인 듯 아무 잡음이 없을 만큼 잘살고 있었다.

"잘되었다. 군자는 아내를 잘 다스려야 하는 법이야, 그래야 어렵고 힘든 일도 잘 처리할 수 있지!"

순은 스무 살에 이미 세상에 효자로 소문이 났으며, 요임금에게 후계자로 추천을 받을 무렵, 그의 나이는 서른이었다.

한편 두 딸을 시집보낸 요임금은 안팎에서 그의 행실을 관찰하면서 그의 사람됨을 평가하였다. 두 딸 또한 천자의 딸이라 해서 친척들에게 거만하거나 사치하지 않고 알뜰하였으며, 겸손하여 훌륭한 부인의 도리를 지켜나갔다.

순의 사람됨을 아는 사람들은 그가 농사를 지으면 밭두둑을 양보했으며, 물고기를 잡으러 가면 좋은 자리는 다른 사람에게 내주었다고 했다. 그래서 그가 머무는 곳은 1년이 지나면 촌락이 되고, 2년이 지나면 읍이 되었으며, 3년이 지나면 도회지가 되었다. 이를 가상히 여긴 요임금은 순에게 칡 섬유로 짠 베옷과 거문고를 하사하고, 그를 위해 곡물 창고를 지어주며 소와 양을 내렸다.

나이가 들게 된 요임금은 순에게 천자의 정사를 대행하게 하고, 천하를 순행하게 하였다. 순이 등용되어 정사를 담당한 지 20년 만에 요임금은 순을 천자의 대행으로 임명하였다. 그로부터 8년이 지나 요임금은 세상을 떠났다. 3년간의 복상 기간이 지나자 순은 요임금의 아들인 단주에게 왕위를 넘겨주고 자신은 황하의 남쪽 땅으로 피신하였다.

그러나 모든 제후는 단주에게 가는 대신 순을 찾아왔으며, 소송을 하고자 하는 사람들도 순에게 찾아와서 자문을 구했다. 백성들이 순을 천자로 여기고 그와 같이 대했던 것이다.

"하늘의 명령이란 바로 이런 것이구나. 어찌 피할 수 있겠는가."

순은 자신의 뜻을 굽히고 천자의 자리에 오르게 되었다. 그의 나이 61세였다. 순이 임금에 오르고 나서 요임금 못지않게 정사를 잘 돌보아 백성들이 태평성대를 누리며 잘 살게 했다. 요임금의 말년에 7년 동안 계속된 장마에 황하가 범람하여 많은 백성이 죽고 농토가 물에 잠겨 농사를 망치고 농토가 유실되는 등 치수에 크게 골머리를 앓아 왔다. 그래서 순임금은 곤의 아들 우에게 황하의 치수 사업을 맡기고 잘 해줄 것을 부탁했다. 우는 13년 동안 중국 천지를 돌아다니면서 온갖 고생을 감수하며 치수 사업을 성공적으로 마무리했다. 이때 우는 치수 사업에 너무 골몰하여 자기 집을 세 번이나 지나면서도 들르지 않았고, 허벅지의 살이 쭉 빠지고 등이 낙타처럼 굽어서 꼭 무슨 짐승처럼 절룩거리며 다녔다.

천자의 자리에 오른 순임금이 요임금의 시조인 문조의 묘를 참배하고 사악(四嶽, 동서남북 사방의 제후들을 총괄하는 관리)과 상의하여 온 나라 안의 현인들을 불러 모아, 그들을 통해 백성들의 뜻과 생활상을 알려고 노력했다. 그리고 신하들에게는, "치적을 쌓아 선왕의 공적을 빛낼 자가 있다면 관직을 주어 정무를 보좌하도록 할 것이다" 하고는 훌륭한 인물을 구하도록 하였다.

그러자 신하들은 우를 추천하였다. 이에 순임금은 그를 사공(司空, 토지와 백성의 관리를 주관하는 직책)에 임명하였다. 그러나 우는 큰절을 올리고 사양하였다. 이에 순임금이 재차 요청하자 할 수 없이 받아들였다.

이 외에도 순임금은 후직(농사를 담당하는 관직), 설(교육 담당), 고요(법과 형벌 담당), 수(여러 가지 기구를 담당), 익(산과 하천의 관리를 담당), 백이(제례를 담당), 기(음악 담당), 용(전령과 의견 수집을 담당)과 같은 신하들로 하여금 각각의 임무를 담당케 하여 나라의 기틀을 확립하여 나갔다. 그 가운데서도 우의 공적이 가장 컸다. 그는 전국 아홉 개의 산을 개간하고, 아홉 개의 호수를 통하게 했으며, 아홉 개의 강줄기를 통하게 하고 전국 구주를 확정 지었다.

이 결과 각지의 제후, 군장들은 각기 직분에 따라 조공하였으며 천자를 받드는 일을 잊지 않았다. 이에 우는 순임금의 덕을 칭송하는 음악을 만들었고, 각자의 진귀한 물건들을 가져오도록 했으며, 하늘에서는 봉황까지 날아 그 시대를 찬양하였다.

요임금 때 7년 동안 계속된 장마에 황하가 범람하여 치수에 고민이 많았던 순이 곤의 아들 우에게 치수 사업을 맡기고 잘 해줄 것을 부탁한 적이 있었다. 그런데 그전에 우의 아버지 곤이 추천된 적이 있었다. 그때 요임금이 말했다.

"곤은 명을 어기고 종족을 훼손시켰으니 안 되오."

그러자 신하 사악이 말했다.

"곤보다 더 나은 사람은 없사오니, 임금께서 그를 한번 시험해 보십시오."

이에 요임금이 사악의 말을 듣고 곤을 기용하여 물을 다스리게 했다. 9년 동안 물은 다스려지지 않아 성공을 거두지 못했다. 이에 요임금이 바로 사람을 구해 다시 순을 얻었다. 순이 등용되어 천자의 정치를 섭정하면서 순수를 다녔다. 다니면서 곤의 치수에 드러난 바가 없다는 것을 보고는 바로 곤을 우산에서 죽였다. 천하가 모두 순이 곤을 죽인 것을 옳다고 여겼다. 이어 순은 곤의 아들 우를 천거하여 그로 하여금 곤이 하던 일을 잇게 한 것이다.

우는 곧 익, 후직과 함께 순임금의 명을 받들어서 제후와 백관들에게 사람들을 동원해 공사를 시작하게 했다. 산으로 가서 나무를 세워 높은 산과 큰물들을 측정하는 표시로 삼았다. 우는 선친 곤이 공을 이루지 못하고 죽은 것이 마음 아파 노신초사勞身焦思*하면서 13년을 밖에서 지냈는데 집 대문 앞을 지나면서도 감히 들어가지 못했다. 입고 먹는 것을 간소하게 해서 귀신에게 정성을 다했으며, 누추한 궁실에 살면서 절약한 비용을 도랑을 파는 일에 들였다. 육지를 다닐 때는 수레를 탔고, 물로 갈 때는 배를 탔다. 진흙탕은 썰매를 탔고, 산길은 바닥에 징을 박은 신발을 신었다. 왼손에는 수준기와 먹줄을 들었고 오른손에는 그림쇠와 직각자를 들고 다녔다. 사계절을 측량하고 구주를 개척하고, 아홉 개의 큰길을 뚫었다. 아홉 개의 큰 연못을 조성하고, 아홉 개의 큰 산에 길을 냈다. 익에게는 백성들에게 볍씨를 주어 낮고 습한 땅에 심도록 명했다. 후직에게는 백성들이 얻기 어려운 먹거리를 나눠주라고 명했다. 먹을 것이 적은 곳은 남는 지역의 것을 조정

---

* 노신초사(勞身焦思): 중국 역사에서 최초의 국가이자 왕조로 인정받은 하나라를 건국한 우임금은 임금이 되기 전 순임금에 의해 황하를 다스리는 치수 사업의 주관자로 임명되었다. 아버지 곤이 9년에 걸친 치수 사업에 실패하여 죽임을 당한 경험이 있기 때문에 우는 조심조심 치수 사업에 임했다. 당시 우는 "노신초사 13년 밖에서 살면서 집 문 앞을 지나가면서도 들어가지 못했다"라고 한다. 여기서 '노신초사'라는 사자성어가 유래했는데, '몸과 마음을 모두 수고롭게 한다'라는 뜻이다. 즉 온몸과 마음을 그 일에 집중하여 힘들게 일하느라 몸과 마음이 힘들고 지쳤다는 의미다. 치수 사업에 노신초사했던 우는 외지 생활을 했던 기간부터 몇 차례나 집 문 앞을 지나면서 들어가지 못했다고 한다. 여기서 '집 앞을 세 번이나 지나면서도 집에 들어가지 못했다'라는 『맹자』 '三過其門而不入'이라는 대목이 나왔고, 줄여서 '三過不入'이라고 많이 사용한다.

하여 서로 주고받음으로써 제후들의 균형을 맞추었다. 우는 또 다니면서 그 땅에 맞는 것을 공물로 삼되 산과 하천의 편리함에 따랐다.

이처럼 13년 동안 중국 천지를 돌아다니면서 깊은 지혜를 동원하고 온 갖 고생을 다하여 치수 사업을 성공적으로 마무리했다. 이때 우는 치수 사 업에 너무 골몰하여 등이 낙타처럼 굽어서 등 굽은 사람이 다리는 절룩거 리며 걷는 모습을 뒷날 사람들은 '우의 발걸음'이라 했다. 순은 천자에 오 른 지 39년 되던 해에 남쪽 나라를 순행하다가 병을 얻어 죽고 말았다.

그런데 순의 아들 또한 부족한 점이 많아 순은 생전에 우를 천자로 추 천해 놓았다. 3년간의 복상 기간이 끝나자 우도 순이 그랬듯이 순의 아들 싱균에게 제위를 양보하고 양성 지방으로 피신하였다. 그러나 제후들은 우에게 갔으며 이에 따라 우가 천자에 오르게 되었다. 이로써 하나라가 개 국하게 되었다.

우는 사람됨이 영민하고 의지가 강하며 부지런했다. 그 덕은 어김이 없 었고, 어질어서 가까워지기 쉽고, 말에는 믿음이 있었다. 목소리는 화기애 애했고, 행동은 법도에 맞았으며, 일을 공평하게 처리했다. 반듯하고 부지 런하여 위아래의 모범이 되었다.

우는 죽을 때 동이족의 익에게 선양하였으나 우의 아들 계가 익을 쫓아 내고 왕위에 올라 요가 순에게 순이 우에게 선양되었던 제위 제도가 중단 되었다. 그리고 계는 그의 아들을 후계자로 삼아 왕위가 하나의 핏줄로 세 습되는 왕조를 낳게 함으로써 중국 역사상 첫 번째 하 왕조가 시작되었다.

이런 제위 세습은 제왕의 안위를 결정하게 되는 원인을 제공하게 된다. 한 나라가 망하게 된 가장 큰 원인은 제위의 자리를 혈연인 자식에게 물려 주지 않고 주위에 능력 있고 어질고 덕이 있는 사람을 택해 오랫동안 지켜보고 나서 물려주지 않았기 때문이다. 그로 인해 제왕의 부도덕한 사치와 향락도 만연했고, 거기다 말희와 달기, 포사 등 경국지색에 눈먼 봉사가 된 제왕도 있었기 때문이다. 이처럼 한 나라의 역사를 살펴보면 선양 제도가 폐기되고 혈연에 의한 비합리적 방법으로 정사를 했기 때문에 나라가 망하게 된 것이다. 어리석은 왕이 요사스러운 아름다운 여인에게 빠져 국사를 거스르는 일도 선양이 아닌 혈연의 세습에 의해 일어난 사례이다. 그 대표적인 사례가 하나라의 걸왕과 말희의 이야기다.

제2장

폭군 걸왕과 주왕,
유왕의 욕망이 불러온 망국

1.
말희의 치마폭에
놀아난 걸왕

하 왕조가 들어선 이후 15대를 세습으로 잇다가 마지막으로 이계가 즉위하였는데, 그가 바로 폭군으로 유명한 걸왕이다. 주변의 국가들에 대한 정복 전쟁을 많이 벌였던 걸왕이 제위에 올라 33년쯤 되었을 때, 대군을 일으켜 산동성 유시씨 정벌에 나섰다. 유시씨가 전쟁에 패하면서 항복하고, 화의를 청하게 된다. 그리고 화의를 표시로 소와 양, 말 등 가축과 미녀를 바쳤는데, 여기에 말희도 포함되어 있었다.

말희는 산동성 몽음현에 사는 유시씨의 딸이다. 말희는 얼굴은 매우 아름다웠으나 품덕은 부족하고 난잡하고 무도하였다. 여자임에도 불구하고 남자처럼 사납고 칼을 차고 머리에는 관을 쓰고 다녔다. 교만하면서 사치스럽고 방탕하기까지 했던 걸왕은 절세가인 말희를 보자마자 한눈에 반하여, "말희가 있으니 더 이상 무엇을 탐하리"라고 감탄하였다. 말희를 곧바로 비妃로 삼았으며, 이후 정사는 내팽개치고 그녀와 사치 향락에 빠져 세월 가는 줄 몰랐다.

말희에게 빠진 걸왕은 그녀가 좋아하는 것이라면 하늘의 별까지 따다 줄 정도로 심했다. 그녀가 크고 아름다운 궁전을 원하자, 걸왕은 사랑하는 말희를 위하여 옥으로 장식한 화려한 집인 경실瓊室, 상아로 장식한 복도 상랑象廊, 옥으로 장식한 요대瑤台와 침대, 옥문玉門 등으로 꾸며진 경궁傾宮을 지어주었다. 그리고 궁궐이 완성되자 두 사람은 이곳에서 자유롭게 음탕한 짓을 마음껏 하며 도리에 어긋난 막된 향락에 빠졌다. 걸왕은 밤낮을 가리지 않고, 산해진미를 차려놓고 미희들과 음주와 가무를 즐겼다. 걸왕은 이미 사람으로서의 예의를 버리고 여인들에게 빠져 음란했으며, 전국에서 미녀들을 구하여 후궁이 넘쳐났다. 노래하고 춤추는 배우들과 난쟁이 광대들과 색다른 신기한 놀이를 잘하는 이들을 모아서 곁에 두고서, 음란한 음악인 난만爛漫을 만들어 밤낮으로 말희와 궁녀들과 함께 술을 마시며 날이 새는 줄도 몰랐다.

그는 말희를 무릎 위에 올려놓고 미희들이 춤추는 것을 즐기며 술을 마시고 환락에 빠져 지냈으므로 정사는 안중에도 없었다. 한술 더 떠 걸왕은 말희가 원하는 것이라면 무엇이든 다 들어주었는데, 하루는 걸왕이 각지에서 모아 온 여자와 춤판을 벌인 후 술을 한 잔씩 하사했다. 그런데 여자들이 매우 많아 술을 따르는 데 시간이 오래 걸렸다. 이에 말희는 일일이 술을 따르지 말고, 연못에 술을 채우고 연못가에 나무로 울타리를 쳐서 거기에 비단을 걸쳐 놓고 고기 안주를 걸어놓게 하여, 아무 때나 술을 마시고 안주를 들 수 있도록 하자고 하였다.

이 말을 들은 걸왕은 기가 막힌 생각이라며 곧바로 이를 시행토록 지시했다. 술이 연못을 이룬 주지와 고기가 숲을 이룬 육림이 합쳐서 만들어진

주지육림酒池肉林*의 고사성어가 탄생하게 된다. 주지육림은 매우 호사스럽고 방탕한 생활을 이르는 말이다. 그러자 조정에서 신하들의 원성이 일어났다. 그렇지 않아도 정사를 돌보지 않고, 백성들의 고혈을 짜서 궁전과 누각을 크게 지어 방탕한 생활을 하는 걸왕에 대한 백성들의 원성이 하늘을 찌를 듯했다. 이로 인하여 백성들의 삶은 도탄에 빠져 있었는데, 이런 말도 안 되는 일을 시행하려 하자 신하들이 그냥 보고만 있지 않았다. 걸왕의 이런 무도함을 바른말로 잘못을 지적하고 바로잡도록 간언을 한 신하가 있었다. 바로 관용봉과 종고였다.

"옛날 군주들은 인의를 구하고 백성을 사랑하고 재물을 절약해서 나라를 잘 다스려 태평한 세상과 안녕을 도모했는데, 지금 대왕은 국고를 축내고 살인을 마음대로 자행하니 하늘의 재앙을 받아 앞일을 예측하기 어렵습니다. 폐하께서 사치를 즐기고 살육을 일삼으시니 백성들은 모두 폐하가 일찍 죽기를 바랄 것입니다. 폐하께서는 이미 민심을 잃었으니, 하루빨리 민심을 바로잡아야 민심을 되돌릴 수 있습니다."

걸왕이 이 말을 듣고 다음과 같이 말하였다.

"태양이 없어지는 것을 보았느냐? 태양이 없어지지 않는 한 나는 멸망하지 않는다."

그는 관용봉의 말을 듣지 않고서 도리어 그의 간언을 요망한 말이라고 하여 결국 감옥에 가두고 말았다.

---

* 주지육림(酒池肉林): 걸왕은 말희의 권유에 따라 큰 못을 판 다음 바닥에 하얀 모래를 깔고 그곳을 맛좋은 술로 가득 채웠으며, 못 둘레에는 나무와 나무 사이에 말린 고기를 걸친 숲을 만들고 고기로 가득한 동산을 만들었다. 술로 만든 못에는 배를 띄울 수 있었고 술지게미가 쌓여 된 둑은 십 리까지 뻗어 있었다. 한 번 북을 울리면 소가 물 마시듯 술 못에서 술을 마시는 사람이 3천 명이나 되었다. 결국 걸왕은 은나라 탕왕에 의하여 멸망의 길을 걷게 되었다.

그러자 태사령 종고는 울면서 간언을 했다.

"백성들의 피와 땀을 오직 한 사람의 즐거움을 위해 사용해서는 안 됩니다. 이렇게 사치하면 망국할 수밖에 없습니다."

그러나 걸왕은 쓸데없는 참견을 한다며 핀잔을 주고 종고를 쫓아내었다. 여기서 그치지 않고 성탕을 소환해 하대夏臺의 감옥에 가두었다가 얼마 뒤에 풀어주니, 제후들이 크게 반기를 들었다.

반면에 걸왕은 아첨하는 간신들을 중요한 지위에 임명했는데, 조량 같은 신하는 걸왕이 좋아하는 것이면 무엇이든 구해다 주고, 걸왕에게 향락을 즐기는 방법, 백성들을 약탈하고 학살하는 방법 등을 가르쳐 크게 신임을 얻기도 했다. 이렇게 나라의 국왕이 중심을 잃게 되면서, 이런 왕 밑에서는 미래가 없다고 생각한 신하들은 하나라에 등을 돌리는데, 종고와 이윤 등 몇몇 신하들은 상商 부락으로 옮겨가게 된다. 이후 걸왕은 민심과 지지 기반을 잃고 점점 무너져 내렸으며, 반면 상 부락은 지도자 성탕의 통치하에 나날이 발전을 거듭했다.

문제의 심각성은 이런 신하들의 반대에도 주지육림 만드는 공사가 진행되었다. 공사가 완료되자, 걸왕은 먼저 공사를 반대한 관용방의 처형을 집행토록 명을 내린 후, 말희와 함께 주지 위에 띄운 배에 올랐다. 미희들이 춤을 추다가, 북소리를 신호로 연못가로 모여들어 술 마시고 안주 먹는 모습을 보며 즐겼다.

걸왕과 말희는 이런 잔치를 계속 벌였는데, 술에 취해 주지에 빠져 사람이 익사하는 일도 자주 발생했으며, 말희는 이런 황당무계한 일이 생길 때마다 웃음을 터뜨리며 좋아했다. 원나라 때 기록된 사서『십팔사략』에서는 당시의 모습을 이렇게 기록하고 있다.

"고기는 산처럼 쌓이고, 포脯는 숲처럼 걸려 있었으며, 술로 만든 연못에는 배를 띄울 수가 있었고, 술지게미가 쌓여서 만들어진 둑은 십 리까지 뻗어 있었다. 한 번 북을 울리면 소가 물 마시듯 술을 마시는 사람이 삼천 명이나 되었다. 그것을 보고 말희가 좋아했다."

이처럼 나라의 형편이 엉망이 되자, 걸왕에게 등을 돌린 하나라의 신하들은 상의 지도자 성탕을 찾아가, '걸왕은 하나라 왕의 자격이 없다'며 성탕이 나서 줄 것을 요청했다. 걸왕 때 공갑 이래로 제후들이 하나라를 많이 배반했는데, 그 이유는 걸왕이 인의나 덕에 힘쓰지 않고 무력으로 정사를 도모하여 백성들을 해치게 하여 백성들이 견딜 수가 없었기 때문이다.

걸왕이 성탕을 불러 하대에 가두었다가 얼마 뒤에 풀어주었다. 당시 걸왕을 안심시키는 계략을 꾸며 진상품을 바치고 겨우 풀려난 성탕은, 신중하게 생각한 끝에 그들의 제안을 받아들이기로 하는데, 성탕이 이런 결정을 내리는 데는 민심이 크게 작용한다. 성탕이 인의와 덕을 닦으니 제후들이 모두 그에게로 귀의했다. 성탕이 이를 계기로 마침내 군사를 거느리고 하나라를 정벌하기에 이르렀다.

걸왕은 명조로 달아났다가 결국은 추방되어 죽었다. 걸왕은 사람들에게 "내가 하대에서 탕을 죽이지 못해 이 지경에 이르렀으니 후회스럽다"라고 했다. 성탕이 천자 자리에 올라 하 왕조의 천하를 대신했다. 성탕은 하나라의 후손을 제후에 봉했고, 주 왕조 때에는 기杞 땅에 봉해졌다.

걸왕의 신하였던 이윤이 하나라를 떠나려 할 때, 걸왕은 이윤에게 자랑스럽게 이렇게 말하였다.

"나와 백성의 관계는 태양과 달의 관계인데, 달이 망하지 않았는데 태양이 망할까?"

걸왕에게 이런 얘기를 전해 들은 이윤은 이 이야기를 하나라 백성들에게 전하며 반응을 보았는데, 백성들은 태양에게 악담을 퍼붓기를 마다하지 않았다.

"태양(걸왕)은 언제쯤 없어지나? 달(백성)은 차라리 태양과 죽기를 원한다."

이 이야기는 성탕이 하나라 걸왕을 멸하기 위하여 출정할 때 쓴 선서문인 「탕서」에 기록되어 있는데, 이렇게 군대를 일으킨 성탕은 하나라에서 온 재상 이윤 등의 지원을 받아가며 하나라를 정복하게 된다.

이로써 중국 최초의 왕조인 하나라는 17대 걸왕을 마지막으로 470여 년 만에 망하고 은나라가 등장하게 된다. 그리고 성탕이 은나라 초대 왕인 탕왕이 되었다.

'홍안화수紅顏禍水'라는 말이 있다. 홍안은 말 그대로 붉은 얼굴이라는 뜻으로 미인을 칭하는 말인데, 홍안화수는 "너무 예뻐서 재앙이 끊이질 않는 여인"을 칭하는 말이다. 말희는 중국 역사상 최초의 홍안화수로, 하나라를 기울어지게 하는 데 결정적인 역할을 한 여인으로 이름을 남기게 된다.

따라서 말희는 다음 왕조인 은나라의 달기, 주나라의 포사와 함께 왕을 사치와 향락에 빠지게 하여, 나라가 망하는 데 일조한 3인의 홍안화수 중 한 사람으로 평가된다. 그런데 일설에 의하면 말희가 이런 처신을 한 것은 자신의 고향인 유시씨 부락을 유린하고 멸망시킨 걸왕에 대한 복수심에서, 하나라를 멸망하기 위해 의도적으로 한 일이었으며, 전쟁 중에는 이윤에게 정보를 제공해 주어 은나라가 전쟁에 승리하는 데 지대한 역할을 했다는 이야기도 있다. 그러고 보면 유시씨 입장에서 보면 말희는 영웅이다.

『시경』에서 말하기를, "아, 저 똑똑한 여인, 올빼미 솔개처럼 미운 짓만

하도다"라고 하였는데, 이것을 두고 한 말이다.

사나이가 똑똑하면 나라를 일으키지만 여자가 똑똑하면 나라가 기우네.
아, 저 똑똑한 여인은 올빼미 솔개처럼 미운 짓만 하도다.
여인의 긴 혀는 나라를 어지럽히는 근원이로다.
환란은 하늘이 내리는 것이 아니라 여인으로부터 생겨나는 것이다.
아무리 가르쳐도 효험이 없는 것은 여자와 내시라네.

송(頌)을 지어 다음과 같이 말하였다.

말희는 걸왕의 배필이 되어, 어지럽고 교만하고 잘난 체하였다.
걸왕은 이미 무도하고 또한 거칠게 굴기를 거듭하였다.
간악한 자들을 등용하여 백성들을 불쌍히 여기지 않고 상법을 돌보지
않았다.
하 왕조는 마침내 뒤집히고 은 왕조가 들어섰다네.

2.
은나라 멸망을 자초한
주왕과 달기

탕왕은 선양을 언급하지 않은 채 붕어하고 그의 후손들이 왕위를 이어 갔다. 그러나 후대로 갈수록 은나라는 쇠퇴했다. 주왕은 아버지 제을로부 터 왕위를 물려받아 은나라의 왕이 되었다. 주왕에 이르자 백성들의 원성 이 하늘을 찔렀다. 주왕은 어릴 때부터 총명하고 말재주가 뛰어났다. 또 체 격이 건장하고 힘이 장사여서 그야말로 훌륭한 군주가 될 것이라고 했다. 더구나 주왕은 대단히 민첩하고 뛰어난 자질을 갖고 타고났다. 지식은 충 고를 물리치고도 남을 정도였고, 말재주는 잘못을 감추고도 남을 정도였 지만, 그는 신하들에게 자신의 재능을 과시하고 천하에 자신의 위엄을 치 켜세웠으며 자기가 천하에서 가장 뛰어난 인물이라고 여겼다. 또 그는 술 을 좋아하고 음악에 탐닉하였으며 여자를 좋아하였다. 『제왕세기』에는 "주는 아홉 마리의 소를 거꾸로 끌었고, 대들보를 잡고서 그 기둥을 바꿨 다"라고 나와 있다. 이러한 탁월한 재능 때문에 많은 전쟁에서 승리를 거 두었다.

주왕은 속국 유소씨의 나라로부터 달기라는 여자를 공물로 받았다. 그녀는 희대의 요녀이고 독부였다. 주왕은 원래 지혜와 용기를 겸비한 현군이었으나 달기에게 마음을 빼앗긴 이후 폭군 음주淫主로 치달았다.

주왕은 술을 매우 좋아하고, 또 음란과 향락에 빠져 점점 교만하여 신하들의 충직한 말에 귀를 기울이지 않았다. 특히 여색을 밝혀 애첩 달기에게 빠져 결국 나라를 망하게 하였다. 이른바 '하늘이 낳은 우물(尤物, 매우 뛰어난 미녀를 말한다)은 반드시 나라를 망친다'라고 했다. 정사를 돌보지 않고 오직 우물인 달기에 빠져 향락을 즐긴 주왕의 말로를 예로 들어 말한 것이다. 주왕이 어떻게 했기에 은나라가 망하게 되었을까?

첫째로 주왕은 주위의 제후국과 전쟁을 자주 일으켜 백성을 도탄에 빠트렸다. 그는 자신의 건장하고 힘이 장사인 것만 믿고 전쟁을 빈번하게 일으켜 병사와 백성들을 힘들게 하였다.

둘째로 그는 사치스럽고 음란한 나날을 보냈는데, 특히 달기를 총애하여 달기의 말이면 무엇이든 다 들어주었다. 주왕의 명으로 사연은 음란한 곡을 작곡하고, 북쪽의 저속한 춤과 퇴폐적인 음악을 만들었다. 무거운 세금을 거두어 그 돈을 녹대(鹿臺, 주왕이 재화를 모아두던 곳)에 채우고, 거교(鉅橋, 은나라의 창고)를 곡식으로 채웠다. 여기에 개와 말 그리고 물건들을 궁실에 가득 채웠다. 사구沙丘에 많은 연못을 파게 해서 술로 그 못을 채우고 삶은 고기를 주변의 나뭇가지에 걸어놓게 한 다음 그것을 '주지육림'이라고 불렀다. 사구에 악공과 광대를 잔뜩 불러들이고, 아울러 벌거벗은 남녀가 그 사이를 서로 쫓아다니게 하면서 밤새 술을 마시고 놀았다.

주왕이 음란한 향락을 즐기려다 보니 그 비용을 감당하기 위해 엄청난 세금을 거둬들이게 된다. 창고를 곡식으로 가득 채우고, 개와 말과 기이한 물건 등을 더 거두게 해서 궁궐에 가득 채웠다. 7년에 걸쳐 높이 180m, 둘레 800m의 호화궁전 녹대를 짓느라 무거운 세금을 부과하여 백성들의 원성이 극에 달하였다. 백성들의 원성이 자자해지고 제후들이 하나둘 등을 돌리자 이를 방지하기 위해 주왕은 벌을 엄하게 하였다.

셋째로 그는 매우 잔인하여 사람의 목숨을 초개같이 여겼다. 그 잔인함은 말로 형용할 수 없을 정도였는데, 산 사람을 호랑이에게 먹이고, 사람의 심장을 도려내는가 하면 임산부를 죽이기를 즐겼다. 자신이 추측한 태아의 성별을 확인하기 위해 직접 임산부의 배를 갈라 그 태아를 꺼내 보기도 했다.

넷째로 그는 훌륭한 대신들까지 함부로 죽였다. 백성들이 원망하고 제후들이 배신하자, 주왕은 그들에게 무거운 형벌을 내렸다. 그 형벌 중에 '포락의 형벌'이 있었는데,『열녀전』에는 "구리기둥에 기름을 바르고 아래에서는 숯을 태워서 죄 있는 자를 걷게 해서 문득 숯불 속으로 떨어지면 달기가 웃었는데 이름이 '포락지형炮烙之刑'이었다"라고 하였다.

『한비자』에는 주왕에 대한 다음과 같은 기록이 있다. 은나라의 주왕은 며칠 밤을 이어 연회를 열어 환락에 빠져 날짜가 지나가는 것을 잊었다. 그는 주위에 있는 신하들에게 날짜를 물었지만, 모두 알지 못했다. 그래서 사람을 시켜 기자에게 물었다. 기자는 자기 시종에게 이렇게 말했다.

"천하의 주인 된 자로서 온 나라 사람들이 모두 날짜가 지나가는 것을 잊게 만들었으니 천하가 위태롭구나. 온 나라 사람들이 모두 날짜를 모르는데, 나만 홀로 안다면 내가 위태로워질 것이다. 술에 취해 알지 못한다고 일러라."

또 한번은 주왕이 상아 젓가락을 만들자 기자가 두려워했다. 그가 보기에 상아 젓가락을 사용하려면 반드시 흙으로 만든 그릇에 국을 담을 수 없을 것이고, 그러면 무소뿔이나 옥으로 만든 그릇을 사용해야 할 것이다. 또 옥으로 만든 술잔과 상아 젓가락을 사용하면 반드시 콩잎 국을 담을 수 없을 것이고, 그러면 소나 코끼리나 표범의 새끼 고기를 먹을 수밖에 없을 것이다. 그리고 소나 코끼리나 표범의 새끼 고기를 먹으면 반드시 짧은 홑옷을 입거나 초가집 아래에 살려고 하지 않을 것이고, 그러면 반드시 비단옷을 입고 높은 누각과 넓은 방에서만 살려고 할 것이기 때문이었다. 성인은 아주 작은 일을 보고도 다가올 일을 알고, 사물의 작은 단서를 보고 그 끝을 안다. 그러므로 기자가 상아 젓가락을 보고 두려워한 것은 천하라도 주왕을 만족시켜 주지 못할 것을 알았기 때문이다.

　백성들이 원망하고 제후는 등을 돌렸다. 이에 주왕은 형벌을 더 세게 하였다. 그리고 서백, 구후, 악후를 삼공으로 삼았다. 구후는 예쁜 딸을 주왕에게 들여보냈다. 그런데 구후의 딸이 음탕함을 좋아하지 않자 주왕은 노하여 그녀는 죽이고 구후는 죽여서 포를 떠서 소금에 절였다. 악후가 이에 대해 강력하게 항의하며 변론하자 그마저도 포를 떠서 죽였다. 서백이 이를 듣고는 가만히 한숨을 쉬었다. 숭후호가 이를 알고는 주왕에게 일러바쳤고, 주왕은 서백을 유리羑里에 가두었다. 서백의 신하인 굉요 등이 미녀와 진기한 물건, 준마를 구해 주왕에게 바치자 주왕은 곧 서백을 사면했다.

　서백이 유리에서 나와 낙수 서쪽 땅을 바치며 포락형을 없애길 청했다. 주왕이 이를 허락하고 활과 화살 그리고 큰 도끼를 내려서 주변을 정벌할 수 있게 하는 명을 서백에게 내렸다. 비중을 기용하여 정치를 맡겼는데 비중은 아부를 잘하고 이익만 밝혀서 은나라 사람들이 가까이하지 않았다. 주왕이 또 오래를 기용했는데, 오래는 남 헐뜯길 좋아하여 제후가 이 때문에 갈수록 멀어졌다. 서백이 돌아와 음으로 덕을 닦고 선을 행하자 많은 제후가 주를 배반하고 서백에게 가서 몸을 의탁했다. 서백의 세력은 점점 커지고 주왕은 이로써 권력을 차츰 잃었다. 왕자 비간이 간언을 했지만 듣지 않았다.

주왕은 갈수록 음란해져 그칠 줄 몰랐다. 미자가 여러 차례 간했으나 듣지 않자 태사, 소사와 모의해서 마침내 은나라를 떠났다. 비간은 "신하 된 자는 죽음으로 간하지 않을 수 없다"라며 주왕에게 강력하게 간했다. 주왕이 성이 나서 "내 듣기에 '성인의 심장에는 구멍이 일곱 개 나 있다'라고 하더라"라면서 비간의 배를 갈라 그 심장을 보았다. 『열녀전』에는 '이 일 또한 달기를 기쁘게 해주기 위함이었다'라고 적혀 있다. 기자는 두려워 미친 척하고 노비가 되었다. 주왕은 그를 가두었다.

서백은 현자에게 예를 지키고 노인을 공경하며 어린아이를 보살폈으며, 세상에 있는 훌륭한 인물을 찾아 나섰다. 이때 서백이 얻은 인물 가운데 한 사람이 태공망이다. 백성들에게 덕을 베풀고 선정을 베풀자 제후들이 서백을 따르게 되었다. 그뿐만 아니라 은나라 법률과 제도를 개정하여 주나라에 맞는 제도를 세웠으며, 역서를 마련하였다.

상용은 현자로서 백성이 그를 아꼈으나 주왕은 그를 버렸다. 서백이 기국飢國을 정벌해 멸망시켰다. 주왕의 신하인 조이가 이를 듣고는 서백을 나무라고, 두려워 주왕에게 달려가 고했다.

"하늘이 이미 우리 은의 명을 끊으시려는지 형세를 아는 자가 거북점을 쳐보아도 길한 괘가 나오지 않습니다. 선왕들께서 후손을 돕지 않으시려는 것이 아니라 왕이 포악하게 굴어 스스로 하늘의 뜻을 끊으려 하기 때문에 하늘이 우리를 버리려는 것입니다. 백성을 편히 먹이지도 않고, 하늘의 뜻도 제대로 살피지 못하고, 선왕의 법도도 따르지 못했습니다. 지금 우리 백성들은 모두 망하길 바라면서 '하늘이 어찌하여 위엄을 보이지 않으며, 큰 천명은 어째서 이르지 않는가'라고 말합니다. 이제 왕께서는 어찌하시렵니까?"

주왕은 "내가 태어난 것이 명이 하늘에 있다는 뜻 아닌가"라고 했다. 조이가 돌아가서는 "주왕은 바른말이 안 통한다"라고 했다. 서백이 죽고 주나라 무왕이 동방을 정벌하러 나서 맹진에 이르자, 은을 배반하고 주나라로 모여든 자가 800이었다. 제후가 모두 "주왕을 정벌할 수 있습니다"라고 했다. 무왕은 "그대들은 아직 천명을 모르오" 하고는 다시 돌아갔다. 은의 태사와 소사는 제사 그릇과 악기를 들고 주나라로 달아났다. 이에 주 무왕이 제후를 거느리고 주왕을 토벌하러 나섰다. 주왕도 군대를 일으켜 목야에서 맞섰다.

또 장자는 다음과 같이 기술하였다. 외물은 꼭 제 뜻대로 되는 것만은 아니다. 그러므로 관용봉과 비간은 살해되었고, 기자는 미치광이가 되었으며, 오래(惡來, 은나라 주왕의 신하로 힘이 장사이다. 간신으로서 후에 주나라 무왕에게 죽임을 당하였다)는 죽었고, 걸주는 패망하였다. 어떤 군주든 자신의 신하가 충성하기를 바라지 않는 사람이 없지만 충신이라고 해서 꼭 신뢰받는 것은 아니다. … 나무와 나무를 마찰하면 불이 일어나고, 쇠붙이를 불 속에 두면 녹아 흘러내린다. 음과 양의 운행이 잘못되면 천지가 크게 놀라는데, 이 때문에 천둥이 치고 번개가 발생하는 것이다. 그리고 빗물 속에서도 벼락이 내려 거대한 홰나무를 태워버리기도 한다. 이 두 가지에 빠져 지나치게 근심하면 헤어날 길이 없다. 그것은 마음을 불안하고 초조하게 하고 아무것도 이루지 못하게 한다. 이때 마음은 하늘과 땅 사이에 걸려 있는 것과 같이 안정을 찾지 못하며, 우울해하고 안절부절못한다. 이로운가 해로운가 하는 계산이 마음속에서 갈등을 일으켜 거센 불길처럼 타오르면, 그 불길은 많은 사람의 내적인 평온함을 태워버린다. 달처럼 차분한 마음은 본디 불같은 욕망을 이기지 못한다. 이 때문에 무너져 내리듯 도가 사라진다.

마침내 주나라 무왕은 제후를 거느리고 주왕을 정벌하러 나선다. 주왕도 군대를 일으켜 목야에서 결전을 벌였으나 결국 패하고 말았다. 주왕은 성으로 도망쳐 녹대로 올라가 보석으로 호화롭게 장식한 옷을 뒤집어쓰고 달기와 함께 스스로 불에 뛰어들어 자살했다. 이렇게 하여 은나라는 망하고 폭군 주왕도 죽었다. 그리고 무왕의 아우 관숙과 채숙에게 명하여 녹보를 도와 은나라를 다스리도록 하였다. 무왕은 또 갇혀 있던 기자를 풀어주고 녹대의 재물을 나누어 주었으며 곡창을 열어 빈궁한 백성들을 구제하였다. 또 비간의 묘에 봉분을 올려주었으며, 상용의 마을에 상을 내렸다. 주왕의 아들 무경, 녹보를 봉하여 은나라의 제사를 잇게 하면서 반경의 정치를 다시 행하도록 명령하니 은나라의 백성이 크게 기뻐했다. 이에 주 무왕이 천자가 되었다.

은나라가 멸망할 때 태공망 여상(제나라의 시조), 소공 석(연나라의 시조) 등은 아예 은나라를 없애려고 했으나 무왕의 아우 주공 단(노나라의 시조)의 제안에 따라 주왕의 아들 무경을 은나라에 봉한다. 아울러 그 주변에 무왕의 아우들이었던 관숙 선을 관나라에, 채숙 도를 채나라에, 곽숙 처를 곽나라에 봉했다.

이들의 목적은 무경을 감시하는 것이었기에 삼감이라고 불렸다. 이들은 무왕 사후 섭정을 맡은 주공 단의 찬탈을 방지한다는 이유로 '삼감의 난'

을 일으켰으나 주공 단은 이들을 3년 만에 진압하여 주모자였던 무경과 관숙 선을 죽이고 채숙 도는 유배, 곽숙 처는 삭탈관직에 처했다. 이때 은나라 수도 일대의 이름을 은나라에서 위나라로 바꾸고 강숙 봉(문왕의 여덟 번째 아들이자 무왕의 동생)을 봉했다. 나라의 성은 희씨姬氏이다. 은나라 제사는 주왕의 큰형이었던 미자 계를 세워 송나라에 봉했다.

한편 당시 세상 사람들이 무왕의 은나라 정벌을 칭송하였는데, 다만 백이와 숙제 형제만은 이를 반대하였다. 사마천은 『사기』「열전」에서 의로운 사람인 백이와 숙제가 결국 굶어 죽게 되었음을 빗대어, "과연 하늘의 도리란 옳은 것인가. 잘못된 것인가"라는 역사에 대한 강한 물음을 제기한다. 이는 자신이 개인적으로 의로운 일을 행하다가 궁형의 치욕을 받게 된 사실과 결부되어 그의 역사관을 짐작하게 하는 것이라 하겠다.

백이와 숙제는 고죽국 왕의 두 아들이었다. 아버지는 아우 숙제를 다음 왕으로 삼으려고 하였다. 아버지가 죽은 뒤 숙제는 왕위를 형 백이에게 양여하였다. 백이는 '아버지의 명령이었다'라고 말하면서 마침내 피해 가버렸고, 숙제도 왕위에 오르려 하지 않고 피해 가버렸다. 이에 나라 안의 사람들은 둘째 아들을 왕으로 옹립하였다. 이때 백이와 숙제는 서백 창이 늙은이를 잘 봉양한다는 소문을 듣고 그를 찾아가서 의지하고자 하였다. 가서 보니 서백은 이미 죽고, 그의 아들 무왕이 시호를 문왕이라고 추존한 아버지의 나무 위패를 수레에다 받들어 싣고 동쪽으로 은나라 주왕을 정벌하려 하였다. 이에 백이와 숙제는 무왕의 말고삐를 잡고 간하기를 '부친이 돌아가셨는데 장례는 치르지 않고 바로 전쟁을 일으키다니 이를 효라고 말할 수 있습니까. 신하 된 자로서 군주를 시해하려 하다니 이를 어질다고 말할 수 있습니까'라고 하였다. 그러자 무왕 좌우에 있던 시위자들이 그들의 목을 치려고 하였다. 이때 태공이 '이들은 의인들이다'라고 하며, 그들을 보호하여 돌려보내 주었다. 그 후 무왕이 은나라의 난을 평정한 뒤, 천하는 주 왕실을 종주로 섬겼지만 백이와 숙제는 주나라의 백성이 되는 것을 치욕으로 여기고, 지조를 지켜 주나라의 양식을 먹으려 하지 않고, 수양산에 은거하며 고사리를 꺾어 배를 채웠다. 그들은 굶주려서 곧 죽으려고 하였을 때, 노래를 지었는데 그 내용은 이러하다. '저 서산에 올라 산중의 고사리나 꺾자꾸나. 포악한 것으로 포악한 것을 바꾸었으니 그 잘못을 알지 못하는구나. 신농, 우, 하의 시대는 홀연히 지나가 버렸으니 우리는 장차 어디로 돌아간다는 말인가. 아, 이제는 죽음뿐이로다. 쇠잔한 우리의 운명이여.' 마침내 이들은 수양산에서 굶어 죽고 말았다.

이렇게 고대에는 나라가 망하는 데 있어서 첫째는 어질고 덕이 있는 사람에게 선양을 하지 않았기 때문이고, 둘째는 폭군과 요녀가 등장하는데, 말희가 그 첫 번째 원조이다. 중국에 이와 같은 사례가 많이 있다. 여인에 빠져 눈과 귀가 막히면 결국 나라를 망하게 한다.

어진 임금이라면 백성을 따뜻하게 어루만져 주고 낙심한 백성의 어깨를 두드려 준다. 덕 있는 임금은 백성이 원하는 것을 어진 신하들에게 청할 것이다. 그러면 옷자락을 늘어뜨리고 팔짱을 끼고 있어도 그 교화로 나라가 태평해진다. 그것이 정치다. 하나라의 걸왕과 은나라의 주왕도 똑똑하고 재능이 많았지만, 정치권의 부패와 말희와 달기로 대변되는 요부와 사치와 향락에 빠져 백성을 도탄에 빠뜨렸고, 결국 나라를 멸망시킨 대역죄의 실수를 한 것이다.

3.
주나라를 멸망시킨
유왕과 절세가인 포사

　주나라는 은나라 주왕의 폭정에 항거하여 무왕이 은나라를 정벌하여 세운 나라이다. 그런데 주나라도 어질고 유덕한 인재를 추천하여 선양하지 않고 혈연의 세습을 계속하다 패망의 길을 가게 되었다. 그리고 춘추시대와 전국시대의 도래도 결국 선양하지 않고 세습을 거듭하다가 누적된 폐습으로 인한 결과였다.

　주의 문왕과 무왕은 사상보 태공망의 도움을 받아 주왕의 폭정이 계속된 은나라를 토벌하여 주 왕조를 건국하였다. 천자국이 된 주나라는 혈연의 조직 원리는 '친친親親'에 기반을 둔 종법 제도가 특징이다. '친친'의 종법 제도는 사회적으로 사람과 사람 사이의 관계가 주로 혈연의 멀고 가까움에 의거해 결정되는 것을 말한다. 즉, 혈연이 가까우면 친하게 대하고 혈연이 멀면 소원하게 대하는 것이다. 예를 들어, 주나라 무왕은 천자의 지위에 오른 뒤 천하를 나누어 봉지를 정해 줄 때 천하를 여러 지역으로 분할하여 그의 친족들에게 나누어 주고 관리하게 했다. 봉지를 나눠준 제후인 임금을 공公이라 불렀으니, 즉 제나라 제후의 환공은 제나라 임금이고 제 환공이다. 그리고 단지 일부분만을 친족이 아닌 공이 있는 신하나 성인의 후손들에게 봉지를 나누어 주었을 뿐이다.

봉건제도는 성립할 당시에는 큰 문제가 없었지만 시대가 바뀌고 세월이 흘러감에 따라 서서히 문제점이 생기기 시작했다. 처음에 봉지를 나누어 가진 제후는 혈연으로 이어진 가족관계였지만 2~3백 년이 지난 후에는 남과 다름없는 사이가 되어 더 이상 혈연관계로서 가족제도를 유지할 수 없게 되었다. 더구나 중앙의 실권자인 천자가 주변국의 제후국들에 이민족의 침략을 방어하기 위해 독자적인 군대를 양성할 수 있는 재량권을 주었는데, 이것이 철기문화의 보급과 함께 봉건제도를 무너뜨리는 원인이 되었다.

철기 문명의 보급은 각 제후국들에 급격한 경제적 변화를 가져오게 되었다. 새롭게 개발된 농기구와 편리해진 관개시설로 풍요로운 농산물의 유통과 이를 판매하는 시장이 발달하고, 이를 운반할 수 있는 공업이 분업화되기 시작하였다. 제후국 간의 경제적 격차도 지리적, 사회적 여건에 따라 강대국과 약소국으로 발전하여 그에 걸맞은 군대를 양성하였으며, 그 힘을 바탕으로 기존의 봉건적인 주종관계가 무너지기 시작하였다. 이러한 경제적 변화는 제후국 상호 간에 실력 다툼으로 변하여 강력한 경제를 바탕으로 한 제후국은 민생의 안정보다는 힘이 약한 이웃의 제후국을 병합시켜 영토를 확장시키는 데 혈안이 되었다.

막강한 제후국은 힘이 무력해진 천자국을 넘보고, 제후국 사이에서도 실권을 가진 신하들이 제후의 권위를 능가하자 자연스럽게 하극상의 풍조가 생겨났다. 세력이 없어진 제후국은 세력이 강한 제후국에 복속되고,

신하들은 이 기회를 이용하여 제후를 쓰러뜨려 봉토를 서로 나누어 갖기도 하였다. 이처럼 천자와 제후들의 보이지 않는 갈등과 대립, 제후 상호 간 영토 확장을 위한 전쟁, 제후와 귀족의 세력 다툼으로 사회 혼란은 극에 달했다. 대부분의 제후는 부국강병을 위한 온갖 정책을 동원하기 위해서 백성들에게 가혹하게 세금을 징수하고, 길을 닦고 성을 보수하는 부역과 전쟁터로 내몰아 사회 혼란이 최고조에 달했다.

주나라는 기원전 1046년경에 세워진 뒤 종주국으로 군림하다가 기원전 770년에 견융犬戎의 침입으로 왕이 살해당하고 원래 수도였던 호경에서 낙읍으로 옮겨가게 되었는데 호경이 서쪽이었고 낙읍이 동쪽이었기 때문에 수도를 옮기기 이전을 서주, 이후를 동주로 구분한다.

서주의 마지막 왕이 유왕이다. 유왕은 하나라의 걸왕과 은나라의 주왕에 못지않은 폭군이었다. 특히 유왕과 포사의 이야기는 은나라의 주왕과 달기에 비견될 만큼, 폭정을 일삼았다. 유왕은 주나라의 12대 왕이다. 유왕은 정치엔 관심이 없고 오직 여색만 즐겼다. 그는 다른 폭군들과 같이 간언을 하는 충신은 모두 죽이고 본인은 유희에 빠져 지냈다. BC 779년 유왕이 포褒나라를 함락시키고, 포사를 얻게 된다.

주유왕이 즉위한 이듬해 도읍 호경에 큰 지진이 일어났다. 지진은 고대 사회에서는 하늘이 인간에게 주는 경고나 징벌로 간주했다. 고대 사회에서는 커다란 자연재해나 이상 현상, 예컨대 지진, 태풍, 가뭄, 장마, 일식, 혜성 등이 나타날 때마다 통치자들은 당혹감을 감추지 못했다. 주유왕 때 호경에 지진이 일어나자 대부 조숙대는 이런 글을 올렸다.

"지진과 산사태가 일어나고 가뭄이 연속해서 일어나는 것은 인간에 대한 하늘의 징벌입니다. 대왕께서는 정직하고 유능한 자를 등용해서 지금 즉시 나라의 과오를 바로잡고 하늘의 용서를 빌어야 합니다. 재난과 난관이 많은 이 위기 상황에서 어찌 사람을 파견해서 미녀만 고르고 있겠습니까?"

주유왕은 화가 나서 조숙대를 파직한 뒤에 추방했다. 그러자 대신 포향이 이를 문제 삼아 주유왕에게 간했다. 주유왕은 그 역시 감옥에 처넣었다. 그러자 어느 누구도 다시는 감히 주유왕에게 바른말을 하지 못했다.

포향이 감옥에서 3년을 지냈지만, 주유왕은 그 일을 잊어버린 듯했다. 포향의 집안사람들은 그가 감옥에서 평생을 보내게 될 것 같아 그를 구하려고 꾀를 내었다. 그들은 유왕이 미인을 좋아한다는 것을 알고 천하제일의 미녀 포사를 주유왕에게 바쳤다. 그 방법은 매우 효과가 있어 주유왕은 당장 포향을 풀어주었다.

포사는 절세가인으로 14살이 되자 미모가 빛을 발하기 시작했다. 그러나 농촌에서 자란 아이고 그다지 알려지지는 않았는데 포향의 집안사람들이 그녀를 찾아내자 거액을 주고 포사를 사서 좋은 옷을 입히고 노래와 춤, 임금 시중드는 예법을 가르쳤다. 그리고 주나라 왕인 유왕에게 바쳐 포향의 딸로 꾸며 포사란 이름을 지어주었다. 유왕은 포사를 마치 보물단지처럼 애지중지하였는데, 그는 그녀의 미모와 건강하고 소박한 풍모에 완전히 빠져버렸다.

그런 포사에게도 유일한 단점이 있었는데 도통 웃지를 않았다. 어릴 적부터 좋지 않은 환경에서 자라서 그런지 그녀의 얼굴에 좀처럼 미소가 번지지 않았다. 미소는 여자의 미모를 배가시키지만 아름다운 포사가 웃지 않으니 유왕은 포사의 웃는 모습을 보고 싶어 애간장이 탔다. 포사를 웃게 하기 위해 무슨 짓이든 하려 했다.

하루는 궁녀 하나가 비단옷을 입고 지나가다 매화나무 가시에 옷이 걸려 찢어지는 것을 보고 포사가 비단 찢어지는 소리가 좋다고 하자 유왕은 비단을 잔뜩 사서 찢어댔다.

『열국지』에 전하는 말이다. 서주의 마지막 임금 유왕은 포사라는 여인을 사랑하였다. 그러나 이 포사는 좀체 웃는 법이 없었다. 그녀의 웃는 모습이 보고 싶어, 유왕은 모든 수단을 동원하였다. 심지어 비단 찢는 소리에 웃지나 않을까 하여, 매일 백 필의 비단을 그녀 곁에서 찢었지만 소용없었다. 지혜를 짜내기에 지친 유왕은, "누구든 포사를 웃게 하는 자는 상으로 천금을 주겠다"라고 하였다. 현상금 유혹 때문에 많은 사람들이 대책을 내놓았으나, 모두 실패했을 뿐만 아니라 오히려 포사의 분노만 불러일으켰다. 이때 아첨을 잘하는 간신 괵석보란 자가 한 가지 방법을 내놓았다. 봉화대에 불을 놓아서 제후국들을 달려오게 한 뒤에 적병이 없는 것을 본 제후들이 마구 떠들어대는 장면이 포사를 웃기게 할 수 있다는 것이었다. 하지만 봉화대는 절대로 장난으로 불을 놓아서는 안 되는 군사 시설이었다.

봉화대란 고대 국가에서 일종의 경보 시스템이었다. 당시 주나라는 경제와 군사 면에서 모두 주변의 작은 제후국들의 도움을 받고 있었기 때문에 일단 적군이 침입하면 봉화대에 불을 놓는 것으로 신호를 전하기로 했던 것이다. 대신과 지각이 있는 신하들이 간해도 아랑곳없이, 포사와 함께 려산 별궁으로 간 어리석은 유왕은 저녁에 봉화를 올렸다.

봉烽은 연기이고 화火는 불빛을 말한다. 일단 봉화대에 불을 붙이면 대낮에는 삼단 같은 연기가 치솟아 오르게 되고, 밤이 되면 그 불빛이 주변을 대낮처럼 비추어서 수십 리 밖에서도 볼 수 있으며, 다른 곳의 봉화대

역시 똑같이 불을 놓아서 그 경보를 신속히 전하는 역할을 했다. 봉화를 본 제후들은, 도성에 적이 침입한 줄 알고 군사를 이끌고 밤새 려산으로 달려왔다. 그런데 싸우는 모습은 전혀 보이지 않고 적군조차 하나도 보이지 않았다. 포사와 함께 쾌락에 취해 있던 유왕은 모여든 제후들에게 사람을 보내어, "별일 아니니 돌아가라" 하였다. 제후들이 농락당한 것을 알게 되자 매우 격분했다. 이때 깃발을 거두어 돌아가는 제후들의 모습을 누각 위에서 보던 포사가 박장대소하였다. 포사의 웃는 모습을 본 유왕은 괵석보에게 약속대로 천금을 주었다.

그 후 얼마 지나지 않아 유왕은 죽임을 당하고 서주는 멸망하였다. 포사를 위한 거짓 봉화를 너무 자주 올린 대가였다. 정작 견융이 침입하였을 때에는 제후들이 응하지 않았기 때문이다. 『열국지』는 이 이야기를 인용하면서 '지금까지 속담으로 전하는 천금으로 웃음을 산다[千金買笑]'라는 말은 여기서 나온 것이라 하였다.

포사와 유왕 사이에 백복이라는 아들이 있었다. 유왕은 포사를 총애하였기 때문에 그녀를 왕후로, 백복을 태자로 봉하고는 원래 왕후와 태자 희의구(姬宜臼, 훗날 동주의 평왕)를 폐해버렸다. 그 시대에는 황후나 태자를 봉하거나 폐하는 일이 매우 중대한 사안이었으므로 유왕의 이런 행동에 조정과 민간에서 모두 크게 놀랐다. 더욱이 태자 희의구가 폐기된 왕후의 집안에서는 유왕의 처사에 크게 격분했다.

폐기된 왕후는 신나라 제후의 딸이었다. 그래서 태자 희의구는 곧장 외가인 신나라로 쫓아가서 하소연했다. 신나라 제후는 딸이 왕후 자리에서 폐기되었으니 희의구도 죽임을 당할 것임을 짐작하였고, 자기 자신도 유왕의 죄를 캐어물을 것이라고 생각했다. 그래서 그는 자신의 지위를 보존하고 원한을 갚기 위해서 은밀히 이웃 나라인 증국 및 견융과 연합하여 호경을 공격하기로 약속했다. 견융은 호경을 약탈할 마음을 먹은 지 오래였으나 적당한 기회를 잡지 못해서 참고 있었기 때문에 신나라와 약속이라면 다른 제후국들이 주나라를 구원하지 않을 것임을 알고 있었다.

그들이 공격하는 군대가 성 밑에 이르자, 다급해진 유왕은 괵석보에게 봉화대에 불을 놓으라고 명했다. 그러나 봉화대가 연속 며칠 동안 타올랐지만, 제후들은 누구 하나 나타나지 않았다. 그들은 유왕이 또 포사를 위해 하는 장난인 줄 알고 꼼짝도 하지 않았다. 호경의 방어선은 그다지 튼튼하지 못했다. 비록 대장 정백우가 군사를 거느리고 나섰지만, 군사력의 현격한 차이로 전사하고 말았다.

유왕, 괵석부, 그리고 태자 백복은 모두 여산으로 도망갔으나 견융의 군사에게 붙잡혀서 죽임을 당했고, 깊은 궁궐에 갇힌 채 웃음 한 번 보이지 않았던 포사 역시 견융에게 붙잡혀갔다. 이에 제후들이 모두 신나라 제후를 따랐으며 본래의 태자 희의구를 즉위시켰는데, 그가 바로 평왕이다. 평왕은 즉위하자 동쪽으로 도읍을 옮겨 낙양으로 천도하였다. 이때가 기원전 770년으로 이때부터 동주東周시대라 부른다. 또한 동주시대는 춘추시대와 전국시대로 나뉘는데, 춘추시대는 공자의 역사서『춘추』에서 따와 붙인 이름이고, 전국시대는 한나라 유향의 저서『전국책』에서 유래한 것이다.

그러나 희의구 평왕의 제위 기간에 주나라의 왕실은 점차 쇠약해지고, 차츰 제후국인 제齊, 초楚, 진秦, 진晉 나라가 강성해져 정치는 이들 제후국 중심으로 바뀌게 된다. 이것이 동주시대부터 진나라의 왕 영정이 6국을 통일시키기 전까지 약 500년의 전란의 시기를 전국시대라고 일컫는다.

전국시대의 시작은 진晉나라의 유력한 3대부 집안이었던 한韓씨, 위魏

씨, 조趙씨가 제후를 몰아내고 스스로 권력을 잡으면서 세 나라로 분열되는 기원전 403년을 기점으로 본다. 기원전 392년 제나라에서는 전화田和가 제강공을 성으로 옮기라는 영을 내리고, 그 성을 식읍으로 주고, 같은 해에 스스로 제나라의 임금이 되었다. 그러나 이때의 제국은 명의상으로는 여전히 주천자周天子의 신하였으므로, 이 때문에 전화는 또 적극적으로 주나라 왕실에 인가를 받을 방법을 모색했다.

기원전 390년에 제국은 위나라를 정벌하고, 이어서 전화는 위문후와 회맹을 맺었고, 그래서 위문후 등은 곧 주 왕실에 지시를 요청했다. 기원전 386년에 주안왕周安王이 정식으로 전화의 정식 제후로 봉하게 된다. 천자가 제후와 대부의 압력을 이기지 못하고 승인할 수밖에 없는 시대로 접어든 것이다. 기원전 400년을 전후로 주나라 천자는 제후국 통제마저 완전히 상실하게 된다.

이것은 단순한 천자의 추락만을 의미하는 것이 아니다. 춘추시대 초기에 제후국이 140여 개 나라가 있었다고 한다. 자고 나면 나라 하나가 사라지는 시대가 도래한 것이다. 전국시대에 이르면 대부분 작은 나라는 큰 나라에 흡수되고 진·초·연·제·한·위·조 7개 강대국만 남게 되었다. 천자의 추락 이면에는 많은 제후국의 각축전과 지배계층 내부의 일상화된 권력투쟁이 있었다.

주나라 때에는 예악과 정벌의 권한이 천자에게 있었지만 동주시대에 이르러 왕실의 권한이 날로 쇠약해지고, 예악과 정벌의 권한 또한 점차 제후나 대부에게로 넘어갔다. 그러다가 마침내 대부의 가신들이 국가의 모든 권력을 장악하게 되었다. 이런 문제점을 목도한 공자는 다음과 같이 비난하였다.

천하가 태평할 때는 예악을 만들고 전쟁을 일으키는 일 등이 천자로부터 결정되지만, 천하가 혼란할 때는 예악을 만들고 전쟁을 하는 일 등이 제후로부터 결정된다. 만일에 예악 정벌이 제후에게서 결정된다면 10대 동안에 그 천자 자리가 상실되지 않음이 드물고, 한 단계 낮추어 제후의 대부로부터 결정된다면 5대 동안에 그 제후 자리가 상실되지 않음이 드물고, 대부의 가신이 마침내 국가의 정령을 쥐고 있다면 3대 동안에 그 대부 자리가 상실되지 않음이 드물다. 천하가 태평할 때는 국가의 최고 정치 권력이 제후의 대부 손에 떨어지지 아니하고, 천하가 태평할 때는 백성들이 정부의 정령에 대해 어떤 비난도 하지 않는다.

-『논어』「계씨」-

예악과 정벌이 천자에서 나오느냐 제후에서 나오느냐에 따라 천하가 태평한 것인지 아닌지 결정된다. 예악을 제정하고 반역자를 정벌하는 것은 본래 천자의 권한이다. 그런데 나라의 권력이 나날이 쇠락해진 이유는 주나라에 의해 건립된 봉건제도가 유명무실해지자 왕권이 실추되어 종법제도가 완전히 붕괴되었기 때문이었다.

춘추 말에서 전국 초에 이르러 주나라 왕실은 단지 명목만 유지할 뿐 실제로는 열강들에 의하여 천하의 형세가 좌우되었다. 따라서 전통적인 예와 명분의 관념을 새로운 것으로 대치할 것을 요구하게 되었다. 공자는 서주 이래 예악의 붕괴를 '천하가 무도한' 상황으로 규정했다. 그것은 예악의 근원이 천자에 있지 않고 제후나 대부에게서 비롯됨을 의미한다.

춘추시대 오나라와의 전쟁에서 패한 월왕 구천이 오왕 부차에게 미인 서시를 보내올 때 오나라 재상 오자서가 오나라 왕에게 진언하기를 "신이 듣기에 하나라는 말희로 인해 망하였고, 은나라도 달기로 인해 망하였으며 주나라가 망한 것도 포사로 인한 것이니 무릇 뛰어난 미인은 나라를 망하게 하는 요인이니 청컨대 받으시면 아니 될 것입니다"라고 간청하였으나 오나라 왕은 이를 듣지 않고 바로 서시를 받아들였다.

제3장

나라를 기울게 할 만큼 뛰어난 중국의 4대 미인

1.
망국의 치욕을 잊지 않기 위해서
와신상담한 구천

오나라와 월나라는 개와 원숭이 사이처럼 서로 나쁜 관계였다. 그 관계
가 얼마나 나쁜 관계였는가 하면, 오나라의 부차는 월나라와의 전쟁 중에
아버지를 잃고, 아버지의 원수를 갚기 위해 땔나무 위에서 잠을 자며 복수
를 다짐했다. 부차는 곧 반격에 나섰고, 마침내 아버지의 원수를 갚을 수
있었다. 그리고 전쟁에서 패한 월나라의 구천은 쓸개를 늘 곁에 두었다. 그
는 쓸개의 쓴맛을 생각하면서 자신이 당한 치욕을 잊지 않고 다시 갚기 위
해 다짐했다. 즉 '와신상담臥薪嘗膽'으로 '원수를 갚거나 계획한 일을 이루
기 위해 온갖 괴로움을 참는다'라는 뜻이다.

오나라에 패한 월나라 왕 구천은 문종으로 하여금 계속 월나라를 다스
리도록 일임하고, 자신은 부인과 자녀, 범려 등 300명에 달하는 관리들을
인솔하여 오나라로 갔다. 오왕은 구천 부부에게 돌로 지은 움집에 거처하
면서 마구간을 관리하도록 했다. 범려에게는 노복의 심부름 따위의 일이
주어졌다. 오나라 왕 부차가 외출할 때면 구천은 그를 위해 말을 몰면서

남들의 비웃음을 샀다. 하지만 구천은 고분고분하면서 불평 한마디 없이 지냈기 때문에 부차의 신임을 얻었다.

『사기』「월세가越歲家」에 '상분지도嘗糞之徒'라는 말이 나온다. 변을 맛보는 무리라는 뜻으로, 남에게 아첨하여 부끄러운 짓도 서슴없이 하는 사람을 비유하는 말이다. 구천은 오나라의 부차에게 패하였는데, 항복한 것처럼 위장하였다. 이후 오나라에 끌려가 온갖 수모를 겪었을 때 그의 옆에서 충신 범려가 있어 늘 지극정성으로 받들어 모셨다.

어느 날 오나라의 왕 부차는 구천을 죽이기 위해 불렀다. 이때 부차는 병으로 자리에 누워 있었다. 이런 구천의 위기를 모면하기 위해 범려는 지혜를 발휘하였다. 범려는 원래 점쟁이였기 때문에 부차의 쾌차 날짜를 예견할 수 있었다. 범려는 구천에게 부차의 쾌차 예정일을 알려주었고, 또한 구천에게 부차 문병 시에 반드시 부차의 변을 맛보고 나서 그의 쾌차 예정일을 이야기하라고 일러주었다. 비록 볼모로 붙잡혀 온 상태이지만 변을 맛보라는 것은 심한 모욕일 수밖에 없었다.

그러나 이것은 목숨을 구할 수 있는 한순간의 치욕이라고 생각하고 구천은 범려의 의견에 따르기로 하였다. 범려의 주문대로 구천은 부차의 변을 맛보고 나서 쾌차의 예정일을 알려주었는데, 부차는 구천의 말대로 예정일이 되자 씻은 듯이 병이 나았다.

'상분지도'는 남의 이목은 아랑곳하지 않고 목적을 이루기 위해서는 상대편의 변까지도 맛보아 아부하는 사람들을 말한다. 부차는 구천의 이러한 행동에 감동해서 구천과 그의 일행을 월나라로 귀국하도록 했다. 구천은 귀국하자마자 즉시 문종과 어떻게 하면 부국강병을 꾀해서 오나라를 멸할 것인가를 의논했다. 문종은 오나라를 멸망시킬 일곱 가지 책략을 제안했다.

첫째, 오나라 대신들에게 뇌물을 바쳐서 즐겁게 해주는 것이고, 둘째, 오나라의 양식을 사거나 빌려서 그 곳간을 텅 비게 하는 것이고, 셋째, 오왕에게 미녀를 선물로 보내서 방탕한 생활에 빠지도록 유혹하는 것이고, 넷째, 오나라 목재와 벽돌, 기와 등을 많이 보내 토목공사를 크게 벌리게 함으로써 국력을 소모하게 하는 것이고, 다섯째, 간첩을 파견하여 오나라의 대신이 되게 하는 것이고, 여섯째, 대신을 매수하여 유언비어를 퍼뜨림으로써 충신과 훌륭한 장수들이 득세하지 못하게 하는 것이고, 일곱째, 병마를 많이 준비하여 조련하는 방법이었다.

구천은 망국의 치욕을 잊지 않기 위해서 문 입구에 쓸개를 달아놓고 매일 식사 전에 먼저 그것을 맛보았다. 그는 직접 나가서 농사를 지었으며, 아내 역시 베를 짜도록 하였다. 그리하여 월나라 사람들은 오나라 공물을 헌납하느라고 고된 생활을 하였지만, 월왕을 중심으로 굳게 뭉칠 수 있었다.

얼마 후 오왕인 부차는 고소대를 건축하려고 하자, 구천은 흔하지 않은 목재를 생각보다 더 많이 헌납했다. 오왕은 그 목재를 충분히 활용하기 위해서 원래의 계획보다 고소대의 높이와 넓이를 각각 두 배씩 늘렸다. 그리고 월왕 구천의 충성에 매우 흐뭇하게 여겼다.

구천은 첫 번째 계책이 원만한 성공을 거두자, 두 번째 계책인 미인계의 시행에 착수했다. 그는 범려에게 미녀를 구할 것을 명했다. 범려는 구천의 명에 따라 복숭아꽃처럼 아름답고 예쁘고 고운 서시와 그녀의 조수로 정단을 데려와 악사에게 가무와 몸가짐 등을 가르쳤다. 3년 후 재상 범려를 사신으로 보내 오왕 부차에게 바쳐 부차를 미혹시키려 했다.

서시는 매우 아름다웠는데, 그녀는 가슴에 통증이 있어서 두 손으로 가끔 가슴을 움켜쥐고 눈썹을 약간 찡그리는 자태가 더욱 요염하고 아름다웠다. 그녀의 이웃에 동시라는 추녀가 살고 있었는데, 서시의 아름다움을 매우 부러워했다. 그녀는 가슴을 움켜쥐는 서시의 모습이 너무나 요염하고 아름답게 보이자, 자신도 그런 모양을 하고 눈썹을 찡그린 채 집으로 향했다. 그랬더니 그 못생긴 모습이 더욱 추해서 주위 사람들이 모두 놀라서 도망갔다고 한다. 이른바 '동시가 서시의 찡그린 모습을 본받으니 이웃들이 모두 놀랐다.' 즉 '서시효빈西施效顰'이라는 고사성어가 바로 이것을 일컫는다. 효빈效顰은 덩달아 남의 흉내를 내는 것을 말한다.

서시는 비록 집안이 가난했지만 매우 총명해서 범려가 그녀를 사랑했다고 한다. 그러나 오나라를 멸망시키기 위해서 범려가 서시에게 오나라 가기를 권하자, 서시는 이렇게 대답했다.

"임금과 신하들이 오나라에 연금되어 있었던 것을 저도 다 알고 있습니다. 나라의 일은 큰일이고 남녀의 감정은 작은 것이겠죠. 제가 어찌 하찮은 몸을 아끼느라고 천하 사람들의 바라는 바를 저버릴 수 있겠습니까?"

범려는 그런 서시를 위해서 다음과 같은 말을 했다.

"만약 네가 즐거운 마음으로 오나라에 간다면 월나라가 생존할 수 있고, 너와 나도 살아서 후에 다시 만날 날이 있을 것이다. 만약 네가 가지 않겠다고 고집한다면 월나라도 망하게 되고, 너와 나 역시 오나라의 귀신이 되고 말 터이니 어떻게 백년가약을 맺을 수 있겠느냐?"

서시가 오나라로 떠나는 날, 많은 백성들이 서시의 미모를 한번 보고자 역관으로 몰려가 그녀를 맞이하였으며 거리에 인파가 가득하였다. 당시의 이야기에 따르면 서시를 데려간 월나라의 대부 범려는 미인을 보려고 하는 사람은 돈을 내야 한다고 하며 역관 내에 돈궤를 마련하였는데 얼마 되지 않아 가득 차고 넘쳤으며 3일간 거두어들인 돈을 월나라로 가져가 국가 재정에 사용하였다고 한다.

2.

오나라를
멸망시키게 한
서시

범려는 서시를 대동하고 오나라 왕 부차를 만나 무릎을 꿇고 다음과 같이 말하였다.

"동해의 적신 구천이 대왕의 은덕에 감복하여 나라 안을 뒤져서 가무에 능한 여자를 구해서 왕께 바치오니 하녀로라도 쓰시기 바랍니다."

이때 충신 오자서가 오나라 왕 부차에게 진언하였다.

"신이 듣기에 하나라는 말희로 인해 망하였고, 은나라도 달기로 인해 망하였으며 주나라가 망한 것도 포사로 인한 것이니 무릇 미인이라는 것이 나라를 망하게 하는 요인이니 청컨대 받으시면 아니 될 것입니다."

이렇게 간청하였으나 오왕 부차는 오자서의 말을 듣지 않고 바로 서시의 미모에 빠져 받아들였다.

이후 부차는 고소대에 춘소궁을 짓고 영암산 위에 관왜궁을 지었으며 큰 연못을 파서 서시로 하여금 즐기게 하였다. 이때부터 부차는 서시를 매우 총애하며 국사를 등한시하여 구천이 그의 숙원이었던 오나라를 칠 수 있는 충분한 준비를 할 수 있는 계기가 되었다.

구천은 두 번째 계책이 성공하자 세 번째 계책, 즉 오나라 국고를 텅 비게 하는 계책을 시행하였다. 어느 해 월나라의 가을 수확이 좋지 않자, 월나라 대부 문종은 오나라에 가서 양식 10만 석을 빌려달라고 요청하면서 이듬해에 갚겠노라고 했다. 오나라 대신들은 의견이 분분했는데, 빌려주었다가 떼이지 않을까 걱정하는 신하도 있었고, 또 어떤 신하는 월나라가 해마다 공물을 보내오는데 양식을 빌려주지 않는다면 인정에 맞지 않는 처사라고 했다. 상황이 이렇게 되자, 부차는 서시에게 의견을 물었다.

"대왕께서는 그래도 천하의 패권을 장악하려고 하십니까? 이런 사소한 일에도 결단을 내리지 못하시다니 말입니다. 과연 정말로 모른다면 옛사람에게 배우세요. 일찍이 제환공은 계구에서 제후들과 회맹을 할 때 기근을 겪는 나라를 구제할 것을 호소하였고, 진목공은 많은 양식을 팔아서 적대국가의 백성들을 구제하였습니다. 하물며 이미 대왕께서 귀속한 월나라는 어찌 대해야 하겠습니까? 속담에 이르기를 '백성은 먹는 것을 하늘로 안다'고 하였습니다. 대왕께서 양식을 빌려주지 않고 그대로 굶어 죽게 하시렵니까?"

부차는 서시의 말에 일리가 있다고 생각하여 흔쾌히 양식 10만 석을 월나라로 보냈다. 이듬해 문종은 빌린 양식을 오나라에 갚았다. 오왕은 월나라가 약속대로 양식을 갚는 것을 보자 매우 기뻐했다. 그리고 보내온 곡식 알맹이가 크고 통통한 것을 보고는 종자로 삼으라고 명했다. 오나라 사람들이 그 종자를 심었는데 싹이 트지 않았다. 이상하게 여긴 사람들이 땅을 파보았더니 종자가 모두 썩어 있었다. 오나라는 그해에 한 알의 양곡도 거두지 못하고 말았다. 오나라 사람들은 토질의 차이를 무시한 채 억지로 월나라 곡식을 종자로 삼으라고 한 오왕 부차를 원망했다. 하지만 어찌 그들이 그 곡식들이 문종이 모두 삶아서 말린 것임을 알았으랴!

월나라 구천은 오나라가 기근에 허덕이는 것을 보자 군대를 보내서 공격을 감행하려고 하였다. 그러자 문종이 만류했다. 첫째는 충신 오자서가 아직 제거되지 않았고, 둘째는 오나라 군사력이 막강한 데다가 모두 국내에 주둔하고 있으므로 문종이 다음 기회를 노려야 한다고 했다.

하지만 월나라가 군대를 조련한다는 사실이 끝내 오왕 부차에게 전해졌다. 그래서 오왕 부차는 재차 월나라 정벌에 나서려고 했다. 그러나 이때 제나라와 노나라가 싸우고 있었는데, 공자의 제자 자공의 권고로 오나라는 제나라를 공격함으로써 노나라를 돕겠다고 약속했다. 또 월나라는 자청하여 3천의 정예군을 오왕 부차에게 보내겠다고 했다. 제나라가 패한 후에 오나라에서는 공로에 따라 상을 주었는데, 오왕 부차는 심지어 월나라에게도 땅을 상으로 주려고 했다. 그러자 충신 오자서가 반대했다. 이때 신하 백비는 기회가 왔다고 생각하고 재빨리 말했다.

"당신이 진정 오나라의 충신이라고 한다면, 어째서 당신의 아들은 우리의 적국인 제나라에 기거하였소?"

원래 제나라와 오나라가 교전하기 전에 오왕 부차는 오자서를 시켜서 제나라에 국서를 전달하도록 했다. 그 국서는 제왕을 꾸짖는 내용이었는데, 제왕을 격분시켜서 편지를 갖고 간 오자서를 죽이도록 하는 것이 목적이었다. 그런데 제나라가 오자서를 죽이면 오나라와 사달이 일어날까 두려워 오자서는 살아 돌아올 수가 있었다. 귀국한 오자서는 자신의 아들 오봉을 제나라에 남겨 두었는데, 그 이유는 오나라가 얼마 가지 못할 것이라고 판단했기 때문이다. 이 일이 백비에 의해 여러 신하에게 알려지자, 오왕 부차 역시 대노했다.

"그대는 선왕의 시대에 세웠던 공로를 감안해서 살려두겠지만, 앞으로는 나를 만나러 오지 말도록 해라."

오왕 부차가 침소에 돌아와서 이 일을 서시에게 알렸다. 서시는 오자서가 대단한 인물이라는 걸 알고 있었다. 그래서 오왕이 그를 멀리하기만 하고 죽이지 않는다면 그에게 다시 재기할 기회가 올 것이며, 그렇게 되면 월나라에 상당히 불리할 수 있다고 판단했다. 그녀는 오왕에게 이렇게 말했다.

"오자서는 어떤 자이기에 자기 나라까지 멸망시키려고 합니까? 속담에 이르기를 '의심나는 자는 등용하지 않고, 등용했으면 의심하지 않는다'라고 했습니다. 오자서가 월나라를 멸망시키자고 주장하였으니, 그를 다시 등용하면 먼저 나 같은 월나라 사람부터 죽일 것입니다."

이렇게 푸념하면서 가슴의 통증이 발작한 것처럼 가슴을 부둥켜안고 가녀린 모습을 지었다. 오왕은 서시의 말을 듣자 안타까운 마음이 들고 마음이 움직여 즉시 오자서에게 검을 보내서 자결하도록 명했다. 마침내 서시는 월나라에서 가장 위협적인 인물을 제거하는 데 성공했다.

서시는 중요한 장애물이 모두 제거되자, 이제는 오왕에게 중원으로 진출하여 패권을 쟁탈하라고 부추겼다. 기원전 486년, 오왕은 많은 인부들을 동원하여 화하까지 직통하는 운하를 파도록 했다. 기원전 484년, 그는 수로를 통해 제나라를 공격하여 애릉에서 제나라 군대를 대패했다. 자신의 수군에 대해 자신감을 얻은 오왕은 수많은 인력과 엄청난 재력을 동원하여 장강, 화하, 사수, 제수 등의 수계水界를 관통시키는 토목공사를 벌였다. 바로 배를 타고 제나라까지 갈 수 있도록 하려는 것이었다. 그러나 이때 오나라는 이미 인력, 물자, 재력은 고갈되기 직전이었다.

기원전 482년, 오왕은 대군을 이끌고 위나라 황지에 가서 제후들과 회맹하기로 약속했다. 그리고 당시 패왕 진정공을 초청하여 맹약을 맺음으로써 오나라를 맹주로 추대하기로 했다. 바로 이 기회를 틈타 월왕 구천은 범려를 대장으로 삼아서 오나라를 공격하여 승리를 거두었다. 오왕은 이 소식을 듣고 무력으로 진정공을 협박하여 자신을 맹주로 추대하도록 한 후에 황급히 귀국길에 올랐다. 하지만 긴 행군으로 피로에 지친 데다가 사기도 떨어져 월나라에 연이어 패배하게 되었다.

오나라가 패배하자, 서시는 자신이 월나라 사람이니 죄가 있다고 하면서 죽여달라고 청하였다. 오왕이 말했다.

"사람은 누구나 태어난 곳이 있기 마련이다. 네가 오나라를 공격한 것도 아니고, 구천의 친족도 아닌데 무슨 죄가 있단 말이냐."

그 후 오왕은 매우 의기소침하여 늘 서시와 술만 마셨다. 기원전 478년, 월나라는 다시 군사를 동원하여 오나라를 공격했다. 오나라는 이미 전력이 쇠잔하여 월나라의 공세를 당할 수 없을 정도였다. 오왕은 어쩔 수 없이 고소성에 몸을 피했다. 그 성은 견고해서 일시에 공략하기 어려웠다. 월나라 군대는 2년 동안 책략을 써서 고소성을 포위하고 공격하여 마침내 함락시켰다. 결국 서시는 월나라 구천이 오나라에 원수를 갚기 위해 동원한 미인계로, 이를 눈치채지 못한 오왕 부차는 결국 목숨과 나라를 동시에 잃고 만 것이다.

어느 날 그녀는 강변에 서성이고 있었는데 맑고 투명한 강물이 그녀의 아름다운 모습을 비추었다. 그녀의 미모에 취한 수중의 물고기가 수영하는 것을 잊고 천천히 강바닥으로 가라앉았다고 한다. 그래서 서시의 미모를 두고 '침어(浸魚, 물고기가 가라앉음)'라는 칭호를 얻게 되었다.

3.
한나라를 환란에서 구한
천하일색 왕소군

흉노는 기원전 4세기 말 전국시대부터 기원후 5세기 중반 오호십육국 시대에 이르기까지 수백 년 동안 주로 북아시아 지역에 존속했던 특정 유목민 집단이 세운 국가를 가리킨다.

역사서에 기록된 세계 최초의 유목제국으로 중국의 여러 기록물 내에서 빠지지 않고 언급될 정도로 끊임없이 중화권 국가에 위험을 초래한 것으로 유명하다. 건조한 초원이 대부분이지만 기원전 3세기 무렵, 현재의 중국 북부, 몽골고원에서부터 러시아 남쪽에까지 달하는 광활한 제국을 건설했고, 전성기에는 시베리아 남부, 만주 서부, 그리고 현재 중국의 내몽골, 간쑤성, 토하리스탄까지 영향력이 미쳤다.

진시황은 흉노족 등의 유목민족의 침입을 막기 위해 기존의 성곽을 잇고 부족한 부분은 새롭게 축조하여 만리장성을 축조하였다. 이후 약화된 세력으로 지내던 흉노였지만 진나라 말 농민봉기에 이은 초나라와 한나라 전쟁으로 중국의 국력이 약해지면서 다시 남하하기 시작했다. 이 세력을 진두지휘한 사람이 그 유명한 묵돌선우였다. 본격적으로 활약하기 시작한 건 유방이 전한을 세우고 나서부터이다.

한고제 유방은 눈엣가시인 흉노 토벌에 나섰지만 백등산 포위전에서 대패했다. 흉노는 유방의 조심성을 역으로 이용하여 한나라의 보병을 유인한 뒤 기병 포위전략을 써서 유방을 위험에 빠트렸다. 이때 진평의 계략으로 유방은 겨우 풀려났지만 이로 인한 경제 사회적 피해는 말할 수 없을 정도로 컸다.

전한 초기 흉노의 위협에 직면해 이를 막아내기 버거웠던 한나라는 흉노와 화친하여 무역하는 방법을 택했다. 흉노에 패배한 직후였으므로 한나라에 불리한 조건의 화친이었지만 흉노족에게 정기적으로 바쳐야 하는 물자는 중국의 거대한 생산성으로 극복 가능한 정도였다. 그렇게 화친과 교역으로 흉노를 달래는 사이 한나라 문제와 경제는 이른바 문경지치를 이뤘고, 내실을 쌓은 이후 무제가 다시금 흉노 정벌에 나서 승리하면서 흉노는 서역 지배권을 빼앗기고 쇠퇴하게 된다. 물론 대흉노전에 국력을 너무 쏟아부은 나머지 한나라도 이후 점차 쇠퇴해 간 게 문제지만, 흉노만큼 쇠퇴하진 않았다.

기원전 60년을 전후하여 흉노는 허려권거 선우가 세상을 떠나자 권력 쟁탈 과정에서 내부 분열을 일으키며 선우가 다섯이나 생기는 상황이 발생했다. 그러자 자연히 혼란스러운 전쟁이 일어났음은 말할 것도 없었다. 결국 호한야 선우와 질지 선우가 서로 공격하며 맞붙는 지경까지 왔지만, 호한야가 밀리는 형국에 이르렀다. 그러자 호한야 선우는 서한에 귀부하기로 결정했다. 서한 황제는 호한야의 귀부를 받아들이고 그의 세력이 미치는 곳을 남흉노라고 일컬었다. 서한과 흉노는 이런 관계로 서로 평화를 유지할 수 있었다. 이후 전한은 한나라 여인을 선우의 아내로 바치고, 그 외 각종 물자와 인력을 보낸다는 조건으로 흉노와 굴욕적인 화약을 맺게 되었다. 먼 훗날의 북송은 거란족의 요나라와 형제의 맹약을 맺을 때 송나라 때와 비슷하다.

어느 날 흉노의 호한야 선우가 서한 조정을 찾았다. 그는 흉노족의 대표적인 세력을 이루는 5부족 간의 치열한 권력투쟁의 와중에서 최후의 승자로 남은 비범한 인물이었다. 흉노족은 한무제의 토벌 전쟁으로 이미 세력이 크게 와해되어 한나라의 적수가 되지 못하는 형세였다. 하지만 그들은 워낙 강대한 유목민족이었다. 특히 한고조 유방이 흉노족에게 쫓겨 목숨을 잃을 뻔했던 일이 두고두고 아픈 손가락이었다. 원제의 부왕인 선제는 흉노족을 완전히 무너뜨리기 위해서는 통치집단 내부의 권력다툼을 적절히 이용해야 된다는 사실을 알았다. 그는 호한야 선우의 청을 들어주는 척하면서도 그의 최대 정적인 질지 선우에 대해서도 우호적으로 대했다. 먼저 호한야가 머리를 조아리고 협력을 요청해 온 것이다.

선제는 흉노족이 한나라의 서부 지역에 자리를 잡는 것을 묵인하는 척하며 그들의 경계심을 풀어놓았다. 그런 다음 은밀히 군대를 보내서 질지 선우의 세력을 격파시켜 버렸다. 그 결과 호한야는 흉노족의 일인자가 되었다. 호한야는 선제가 죽고 원제가 즉위하자 직접 한나라를 찾았다. 양국의 친선 관계를 더욱더 도모하기 위하여 한나라 황실의 사위가 되고 싶다는 뜻을 전하러 온 것이다. 원제로선 반대할 이유가 없는 제안이었다. 흉노족의 세력이 약해졌다고는 하지만 국경에는 언제나 전쟁의 위험이 도사리고 있었다. 호한야는 황궁에서 서한 황제 원제를 배알하는 자리에서 이렇게 아뢰었다.

"궁녀 한 사람을 제게 내려주십시오, 그러면 제가 서한의 변경에 있는 요새를 굳게 지키도록 하겠습니다."

이에 서한은 적당히 후궁을 한 사람 보내기로 했다. 서한 원제는 그래서 초상화만 보고 흉노의 호한야에게 보내도 아깝지 않을 왕소군을 보내는 것으로 결정했다.

서한 원제는 자기 곁에 수없이 많은 궁녀를 거느렸다. 따라서 인물을 잘 그리는 화공들을 궁중에 두고 궁녀들의 얼굴을 그리도록 명령했다. 『서경잡기』에 의하면, 평소 서한 원제는 후궁이 많아서 화공에게 궁녀들의 초상화를 그리게 한 뒤, 그걸 보고 누구와 잠자리를 함께 할지 결정했다. 당시에는 궁녀로 들어가서 황제 얼굴도 한번 못 보고 죽는 여자도 많았기 때문에, 황제의 은총을 받기 위해 궁녀들은 당시 화공 모연수에게 아름다운 모습으로 그려 달라고 뇌물을 바쳐댔다. 하지만 천하절색인 왕소군은 그러한 재력이 없어 뇌물을 주지 않아서 황제의 총애를 받을 수 없었다. 당연히 화공 모연수는 뇌물을 바치지 않은 왕소군의 초상을 가능한 한 평범하게 그려서 황제에게 바쳤기에 왕소군은 수년이 지나도록 황제의 총애를 받기는커녕 황제의 얼굴을 한 번도 보지 못했다.

당연히 서한 원제도 왕소군의 얼굴을 보지 못했기 때문에, 그녀를 후궁으로 삼지 않았음은 물론이다. 실제로 황궁에는 수천 명의 궁녀가 있었는데, 그 수가 너무 많아서 황제가 하나하나 얼굴을 볼 시간이 없었다. 그래서 궁여지책으로 화공 모연수로 하여금 궁녀들 얼굴을 그려 화첩을 만들라 하여 그것을 보고 미희들을 간택하였다.

왕소군은 기회를 택하지 않았고, 자신을 운명에 맡겼다. 그녀는 궁녀들이 너나없이 뇌물을 들고 길게 늘어선 행렬에 동참하지 않았다. 이런 왕소군을 궁정화가 모연수가 곱게 보았을 리 없었다. 사실을 왜곡하는 데 익숙한 사람은 자기가 저지른 죄를 죄라 생각하지 않고 관행이라고 치부하는 경향이 있다. 역사를 들여다보면 예나 이제나 똑같은 관행이 권력이나 명예, 돈에 의해서 그대로 반복되고 있다. 이렇게 해서 모연수는 자신에게 아무것도 챙겨주지 않은 왕소군의 천하절색을 형편없는 추녀로 둔갑시키는 재주를 발휘했다.

후궁의 궁녀들에겐 하루하루가 감옥이나 다름없었다. 바깥으로 나갈 수도 없었고 하는 일이라고 매일 정성 들여 몸단장이나 하고 황제가 불러주기를 바랄 뿐이었다. 그러다 끝내 부름을 받지 못하면 꽃다운 청춘을 헛되이 보내고 하는 수 없이 늙어가는 게 황제의 부름을 받지 못한 궁녀들의 운명이었다.

왕소군은 경치가 뛰어나고 땅이 비옥한 강남의 한 농촌 가정에서 태어났다. 사람들은 그녀의 어머니가 은쟁반 같은 둥근 달이 품에 안긴 태몽을 꾸고 태어났다고 하여 '월궁의 선녀'라는 별칭을 붙여주었다. 왕소군은 어릴 적부터 글 읽는 것을 좋아했다. 그녀의 아버지 왕양은 딸을 위해 집 앞에 '망월루'라는 정자를 지어주었다. 그녀는 그 위에서 책을 읽고 그림을 그리며 악기 다루는 연습을 했다.

왕소군의 용모가 천하절색이고 총명하다는 소문이 이미 파다하게 퍼져 수없이 많은 청혼객들이 몰려왔다. 그러나 왕양은 고관대작의 아들이라 해도 딸을 주기에는 아깝다는 생각이 들었다. 그는 자기 딸이 황궁에 들어가 황제의 총애를 받고도 남는 미모를 지녔다고 믿었다.

한나라 제10대 황제인 원제 초기였다. 조정에서는 천하의 미녀들을 선발하여 후궁으로 채웠다. 열일곱 살, 꽃다운 미모의 왕소군도 그중 한 여인이었다. 원제는 타고난 호색한이었다. 후궁에는 원제가 호명하기만을 기다리는 궁녀들이 수두룩했다. 그 수가 얼마나 많은지 원제 자신도 누가 누군지 기억할 수 없는 지경이었다. 그나마 운이 좋은 몇몇 궁녀들을 제외하고는 대부분의 궁녀들이 눈물로 세월을 보내야만 했다.

문제는 흉노로 시집가기 전날 서한 원제는 거대한 환송식을 열었다. 왕소군은 곱게 단장하고 원제 앞에 나가 작별 인사를 올렸다. 이때 그녀의 실물을 처음 본 원제는 자기 눈을 의심하지 않을 수 없었다. 얼굴은 복숭아 빛으로 발그스름한 홍조를 띠었고, 곱게 휘어진 반달 같은 눈썹에 약간은 원망 어린 기색이 서려 있었지만 앞으로 보나 뒤로 보나 왕소군은 흠잡을 데 없이 아름다운 절세의 미인이었다. 궁궐 안에 이렇게 완벽한 미인이 숨어 있었다니, 원제는 자기도 모르게 입맛을 다시며 눈살을 찌푸렸다.

"지금까지 수없이 많은 미인들을 보았지만 세상에 저렇게 아름다운 궁녀를 내가 어찌 몰랐던가!"

아름다운 외모만이 아니었다. 기품까지 넘치는 모습이었다. 얼굴도 천하절색이었지만 몸매도 자기 눈을 의심할 정도였다. 그야말로 하늘에서 내려온 영락없는 선녀였다. 뒤늦은 후회가 밀려왔다. 그 아름다움을 접하고 넋이 나갔지만, 이미 결정된 사항이라 왕소군을 흉노에게 보낼 수밖에 없었다. 그 연유를 캐묻던 원제는 화공 모연수가 부린 장난질 때문임을 알았다. 원제가 극도로 화가 날 수밖에 없었다. 그래서 뇌물을 받고 못생긴 궁녀들을 예쁘게 그리고, 뇌물을 바치지 않은 진짜 미인 왕소군을 추녀로 그린 궁정화가 모연수를 처형해 버렸다. 하지만 왕소군을 보내는 아쉬움은 사라지지 않았다.

왕소군이 흉노로 시집간 뒤 양국 간에 오랫동안 평화가 유지됐다. 왕소

군의 역할이 컸다. 왕소군을 왕비로 맞은 흉노의 왕 선우는 그녀의 미모에
빠져 있다가 2년 뒤 죽었다. 왕소군은 그 후 고국 한나라로 돌아가려고 했
지만 서한 원제가 "모국의 평화를 생각해서 눌러앉아 살아야 한다"고 거
부하는 바람에 차기 왕위를 이어받은 전처의 아들 복주루와 재혼하게 된
다. 유목민족에게 그건 허물이 아니라 관습이었다. 남은 미망인과 자녀들
을 건사해야 하는 유목민의 현실에선 당연한 일이었다.

결국 왕소군은 2대에 걸쳐 흉노 선우를 남편으로 맞으면서 전쟁이 빈번
하던 두 나라를 오랫동안 원만한 관계로 유지시키는 데 크게 공헌했다. 그
리고 그녀는 흉노족의 역사상 최초로 초원에 초등 교육제도를 도입해서
흉노족의 어린이들에게 다양한 방면의 중국 문화를 소개하고 교육의 기회
를 만들어 주었고, 여인들을 위해서는 진보된 길쌈 기술을 도입했다. 당연
히 흉노족의 사랑과 존경을 받았으며, 그녀가 생존했던 기간에 흉노족과
한나라 사이에 전쟁은 단 한 번도 일어나지 않았다.

그렇게 그녀가 흉노 땅에서 60년 동안 살다 생을 마감하자 흉노족은 그
녀를 후하게 장례를 치러주었고, 그녀의 무덤에 '푸른 무덤'이라는 의미인
'청총靑塚'이라고 명명했다. 흉노족의 입장에선 왕소군이 따뜻한 고향을
떠나 추운 북방에 들어와 살면서 항상 푸른 풀이 돋아나는 고향 땅을 그리
워했을 것이라고 보았다. 바로 그 이름 때문에 후일 그녀의 무덤에는 겨울
이 와도 풀이 시들지 않는다는 전설이 생겼다고 한다.

당나라 시인 동방규는 소군원 삼수昭君怨 三首를 지어 왕소군의 심정을
대신했다.

오랑캐 땅에는 꽃과 풀이 없으니(胡地無花草)

봄이 왔는데 봄 같지가 않구나(春來不似春).
자연히 옷 띠가 느슨해짐은(自然衣帶緩)
몸이 야윈 때문만은 아니라네(非是爲腰身)

동방규가 왕소군의 기구한 운명을 애달프게 여겨 지은 시가 바로 '소군원昭君怨'이다. 왕소군의 원망이라는 뜻이다. 이 시의 내용은 오랑캐 땅은 꽃과 풀이 잘 나지 않는 황무지여서 봄철이 되어도 푸르고 따뜻한 봄이 아닌데, 그 이유가 비단 화초 때문은 아니며, 온통 봄빛으로 가득하더라도 쓸쓸하고 고독한 처지에는 봄기운을 느낄 수 없기 때문이다. 또한 허리끈이 느슨해져도 이는 몸매 때문이 아니며, 삶이 즐겁지 않아 살이 빠진 것일 뿐이라는 것이다.

여기서 전하여 '춘래불사춘春來不似春'은 봄이 왔으나 봄을 그대로 느끼지 못할 정도로 마음이 시리고 절망에 빠져 있는 상태를 의미한다.

일설에는 왕소군은 흉노 호한야 선우를 따라 서한과 흉노 관원들의 호위를 받으며 장안을 떠나 국경을 넘어 북방으로 갈 적에 험준한 사막 도중에 부모 형제가 있는 고향과 이별하고 홀로 멀리 북방으로 향하는 처지가 서글퍼서 '출새곡出塞曲'을 비파를 연주하면서 의지할 데 없는 외로운 심정을 노래했다. 그때 하늘을 날아가던 기러기 떼가 왕소군의 연주와 노래의 슬픈 곡조에 그만 날개를 움직이는 것조차 잊어버려 잇달아 땅으로 떨어졌다.

"비파 소리와 노래에 기러기들이 날개를 움직이는 것조차 잊어버린 듯합니다."

호한야가 까닭을 묻자 어떤 신하가 대답했다. 사람들은 이후 그녀의 재주와 미모가 출중하여 기러기도 떨어뜨렸다는 뜻에서 '낙안落雁의 미인'이라고 했다.

1천 년의 세월이 지난 뒤, 북송 고문운동을 앞장서서 이끌었던 구양수는 「명비곡재화왕개보明妃曲再和王介甫」에서 이렇게 노래했다. 명비는 물론 왕소군을 가리키며, 왕개포는 북송의 사상가요 개혁을 이끌었던 왕안석을 말한다.

> 한 나라 궁중에 절세미인 있는데,
> 황제도 처음에는 알지 못했다네.
> 어느 날 사신 따라,
> 먼 곳 흉노 땅 선우에게 시집간다네.
> 천하에 둘도 없이 뛰어난 용모,
> 한번 보내면 다시 얻기 힘들다네.
> 화공은 죽일 수 있을지라도,
> 이게 어찌 위안이 되려나.

1) 와이로蝸利鷺

인간은 모두 자기의 이익을 위하여 계산하는 이기심을 가지고 있으며, 이 이기심에 의해 인간의 모든 감정과 행위가 결정된다고 한비자는 보았다. 그래서 자기 이익을 위하여 계산하는 이기심을 가지고 계산하는 마음을 써서 상대를 대한다. 만약 왕소군이 화공 모연수에 뇌물을 쓰거나 아양을 떨어 황제의 눈에 들었다면, 중국 역사가 어떻게 달라졌을지 아무도 모를 일이다. 정상적인 방법이 아닌 경로經路를 통해 상대방에게 금품이나 물품을 전달하고 '그 대가로 무엇인가를 얻는다'라는 뜻으로 쓰이는 말을

'와이로'라고 한다.

와이로의 유래에 대한 어원을 살펴보면 고려 말의 저명한 학자인 이규보 선생이 몇 번의 과거시험에 낙방하고 초야에 묻혀 살 때 거처하는 집 대문에 붙어 있던 글이다. 고려 명종(1170~1197)이 어느 날 호위무사만 대동하고 민심을 살피는 야행을 나갔다가 깊은 산중에서 날이 저물었다. 요행히 민가를 하나 발견하고 하루를 묵어가고자 청했지만, 집주인이 집이 누추하고 대접할 음식도 없으니 조금 더 가서 주막에서 묵으라고 거절해서 할 수 없이 발길을 돌려야 했다. 그런데 그 집 대문에 붙어 있는 글이 명종의 궁금증을 자극했다. 대문에는 이렇게 적혀 있었다.

'蛙利鷺 唯我無蛙 人生之恨(와이로 유아무와 인생지한)' "개구리는 백로의 먹이인데, 나는 개구리가 없는 것이 오로지 인생의 한이다"라는 뜻이다.

'도대체 이것이 무엇을 의미하는 것일까?' 명종은 '개구리가 없는 것이 오로지 인생의 한이다'라고 하는 뜻을 아무리 생각하고 짐작해 보았지만, 도저히 감이 오지 않았다. 명종은 하는 수 없이 주막에 들러 늦은 저녁밥을 한 그릇 시켜 먹으면서 주모에게 외딴집(이규보 집)에 대해 물어보았다. 주모는 그가 과거에 낙방하고 마을에도 잘 안 나오며, 집 안에서 책만 읽으면서 살아간다는 소리를 들었다고 했다. 궁금증이 더 발동한 명종은 다시 그 집으로 가서 간곡하게 사정한 끝에 하룻밤을 묵어가기로 했다. 명종은 잠자리에 누웠지만 잠도 안 오고 해서 서로 만나 이야기하는 것이 어떤가 물어 그렇게도 궁금하게 여겼던 [蛙利鷺 唯我無蛙 人生之恨]이란 글에 대해 들을 수 있었다. 집주인이 그 글귀는 자신의 처지를 적은 것이라며 그 의미에 대해 말해 주었다.

"옛날, 노래를 아주 잘하는 꾀꼬리와 듣기 거북한 목소리를 가진 까마귀가 살고 있었는데, 꾀꼬리가 아름다운 목소리로 노래하는 것을 보고 까마귀가 자신과 노래 시합을 하자고 청하였습니다. 바로 3일 후에 노래 시합을 하는데 백로를 심판으로 세우자고 제안했습니다. 꾀꼬리는 참 어이없었습니다. 노래를 잘하기는커녕 목소리 자체가 듣기 거북한 까마귀가 자신에게 노래 시합을 제의하니, 가소로운 마음이 들었지만 까마귀가 무색하지 않도록 시합에 응했고, 3일 동안 목소리를 정성스럽게 가다듬었습니다.

그런데 정작 노래 시합을 제의한 까마귀는 노래 연습은 하지 않고 자루를 들고 논두렁으로 개구리를 잡으리 돌아다니더니, 그렇게 잡은 개구리를 백로에게 뇌물로 주고 뒤를 부탁한 거였습니다. 약속한 3일이 되어서 꾀꼬리와 까마귀가 노래를 한 곡씩 부르고 심판인 백로의 판정만을 남겨두고 있었습니다. 꾀꼬리는 자신이 생각해도 너무 고운 목소리로 잘 불렀기에 승리를 장담했지만 결국 심판인 백로는 까마귀의 손을 들어주었습니다."

이는 이규보가 불의와 불법으로 얼룩진 당시의 과거시험을 비유하여 만든 이야기였다. 백로 때문에 이규보 선생 자신이 생각해도, 그의 실력이나 지식은 어디 내놔도 안 지는데 과거를 보면 꼭 떨어진다는 것이다. 뇌물로 바칠 재물도 없고, 권력과 닿는 줄도 없고, 고관의 자식이 아니라는 이유로, 자신은 노래를 잘하는 꾀꼬리 같은 입장이지만 까마귀가 백로한테 상납한 개구리 같은 뒷거래가 없었기에 번번이 낙방하여 초야에 묻혀 살고 있다고 신세 한탄을 했다. 명종이 살펴보니 그 산골 선비의 품격이나 지식이 나름대로 나무랄 데가 없어 보였다. 그래서 자신도 과거에 낙방하고 전국을 떠도는데 며칠 후에 임시 과거가 있다 하여 개성으로 올라가는 중이라고 말하고, 집주인에게도 그 과거에 응시하라고 권하고 궁궐로 돌아와 국자감에 특별 과거시험을 치르게 했다. 임금이 내린 그 과거의 시제가 바로 "唯我無蛙 人生之限"이었다. 과거에 응시한 사람들이 그 생소한 말의 뜻을 고민하고 있을 때 이규보는 임금을 향해 큰절을 올리고 답을 적어서 장원급제로 등용되어 유명한 학자가 되었다.

왕소군도 이규보처럼 그 재능을 알아주는 명종과 같은 현군賢君이 있었다면 그녀의 미모는 더 빛을 냈을지 모를 일이다. 그러나 뒤늦게 서한 원제가 왕소군을 만나 그녀를 보고 탄식했지만 이미 흘러간 물이니, 왕소군에게는 '와이로'도 부질없었던 것 같다.

2) 권력을 가진 황제를 유혹하는 비법

막강한 권력을 가진 황제에게 총애를 받기 위해서 황제 주위에 있는 사람들이 음으로 양으로 애를 쓴다. 황제의 눈에 들기 위해서 갖은 음모와 술수를 동원한다. 물론 '와이로'란 방법도 있지만, 다음과 같은 방법도 있다. 『한비자』에 나오는 내용이다.

설공이 제나라의 재상으로 있을 때, 제나라 왕후가 죽었다. 그런데 그 뒤를 이을 왕후를 정하지 못하고 있었다. 궁궐 안에는 열 명의 후궁이 있었는데, 모두 왕의 총애를 받았다. 설공은 제 선왕이 열 명의 후궁 가운데 장차 누구를 왕비로 삼을 것인지 알고 싶었지만, 감히 선왕에게 물어볼 수가 없었다. 그래서 과연 그 가운데 왕이 어떤 여자를 왕후로 택할 것인지를 미리 알아내려고 애썼다. 이 열 명 가운데 누군가가 선택되어 그 자리를 차지할 것이므로, 왕의 의중을 사전에 탐지하여 그 여자를 왕후로 삼도록 왕에게 권하리라고 생각했기 때문이다.

왕이 설공의 말에 따라 왕후를 정하게 되면 자기의 공이 되므로 그 왕후로부터 소중한 대우를 받게 되지만, 그러나 만약 왕이 자기 말을 듣지 않고 다른 여자를 왕후로 정하게 되면 그는 새 왕후에게서 경시될 것이기 때문이었다. 그는 왕의 마음에 두고 있는 여자를 빨리 알아내어 왕에게 권고하리라 생각하고, 옥 귀걸이 열 쌍을 만들고 그 가운데 한 쌍은 특히 아름답고 정교하게 만들어 왕에게 바쳤다. 그의 생각대로라면 왕이 특별히 아름답게 만든 귀걸이를 어느 후궁에게 주는지만 확인하면 곧 누가 왕비가 될지 알 수 있게 될 것이 분명했다. 왕은 열 명의 후궁들에게 귀걸이를 나눠주었다. 다음 날 설공은 가장 아름다운 귀걸이를 한 후궁을 살펴보고 왕에게 그녀를 왕후로 삼기를 권유했다. 신하들의 마음이 반드시 군주를 사랑하는 것도 아니고, 오로지 이익을 귀중하게 생각했기 때문이다.

사마염은 위나라의 정치가이자 군사전문가였던 사마의의 손자이자 위나라 권신 사마소의 첫째 아들이다. 265년에 아버지의 작위인 진왕晉王을 세습했고, 수개월 후에 위 원제 조환을 핍박하여 나라를 선양받아 서진西晉 왕조를 세웠다. 도읍은 낙양으로 삼았으며, 265년부터 290년까지 재위했다. 280년에 군대를 동원하여 오나라를 정벌하고 전국을 통일했다. 사마염은 자기가 공을 세워서 나라를 세운 것이 아니고 아버지의 희생으로 나라를 얻게 되었다.

건국 초기에 종친들을 대거 기용하고 이들이 군대를 통솔하여 변방 군사 도시를 거점으로 삼게 함으로써 황실을 보위하게 했다. 또한 멸망한 위나라의 사치 풍조를 경계하여 근검을 실천하고 여론을 전하는 간관諫官을 두었다. 율령을 다듬고 법을 간소화하는 한편 농사를 장려했다. 물가를 조절하기 위해 상평창을 두어 백성의 편의를 돌보았다. 이후 둔전제를 폐지

하는 한편, 둔전에서 농사를 지었던 백성들을 주州와 군郡의 호적으로 편입하여 인구를 늘렸다.

그는 권문세족과 귀족들이 백성들의 땅을 침탈하는 폐단을 시정하는 등 백성들을 위한 정책을 많이 시행했다. 그런 그가 만년에는 정치를 멀리하고 사치와 향락에 빠져 정국을 어지럽혔다. 그는 사치와 향락을 좋아했을 뿐만 아니라 음탕한 짓을 일삼았다. 이에 궁에 있는 미녀의 수가 드디어 만 명이 넘었다. 즉 궁녀의 얼굴을 한 사람 한 사람 일일이 기억할 수가 없었다. 그는 궁 안을 양거羊車, 즉 양이 끄는 마차를 타고 가다가 양이 머문 곳에서 내려 그곳에 있는 궁녀의 방으로 들어가 하룻밤을 보내는 것이 낙이었다. 이런 황제의 은택을 받는다는 것은 하늘에서 별을 따오는 거나 다름이 없었다.

황제의 총애를 얻으려는 한 머리 좋은 궁녀가 자기가 기거하는 대문 앞에다 대나무 잎을 꽂아 놓고 소금을 뿌려 놓았다. 대나무 잎이나 소금은 양이 좋아하는 것이므로 양은 멈출 수밖에 없었다. 소금은 동물들에게 있어 생명 유지에 필수적인 성분이며, 모든 생물은 인간들처럼 정제된 소금을 따로 먹지는 않더라도 어떤 수단으로든 소금을 섭취하며 살아간다. 가령 육식동물은 먹이인 피와 고기에서 소금 성분을 섭취하지만, 초식동물은 미네랄이 적은 풀을 주식으로 먹기 때문에 늘 소금이 부족하다. 초식동물은 소금이 거의 들어 있지 않은 풀이나 곡류만 먹기 때문에 혈액 속 소금 농도를 유지하기 위해서 혈안이 될 수밖에 없다.

그리스 사상가이자 철학자인 아리스토텔레스는 당시 가축을 관찰하며 "양들은 물과 미네랄로 균형을 유지함으로써 더 나은 상태를 유지할 수 있다"고 언급했다. 소금이 함유된 물을 마시는 동물들은 더 일찍 짝짓기를 할 수 있다. 소금은 가축이 새끼를 낳기 전과 수유기간 동안 제공되어야 한다. 아리스토텔레스의 동시대 사람들은 소금을 많이 먹는 동물들이 더 많은 우유를 생산한다는 것을 알고 있었다. 그리고 소금은 동물들에게 활기를 불어넣어 짝짓기를 열망하게 했다.

이런 연유로 후궁들이 자기가 기거하는 대문 앞에 대나무 잎을 꽂고 소금을 뿌려 놓는 풍속이 일어났다. 황제의 총애를 얻기 위해서 터득한 지혜인데, 잘못 왜곡되어 황제가 후궁과 향락과 음탕함을 즐기기 위하여 나쁜 풍속이 일어난 것이다.

접객업을 하는 점포 앞에서 나쁜 것을 쫓는 데 소금을 뿌리는 관습은 이 일화에서 유래한 것이다. 이는 주로 액운이나 부정한 기운을 제거하고, 집안의 정화를 도모하기 위해 하는 행동이다. 옛날부터 소금은 그 특유의 정화력 때문에 다양한 문화와 전통에서 중요한 역할을 해왔다. 이러한 믿음은 소금이 부정적인 에너지를 흡수하고, 공간의 기를 맑게 한다는 전통적인 지혜에서 비롯되었다고 할 수 있다. 일부 서양 문화에서는 소금을 집안의 문턱이나 창문에 뿌려 악의 기운을 막는 것으로 알려져 있다. 인도와 같은 나라에서는 소금이 부정적인 에너지를 제거하는 데 효과적이라고 여기고 있다.

4.
초선의 아름다움에
달도 부끄러워 숨는다

1) 동탁과 여포

『삼국지』에는 무려 1,228명의 인물이 등장하니 역할이 좋은 사람도 있고 나쁘게 평가되는 이도 있다. 『삼국지』에서 가장 나쁘게 평가되는 인물은 동탁과 여포가 아닐까 생각된다. '사람 가운데 여포요, 말 가운덴 적토마'라고 할 정도로 여포는 내몽골 출신으로 어릴 적부터 말을 잘 탔다. 그에 대한 평가는 첫째, 북방지역 출신이고, 둘째, 주군을 자주 배신했다는 점이다. 우선 그는 동탁의 꼬임에 빠져 병주자사 정원을 배반한다. 낙양에서 정권을 잡고 있던 동탁이 여포에게 낙양에 병주병을 끌고 오면 큰 벼슬한자리 주겠다고 꼬드기자, 대번에 여포가 병주자사 정원을 죽이고 병주병을 이끌고 동탁과 합류한다. 이어진 사건은 동탁과 함께 장안으로 이동한 여포가 초선이라는 여인을 이용하여 동탁을 배신한 것이다.

동탁은 중국 후한말의 군웅, 정치가이다. 영제 사후 십상시의 난 등 정치적 혼란을 틈타 정권을 잡았다. 소제를 폐하고 부패 · 살인 · 약탈 · 도굴 · 방화 · 축재 등 온갖 폭정을 휘둘렀다. 관리들의 대규모 무장 항명사태인 반동탁 연합군과 각종 암살 시도가 있었고 결국 왕윤 · 여포에게 죽임을 당하였다.

억세고 편협하며 화가 나면 뒷일을 생각하지 않았다. 동탁이 아끼는 호인 부하가 이를 믿고 제멋대로 행동하다가 사례교위 조겸에게 죽었다. 동탁이 대노하여 "내가 사랑하는 개도 꾸짖지 못하게 하는데 하물며 사람은 아닐쏘냐!"라고 하며 죽였다. 장온은 개인적인 감정 때문에 태형을 받고 목숨을 잃었으며 동탁을 노려보기만 해도 저세상으로 갔다.

손견은 장온의 호출에 늦게 온 동탁이 그 태도까지 불손하다며 동탁을 살려두면 훗날 큰 재앙이 될 것이라면서 군율에 따라 참수할 것을 진언한 적이 있다. 장온은 '동탁이 농촉에서 위세와 명성을 떨치고 있으므로 전투에 꼭 필요하다'라며 받아들이지 않았다. 하진이 동탁을 부를 때 노식은 '흉악하고 사나워 제어가 어려울 것'이라고 했고, 정태는 '욕심이 끝이 없어서 조정이 위태로울 것'이라며 반대하였다. 포신 역시 '낙양에 갓 입성한 동탁이 다른 뜻이 있으니 조속히 도모해야 한다'라고 원소에게 강권하였다.

동탁이 정권을 장악한 후 순유는 정태, 하옹, 충집, 오경과 그를 암살을 모의하며 '동탁의 무도함은 걸왕, 주왕보다도 심하니 그를 죽이는 것은 제환공이나 진문공의 의거와 같다'라고 하였다. 순욱은 191년 조조에게 임관하며 "그 포학함이 지나치게 심하니 필히 변을 당해 망할 것입니다"라 평하였고 그 말대로 수차례 암살 시도가 있었고 결국 왕윤, 여포 등에 의해서 죽었다.

『삼국지』의 저자 진수는 '거칠고 포악하며 사악한 데다 잔인하다. 역사를 기록한 이래 이와 같은 자는 없었다'라고 평하였다. 『후한서』의 저자 범엽은 '원래 호랑이 같은 성깔로 우연히 난세를 만나 온갖 악행을 저지르면서도 대신들과 정사를 타협하고 찬탈도 주저했으니 어찌 보면 대도라 하겠다'라고 평하였다. 왕찬의 『영웅기』에서는 사람들이 '동탁이 있어서 큰 난리가 생겼고 그 난리가 동탁 자신까지 집어삼켰다'라고 말했다.

사서가 아닌 소설 『삼국지연의』에서도 악인으로 묘사한다. 장각과의 전투에서 자신을 구해 준 유비 삼 형제를 업신여기는 것으로 첫 등장한다. 조조가 칠보도七寶刀를 빌려 동탁 암살을 시도하다가 실패하는 장면을 추가하였다. 왕윤이 양녀 초선을 이용하여 동탁과 여포 사이를 이간질하는 것으로 연출하였으며 죽는 날 선양받는 줄 알고 궁궐로 들어간다.

동탁의 교만 방자함은 날이 갈수록 심했다. 부패·살인·약탈·도굴·방화·축재 등 온갖 폭정을 휘둘렀다. 동탁은 스스로 상부(尙父, 아버지와 같이 존경하여 받들어 모시거나 그런 높임을 받는 사람)가 되어 천자와 똑같은 의장을 갖추고, 장안에서 북쪽으로 250리 떨어진 미오성을 쌓았다. 높이가 높은 곳은 7장(丈, 3.03m에 해당하는 길이)에 이르렀으며 20년 동안 먹을 식량을 비축하고, 산해진미와 금은보화를 산처럼 쌓아두고 스스로 "일이 잘되면 천하를 웅거하고 잘 안 되면 이곳을 지키며 여생을 보내겠다"라고 자신했다.

여포는 활쏘기와 기마에 능하고 완력이 다른 사람보다 뛰어나 비장飛將으로 불리며 사납고 용맹하여 병주(현재의 내몽골 자치구)에서 복무했다. 『삼국지』「여포전」에서 "여포는 활쏘기와 말타기에 능하고, 힘은 남들보다 뛰어났으니, 비장이라 불렸다. 병주자사 정원이 기도위가 되어 하내에 주둔하니 여포를 주부主簿로 삼아 크게 친근하게 대우했다. 『자치통감』의 기록에 따르면, 여포는 병사를 통솔하는 부곡사마였다고 한다. 주부와 부곡사마 두 직위를 겸임했을 가능성이 있다. 정사에서는 정원이 여포의 상관으로 나온 반면, 『삼국지연의』에서는 정원이 여포의 양아버지로 각색되었다. 영제가 붕어하자 정원은 군사를 이끌고 낙양으로 가 하진과 함께 여러 황문을 주살할 것을 도모하고 집금오에 임명되었다.

189년, 하진이 패망하고 동탁이 수도로 들어왔는데, 장차 난을 일으키기 위해 정원을 죽이고 그 군사들을 아우르려 했다. 동탁은 여포가 정원에게 신임받는 것을 보고 여포를 꾀어 정원을 죽이게 했다. 『삼국지연의』에서는 황제를 위시해 정권을 농락하려 하자 정원이 군사를 일으켰고 서로 맞붙었는데, 여포가 혼자 일당백의 활약을 하자 동탁이 수십 리나 도망친 뒤 여포와 동향인 이숙을 보내 자신의 명마인 적토마를 보내주었다고 나온다. 하지만 정사에서는 적토마를 보내주었다는 기록이 없다. 여포가 정원의 머리를 베어 동탁에게로 나아가니 동탁은 여포를 기도위로 삼고 매우 아끼고 신임하여 부자父子 사이가 되기로 맹세했으며 이후 여포는 점차 승진하여 중랑장에 이르고 도정후에 봉해졌다.

동탁 정권에서 여포는 동탁의 호위무사 역할을 맡았다. 양아들이라지만 동탁은 여포를 자신을 지키는 호위무사 정도로밖에 보지 않았던 것 같다. 동탁은 누군가 자신을 비방하거나 암살하려고 했을 때 여포로 하여금 처리하게 하였다.

『후한서』「동탁열전」에 따르면 낙양 사람 수백만을 장안으로 옮기는데 군대를 동원해서 몰아서 재촉하니 서로 짓밟히고 굶어 죽고 시체가 길가에 가득했다. 동탁이 스스로 필규원 안에 주둔하고 궁궐이나 관청이나 민가를 모조리 태워서 2백 리 안에 남겨진 게 없었다. 다시 여포를 시켜서 황제들의 능과 공경 대신의 무덤도 파헤쳐서 진기한 보물을 거두었다.

일찍이 여포가 사소하게 뜻을 거스르자 수극을 뽑아 여포에게 던진 일이 있었다. 여포는 씩씩하고 뛰어난 역량도 있고 민첩하여 이를 피하고 동탁에게 사죄하여 동탁의 화 또한 풀렸으나, 이로 말미암아 은밀히 동탁을 원망하게 되었다. 동탁은 늘 여포에게 중문을 지키게 했는데, 여포는 동탁의 시비와 사통하니 그 일이 발각될까 두려워하며 내심 불안해했다.

그 이전에 사도 왕윤은 여포가 동향 사람으로 기골이 장대하고 튼튼하다 하여 그를 두텁게 대우했다. 그 뒤 여포는 왕윤을 방문하여 동탁이 자신을 거의 죽일 뻔한 일을 말했다. 이때 왕윤은 복야사 손서와 함께 동탁 주살을 모의하고 있었는데 이로써 여포에게 서로 협력하기를 청했다.

『후한서』「동탁열전」에 따르면 당시에 왕윤이 여포와 공모하고 복야 사손서를 포섭하여서 동탁을 처형하려 했다. 어떤 사람이 '여呂' 자를 베에 포布라 쓰고서 등에 지고서 길거리를 돌아다니며 "포입니다"라고 노래하였다. 동탁에게 일러바치는 사람이 있었지만 동탁은 깨닫지 못하였다. 192년 4월에 황제가 병에 걸렸다가 새로 치유되자 백관이 미영전에 모였다. 동탁이 조복을 입고서 수레를 타고 가는데 말이 놀라 뛰더니 진흙탕에 빠져서 다시 돌아와서 옷을 갈아입었다. 동탁의 첩이 가지 말라고 했지만 동탁이 듣지 않고 곧 떠났다.

병사들이 늘어서서 길가를 가득 채웠다. 자신이 사는 보루를 지나서 궁궐에 다다르는데 좌우로 보병과 기병이 호위하여 사방을 방비하고 여포 등에게 명령하여서 앞뒤를 경호하게 하였다. 왕윤이 사손서에게 몰래 그 일을 알려주고 스스로 조서를 쓰게 한 뒤에 여포에게 주었다. 기도위 이숙과 여포가 한마음으로 용사 십여 인에게 호위 병사의 옷을 입혀서 북액문

안에서 동탁을 기다리게 하였다.

동탁이 들어가려는데 말이 놀라며 가지 않으려 하니까 괴이하고 놀라워서 돌아가려 하였다. 여포가 계속 갈 것을 권하니 마침내 문에 들어섰다. 이숙이 창으로 찔렀지만, 동탁이 속에 갑옷을 받쳐 입어서 창이 제대로 들어가지 않고 팔만 다치고서 수레에서 떨어지면서 고개를 돌려 다급하게 크게 소리쳤다.

"여포야! 어디 있느냐?"

"조서를 받들어서 역적을 죽이러 왔다!"

"(크게 욕하며) 이런 개자식[用狗]이? 네가 어찌 이럴 수 있느냐?"

여포가 기합을 넣어서 창으로 동탁을 찌르고서(연의에서는 동탁의 목을 찔렀다고 되어 있다) 병사를 다그쳐서 어서 목을 베게 하였다. 주부전의와 동탁의 창고지기가 동탁의 시체 앞에서 애도하자 여포가 이들을 죽였다. 마침내 동탁을 죽이고 삼족을 멸했다. 모두 세 사람을 죽이니 나머지 사람들은 감히 움직이는 자가 없었다.

2) 초선의 등장

실존했던 인물이 아니라 흉악무도한 동탁과 이에 버금가는 여포의 비정상적인 도덕에 어긋나는 나쁜 짓에 의해 만든 가공인물이다. 초선을 통해 이들에게 사회에 경종을 울리는 통쾌함을 엿볼 수 있다. 그리고 초선은 나관중이 만든 인물이 아니고『삼국지연의』이전의 삼국지 문화에서부터 등장하던 인물이기도 하다. 그러나 현재의 초선상으로 정립되고 각인된 것은 나관중의 기여가 크다고 할 수 있다.『삼국지』이전 문화에선 초선이 원래부터 여포의 아내였는데 전란으로 헤어졌고, 왕윤이 동탁을 청해 초선을 선보게 하여 동탁을 유혹하고, 다시 여포를 초대하여 부부를 만나게 하여 여포와 동탁이 갈등을 일으키는 이야기였다. 나관중은 이를 각색해서 자신을 돌봐준 왕윤을 위해 지혜를 발휘하는 소녀지사의 모습과 함께 천하무쌍한 여포를 자신의 치맛자락으로 마음대로 쥐락펴락하는 전형적인 요부의 모습으로 탈바꿈하였다. 초선은 『삼국지연의』에서 왕윤의 시비인 10대 소녀로 등장하며, 왕윤에게 부탁을 받아 동탁과 여포 사이를 이간질하는 계략에 동원된다.

어느 날 사도 왕윤은 집으로 돌아와 잠을 못 이루고 근심하다 후원을 배회했다. 이때 왕윤이 딸처럼 키워온 가기歌妓 초선은 그가 한숨 쉬는 것을 보고 그 이유를 물었다. 초선은 왕윤의 고민이 무엇인지 익히 짐작하고 있었다.

"만일 저를 써야 할 곳이 있으시면 분부하여 주소서. 만 번 죽는다 해도 사양하지 않겠나이다."

왕윤은 초선에게 큰절을 올리고 막중한 임무를 지시한다. 즉, 초선이 연환계連環計*를 써서 동탁과 여포를 갈라놓은 후, 여포가 동탁을 죽이게끔

---

* 연환계(連環計): '고리를 잇는 계책'이라는 뜻으로, 여러 가지 계책을 교묘하게 연결시킨다는 의미이다. 중국의 고대 병법인 36계 가운데 35번째 계책이다. 36계 가운데 미인계·공성계(空城計)·반간계(反間計)·고육계(苦肉計) 등과 함께 패전계(敗戰計)에 속한다. 패전계란 패세에 몰린 싸움에서 기사회생하여 승리를 이끌어내는 계책이라는 뜻이다. 이 계책에 대한 설명으로는 "적의 장수와 병사들이 많을 때는 정면으로 대적할 수 없다. 적으로 하여금 스스로 묶어 놓게 함으로써 그 기세를 죽여야 한다. 아군의 군사(軍師)가 뛰어나면 하늘의 은총을 입는다(將多兵衆, 不可以敵, 使其自累, 以殺其勢. 在師中吉, 承天寵也)"라고 하였다. 연환계의 예는 『삼국지연의』에 여러 차례 보인다. 왕윤이 초선을 이용하여 동탁과 여포를 이간함으로써 이들의 세력을 무너뜨린 것도 연환계의 일종이다. 적벽대전에서는 방통이 조조를 속여 선단(船團)을 쇠사슬로 연결하게 만든 다음 주유가 화공(火攻)을 펼쳐 조조군의 선박을 모두 불태워 버림으로써 대승을 거두었다. 이는 첩자를 적에게 보내 계책을 꾸미게 하고, 그사이에 적을 공격하여 승리를 얻은 경우로서, 연환계의 대표적인 예로 언급된다. 또 송나라의 장

한다는 계획이었다. 이에 초선은 죽음으로 왕윤에게 은혜를 갚겠다고 약속한다.

초선은 본래 총명한 지혜와 담력을 갖춘 여장부로 자신의 정조까지 버리면서 나라를 구하고자 하는 희생정신을 갖춘 여성으로 표현된다. 가공인물임에도 불구하고 서시와 왕소군, 양귀비와 함께 중국 4대 미녀로 알려져 있다. 이 4대 미인을 가리켜 '침어낙안浸魚落雁의 용모, 폐월수화閉月羞花의 아름다움(이 말은 여인의 아름다움에 달이 숨고, 꽃도 고개 숙이고, 물고기가 가라앉고, 기러기가 날아가다 떨어진다는 소리이다)'이라고 일컫는데 그중 폐월閉月이 초선을 표현한 것이다.

전해지는 말에 의하면 어느 날 초선은 뒤뜰 화원에서 달을 쳐다보니 달이 그 미모에 움츠려져 구름 뒤로 숨었다고 한다. 그리하여 후세 사람들은 '폐월'이란 표현으로 그녀의 미모를 형언했다.

사도 왕윤은 상서복야 사손서와 동탁 주살을 모의하고 있었는데 여포가 수극에 죽을 뻔한 일을 듣고는 여포도 회유하였다. 여포는 처음에는 부자 사이에 어떻게 그럴 수 있느냐고 펄쩍 뛰었지만, 왕윤이 '친부도 아닐뿐더러 아버지가 아들에게 수극을 던지겠냐'고 설득하니 결국 동참하였다.

왕윤은 곧바로 여포를 집으로 초대해 후하게 대접하며 초선을 소개한다. 초선은 왕윤의 분부에 따라 여포에게 술을 따라주었다.

소설가 박종화의 표현은 그야말로 완벽한 분위기를 만들어내고 있다.

수 필재우는 금나라 병사들과의 전투에서 진격과 퇴각을 거듭하여 하루 종일 적군에게 쉴 틈을 주지 않았다. 저녁이 되자 향료를 넣어 삶은 콩을 땅에 뿌려 놓고는 적을 도발하여 싸우는 척하다가 도망쳤다. 승세를 놓칠세라 추격하던 적군이 콩을 뿌려 놓은 곳에 이르자, 하루 종일 굶주린 적군의 말들은 콩을 먹느라 채찍을 휘둘러도 움직일 줄을 몰랐다. 필재우는 이 틈을 타서 역습하여 대승을 거두었는데, 이 전략도 연환계의 한 예로 언급된다.

"초선은 부끄러운 듯 아미(蛾眉, '누에나방의 눈썹'이라는 뜻으로, 가늘고 길게 굽어진 아름다운 눈썹을 이르는 말. 미인의 눈썹을 이른다)를 숙인 채 곱게 일어나 여포를 향해 절을 올린 후, 이내 옥같이 흰 손을 들어 황금 술잔을 잡고, 호박빛의 좋은 술을 남실남실 따라서 여포한테 두 손으로 바쳤다. 여포의 눈과 초선의 눈이 마주쳤다. 여포의 눈은 이글이글 타오르는 불빛 같았고, 초선의 눈은 그믐달처럼 요염하고 싸늘했다. 여포의 타오르는 눈은 한시도 초선한테서 떠나지를 못했다. 못 하는 것이 아니라 떠날 수가 없었다."

이 한 문장으로 여포는 초선의 손아귀에서 빠져나갈 수 없음을 알 수 있다. 이러한 여포에게 왕윤은 초선을 첩으로 보내겠다고 약속한다. 여포가 왕윤에게 견마지로(犬馬之勞, 주인을 위해 최선을 다하는 개와 말의 노력)를 다하겠다고 다짐하며 초선을 바라보았다. 이때 초선의 모습을 박종화의 글로 살펴보자.

"초선도 붉은 입술에 미소를 머금고 자주 추파를 흘려 정을 보냈다. 여포의 삼혼칠백三魂七魄은 초선의 예쁜 추파 속으로 녹아 흘렀다."

인간의 정신을 관장하는 것을 혼이라 하고 육신을 관장하는 것을 백이라고 한다. 삼혼칠백은 인간이 지니고 있는 혼과 백이 각각 3개와 7개가 있다는 뜻이다. 여포의 삼혼칠백이 초선의 추파에 홀렸으니 여포의 미래는 초선 이외에는 어떤 것도 의미가 없게 되었다.

왕윤은 이어 동탁을 자기 집으로 초대해 극진한 대접과 말로 치켜세우고, 초선을 선보인다. 동탁 역시 초선을 보자 얼이 나간 것처럼 보였다. 동탁은 그 밤으로 초선을 데리고 자기 궁으로 왔다. 그리고 초선과 지내느라 달포 동안 정사도 게을리하였다. 여포는 왕윤의 말만 믿고 양부인 동탁이 자신과 초선을 짝지어 줄 것이라 고대했으나, 오히려 동탁에게 초선을 뺏겨 억장이 무너졌다. 동탁은 동탁대로 여포가 미웠다. 왕윤이 자신에게 준 애첩을 여포가 가로채려 하는 것을 알았기 때문이다. 동탁은 자신의 모사인 이유의 설득으로 여포에게 상을 주며 그를 다독였지만, 동탁과 여포의 관계는 이미 금이 가고 있었다.

여포가 초선을 애타게 기다리던 어느 날, 동탁이 정사를 논하려 헌제를 만나러 가자 여포는 그 틈을 타 곧장 초선을 찾아간다. 초선은 후원의 봉의정으로 여포를 데리고 가 여포와의 이룰 수 없는 사랑을 슬퍼하며 자결하려는 척 연기를 시도했다. 그러자 여포가 말리고 흐느끼는 초선을 끌어안고 "당신을 아내로 삼지 못한다면 나는 영웅이 아니오"라며 안심을 시킨다.

동탁은 여포가 곁에 없는 것을 눈치채고, 의심이 들어 즉시 집으로 돌아왔다. 아니나 다를까. 입구에 적토마가 매여 있었고, 봉의정에서 초선과 밀회를 즐기고 있는 여포를 발견하고는 눈이 뒤집혔다.

"네 이놈, 여포야!"

벼락 치듯 고함을 질러댔다. 여포는 깜짝 놀라 줄행랑을 쳤다. 동탁은 무기 방천화극을 들고 쫓아가며 여포에게 힘껏 던졌다. 여포는 이를 밀쳐내고 줄행랑을 쳤다. 봉의정 난간에서 이 모습을 지켜보던 초선은 회심의 미소를 지었다. 이제 여포와 동탁 둘 사이는 돌아올 수 없는 강을 건넜으니 말이다.

3)『삼국지연의』의 초선

초선은『삼국지연의』에서 왕윤의 시비인 10대 소녀로 등장하며, 왕윤에게 부탁을 받아 동탁과 여포 사이를 이간질하는 계략에 동원된다. 우선 여포에게 선을 보여 첩이 되기로 약속한 후, 동탁의 첩으로 들어가서 여포를 분기하게 한 다음, 둘 사이를 갈라놓아 여포로 하여금 동탁을 처치하게 만드는 계략이다. 연환계라고 불리는 대목으로 삼국지에서 가장 흥미진진한 부분 중 하나. 그야말로 고전 소설 범주에서는 극에 달한 심리전이라 할 수 있다.

장안으로 천도한 후, 포로 학살과 장온 살해 등의 만행을 저지르는 동탁을 본 왕윤은 집에 돌아와 수심에 잠긴다. 이때 양녀 초선의 탄식 소리가 들려오고, 누구와 몰래 정을 통하기라도 했냐는 왕윤의 질문에 왕윤을 걱정해서 탄식했다고 대답한다.

왕윤은 초선에게 머리를 조아려 절하며 한나라를 위해 몸을 바쳐달라 부탁하고, 왕윤의 은혜와 천하의 대의를 위해 초선은 받아들인다.

먼저 왕윤이 여포를 불러들이고 초선을 보여준 다음, 초선을 여포에게 첩으로 주겠다고 말을 띄워둔다. 다음에는 동탁을 초청하여 동탁에게 가무를 보여주면서 그의 첩이 되도록 만든다.

여포가 '초선을 나에게 주기로 했는데 왜 동 태사(관직명)에게 보내느냐'라고 항의하자 왕윤은 동탁이 며느릿감으로 제대로 삼으려고 한다면서 데려갔다고 거짓말을 한다.

그러나 동탁은 자기의 침소로 초선을 데려갔고, 여포는 시녀에게 그걸 듣고 격분한다. 이때 여포가 동탁에겐 모른 척하고서 초선을 흘끗흘끗 쳐다보다가 동탁이 그 사실을 깨닫고 여포를 내쫓는다.

이유가 나서서 동탁과 여포를 화해시키려 한 덕분에 약간 화해한다. 동탁은 전날의 일은 맨정신이 아니었다고 말하며 여포에게 금과 비단을 하사하였다. 하지만 이미 초선에게로 간 여포의 마음은 그 정도로 흔들리지 않았다.

동탁이 궁궐에서 헌제를 보고 있을 동안, 여포는 봉의정으로 달려가서 초선과 만난다. 뒤늦게 알아차린 동탁이 그곳에 도착, 여포를 발견하고 뒤쫓다 방천화극을 던지기까지 하지만 여포는 피하고 도망친다. 그 와중에 이유가 도착하고, 심복 장수가 더 중요하다는 이유의 간언(이때 이유가 든 고사가 바로 절영지연絕纓之宴이다)에 따라 초선을 여포에게 주는 쪽으로 일단 얘기를 끝낸다.

그러나 동탁이 초선에게 이 얘기를 꺼내자 또 초선이 "이미 높으신 분을 모셨는데 지금 다시 가노家奴에게 몸을 맡기는 일은 죽이도 못 하겠다"라며 자살소동을 벌이고 동탁은 장난이었다며 달랜다. 이에 초선은 이유가 여포와 친해서 태사님 체면은 생각도 안 한다며 이유와의 관계까지도 벌려놓고, 동탁은 마음을 고쳐먹고 없었던 얘기로 한다.

다음 날 이유가 정한 대로 실행하라고 하자 동탁이 "넌 네 마누라를 남한테 줄 수 있느냐"라면서 화를 내고는 쫓아낸다. 비로소 동탁과 여포 사이를 틀어지게 하려고 초선이 무슨 이유인지는 몰라도 계교를 부리고 있다는 사실을 얼추 짐작한 이유는 "이제 우리는 한낱 여자 하나 때문에 패망하는구나"라며 홀로 탄식한다.

여포가 또 찾아올까 봐 두렵다는 초선의 말에 동탁은 집을 아예 미오성으로 옮기고, 초선도 같이 데려간다. 여포는 언덕에서 미오성으로 옮겨가는 동탁의 행렬을 보고 있다가 초선이 가기 싫다는 듯 눈물을 흘리는 걸 보고 다시금 격분한다.

여기서 왕윤이 나타나 여포에게서 사정을 듣고, 자신은 동탁이 여포에게 초선을 주려고 데려간 줄만 알았는데, 며느리뻘 되는 아이를 자기가 취할 줄은 몰랐다며 시치미를 떼면서 여포의 화를 더욱 부채질한다. 급기야 여포가 "그냥 확 동탁을 죽여버릴까?"라고 혼잣말하자 왕윤은 여포를 충동질하여 동탁은 역적이니 죽일 대의명분이 충분히 있다고 꼬드긴다. 여포는 왕윤에게 완전히 넘어가서 충성심을 버리고 자신의 연애 감정을 위해 동탁을 죽이기로 결심한다. 왕윤의 동지들(황완 등), 그리고 친구 이숙과 함께 계략을 꾸며 헌제가 동탁에게 황위를 넘기려 한다는 거짓 칙서를 미오성의 동탁에게 보내고, 여기에 혹한 동탁이 궁궐에 도착하자 기습하여 참살한다.

여기에서 초선은 단순히 계략의 도구로써 이용되기만 하는 것이 아니라, 직접 교묘한 말솜씨를 발휘해 동탁과 여포를 속여 이간질하는 지혜로움을 보여주기도 한다. 대부분 남자들의 지략과 용맹에 관한 이야기인『삼국지』에서, 여성이 중심을 차지하는 몇 안 되는 장면이다.

-네이버 인터넷에서-

5.
며느리에서
현종의 귀비로
신분이 바뀐 양옥환

　양귀비는 본명은 양옥환으로 귀비 책봉을 받아 양귀비가 되었다. 양귀비는 서시, 왕소군, 초선과 더불어 중국의 4대 미인 중 한 사람이다. 사람의 마음을 미혹하고 중독시키는 아편꽃에 양귀비란 이름을 붙인 걸 보면 그녀의 미모는 어지간히도 치명적이었던 것 같다.

　당나라 제6대 황제 현종은 젊었을 때 상당한 정치적 수완을 발휘했다. 즉위 초, "짐이 마르더라도, 천하와 백성들이 살찌면 아무 여한이 없다"라고 할 정도로 나라와 백성을 위해 헌신했다. 현종은 중앙의 유능한 관리를 지방에 도독이나 자사로 파견하였고, 능력이 없는 관리는 모두 교체하였다. 심지어 나라에 가뭄이 돌자, 황궁의 쌀을 배고픈 민중들에게 나누어주는 등 구휼 정치를 행하였고, 환관과 인척을 정치에 관여하지 못하도록 하였다. 현종의 훌륭한 치적 덕분에 당나라의 국력은 강성해졌으며, 태종 이세민이 이룩한 태평성세에 버금가는 치세를 하여 후세 사람들은 이를 당시의 연호인 개원開元을 따 '개원의 치治'로 불렀다.

치세를 잘한 그가 무슨 일 때문인지 충신들의 간언을 듣지 않고 간신들과 가까이하기 시작했다. 자신의 초기 치세에 만족했는지 독단적으로 정책을 결정하기에 이르렀고, 그것도 모자라 아첨하는 간신배의 말에 귀를 기울이기 시작하였다. 자신에게 충언하는 훌륭한 대신들을 내치고, 아첨하는 신하들을 중용하였다. 충신인 장구령을 해임하고, 이임보를 승상으로 임명했다. 이임보는 무식했지만 아첨엔 어느 누구 못지않게 뛰어나 승상에 오른 후 현종에게 올라오는 모든 정보를 차단하고 19년간이나 국정을 농단한 간신배였다.

현종 재위 기간 초기에는 어진 재상을 잘 기용하여 당나라 초기의 정치를 실현하여 일찍이 보지 못했던 번영을 이루었으나 후반에 이르러서는 사치스러운 생활을 하면서 환관의 세력이 강대해졌다. 궁중에 40,000여 명의 궁녀를 거느리고 황의(黃衣, 환관이 입었던 옷) 이상의 옷을 입은 품관品官이 3,000명이고, 관복을 입은 자는 1,000여 명에 불과할 정도로 환관의 세력이 막강해졌다. 역사가들은 이렇게 된 이유로 '양귀비'를 꼽고 있다. 양귀비의 품에 안겨 정사를 돌보지 않은 황제로 현종을 지칭하기 시작했다. 실제로 현종이 양귀비를 만나고 난 후의 치세를 '천보난치天寶難治'라고 부른다. 천보는 당 현종 때의 새로운 연호이다. 이 시대부터는 '난잡한 시대'라고 해서 이렇게 불린다.

양옥환은 태어날 때 손에 옥고리를 쥐고 태어나서 이름을 옥환으로 지었는데 그 마을에 은둔해 살던 한 선비가 어린 옥환을 보고 '이 아이가 성장하면 황후와도 같은 자리에 오르리라'라는 예언을 하였다고 전해진다.

그녀는 어린 나이에 아버지를 여의고 숙부의 보살핌 덕분에 명문가의 규수로서 손색이 없는 숙녀로 양육되었다. 그녀는 타고난 미녀였다. 15세가 되자 낙양 성내의 귀족들 사이에선 그녀의 미모와 재능에 대한 소문이 파다했다. 문학과 예술 방면에 조예가 탁월해서 비파를 타며 노래와 춤을 추면 사람들은 선녀가 내려온 것 같다며 그 아름다움에 넋을 잃곤 했다.

당시 감찰어사를 맡던 양옥환의 친척 양신명과 양신명의 처는 양옥환을 자신들의 집에서 열리는 연회에 자주 초청했는데, 연회의 손님들 중에는 중종 이현의 딸 장녕공주도 있었다. 장녕공주의 첫 번째 남편 양신교는 본래 양옥환과 같은 양씨 출신이었는데 마침 장녕공주와 양신교 사이에서 태어난 아들 양회가 당 현종이 가장 총애하는 딸 함의공주와 혼인하게 되었다. 개원 22년 7월, 현종의 딸 함의공주가 낙양에서 성대한 혼례식을 치렀는데, 장녕공주는 이 혼례에서 빼어난 미모로 소문난 양옥환에게 들러리를 부탁했고, 양옥환은 함의공주와 가까이 지내게 되었다. 일찍이 옥환의 미모가 출중하다는 소문을 들어왔던 수왕 이모는 함의공주처럼 혜비 무씨의 소생이었던 수왕 이모가 누이의 결혼식에서 그녀를 처음 본 순간 완전히 얼이 빠지고 말았다.

아직 결혼식을 올리지 않아 왕비가 없었던 수왕은 생모인 무혜비에게 옥환과 혼인시켜 줄 것을 청했다. 함의공주의 주선으로 무혜비도 양옥환을 마음에 들어 해 현종에게 양옥환을 수왕 이모의 비로 달라고 청했다. 무혜비는 현종이 가장 총애하던 비였다. 현종은 정비인 왕황후가 정치적 사건으로 연루되어 피살된 뒤부턴 정식으로 황후를 두지 않았는데 무혜비를 황후로 책봉하려다가 대신들의 반대가 심했기 때문에 뜻을 이루지 못했다. 그러나 현종은 무혜비 말이라면 무엇이든 거절하는 법이 없었다. 현종은 사랑하는 무혜비가 허락한 인물이니 결혼을 승낙하였다. 사실 수많은 자녀로 인해 현종은 자식이 누군지조차 모를 정도였다. 그해 12월 현종은 무혜비의 요청을 받아들여 옥환을 며느리로 맞아들여 부부의 인연을 맺게 하였다.

현종의 총애를 받던 무혜비가 향년 40세로 세상을 떠났다. 총애하던 무혜비가 죽자 노년에 접어든 현종은 마음의 의지처를 잃고 밤낮으로 제대로 자지도 먹지도 못했다. 그렇게 방황하던 어느 날, 그의 눈에 띈 여인이 있었으니 그가 바로 양옥환이었다. 그녀는 자색이 빼어났을 뿐 아니라 총명하고 음악에 조예가 깊으며 노래와 춤 또한 뛰어났다. 현종 역시 음악 애호가여서 양옥환처럼 재색을 겸비한 여인에게 관심을 갖게 된 것은 지극히 자연스러운 일이었다. 현종은 양옥환의 미모를 보고는 온통 정신이 그녀에게 빼앗겼다.

현종은 몹시 애를 태우며 고심을 한 끝에 자신이 수족처럼 부리는 환관 고력사에게 자신의 고민을 털어놓았다. 그녀는 바로 현종의 며느리인 양옥환이었는데, 그녀의 빼어난 미모에 정신을 빼앗긴 현종은 아들 수왕 이모에게서 어떻게 하면 취할 수 있을까 방법을 생각했다. 아무리 막강한 권력을 가진 황제라 하더라도 아들의 부인이고, 자신의 며느리를 빼앗는 일이 어찌 떳떳하다고 말할 수 있겠는가. 현종은 궁리 끝에 변칙적인 방법을 생각해 냈다.

고력사는 현종이 즉위하기 전 위황후 일족과 태평공주 세력을 몰아내는 데 결정적인 역할을 했던 환관이다. 이후 그는 현종의 신임을 등에 업고 아무도 넘볼 수 없는 권력을 휘두르게 된다. 현종 대의 실세로 통했던 재상 이임보, 양국충, 안녹산 등이 모두 고력사와 결탁하여 요직에 올랐다. 그런 그가 현종을 위해서 앞장선 것은 당연한 일이다.

고력사는 해마다 10월이 되면 무혜비와 닮은 양옥환이 이모와 온천으로 유명한 화청지로 피서한다는 사실을 알고 현종에게 화청지로 갈 것을 권했다. 그리고 고력사는 수왕 부부를 찾아갔다.

"황제 폐하께서는 돌아가신 혜비마마 생각에 병환이 날로 깊어지고 있습니다. 며칠 전에는 문득 며느님이신 왕비마마 이야기를 하시며 눈물을 보이셨습니다. 혜비마마 생전에도 두 분이 많이 닮으셨다는 말씀을 자주 하신 것을 보아 아마도 이번 온천행에 왕비께서 폐하와 함께 가주시길 원하는 듯하셨습니다."

고력사는 황제의 병환이 돌아가신 무혜비 때문이며, 무혜비와 닮은 옥환에게만 온천에 동행할 것을 은근히 요구하고 있었다. 수왕 부부는 고력사의 요청은 곧 지엄하신 황명이라는 것을 알고 있었다.

수왕은 자신의 생모인 무혜비 때문에 병환이 깊어진 아버지 현종의 마음을 십분 이해했다. 그래서 자신의 부인인 옥환이 아버지 병환을 낫게 하는 데 도움이 된다면 큰 영광으로 여겼다.

수왕 이모는 그것이 옥환과의 마지막 이별이 될 줄 꿈에도 몰랐다. 고력사를 따라나선 옥환은 화청지에서 시아버지 현종의 수청을 들어야 하는 치욕적인 밤을 맞이한다.

중국의 문헌에는 날씬하고 호리호리한 여성이 선호되었지만, 당나라 시대에는 풍요로운 외모가 미인의 조건이 되기도 했다. 중국 최고의 시인으로 추앙받는 두보는 '좋은 말과 용모가 아름다운 여인'을 다음과 같이 표현하였다.

좋은 말은 올 때마다 금빛 허리가 간들거리고(細馬時鳴金腰褭)
미녀는 말할 때마다 동교요(董嬌饒)처럼 간들거린다(佳人屢出董嬌饒)

여기서 '동교요'는 1378년경에 중국 명나라 구우가 지은 전기체 형식의 단편 소설집 『전등신화』에 나오는 여인으로, 허리가 날씬하고 가늘어 손바닥 위에서 놀 만큼 몸이 가벼운 아름답고 날씬한 여인이다.

옥환은 당시로선 보기 드물게 풍만한 몸집에 유난히 살결이 희고 부드러웠으며 푸른 눈을 가지고 있었다. 수줍은 듯 얼굴을 붉히며 황제 앞에 머리를 조아린 그녀에게선 남편 수왕과의 사랑을 맛본 여인의 완숙미가 물씬 풍겨 나왔다.

이날 밤 그녀의 아름다운 자태에 넋이 나간 현종은 상대가 자신의 며느리라는 사실도 잊고 밤새워 그동안 누리지 못했던 욕정을 불태웠다. 이튿날 날이 훤하게 밝도록 황제의 침전에서는 아무런 기척이 없는 것을 보고 고력사는 이미 현종이 옥환에게 푹 빠져버렸다는 것을 알 수 있었다. 고력사는 현종의 속내를 누구보다 빨리 간파하고 알아서 척척 움직이는 심복 같은 존재였다. 그는 옥환과의 첫날밤을 보낸 현종에게 의미심장한 말을 전했다.

"수왕비마마는 효심이 지극하기로 소문이 자자합니다. 특히 억울하게 돌아가신 두태후마마의 일을 늘 슬퍼하고 계신다고 합니다."

두태후는 무측천에게 비참하게 살해된 현종의 생모였다. 고력사는 교활하게도 옥환의 효심을 이용하여 자연스럽게 궁으로 데려갈 수 있는 방법을 현종에게 넌지시 알려주고 있었다. 현종 대에는 그 어느 때보다 도교가 성행하였는데 옥환이 자청해서 여도사가 되기로 한 것처럼 꾸미면 사람들의 이목을 속일 수 있을 것이라는 그의 지론이었다.

현종은 천하를 쥐락펴락할 수 있는 막강한 황제의 신분이었다. 그러나 황제라 할지라도 며느리를 강탈하여 취한다는 것은 세인들의 조롱거리가 아닐 수 없다는 사실을 잘 알고 있었다. 그는 먼저 옥환에게 여도사가 되어 궁중에 들어와 살면서 두태후의 명복을 빌어줄 것을 요구했다. 거절하면 불충이고 불효가 되는 것이니 목숨을 부지하기 위해서는 선택의 여지가 없었다. 결국 그녀는 타의든 자의든 황명에 따라서 삶을 선택해야 했다.

개원 28년, 현종은 아들 이모와 부부의 연을 맺은 지 이미 5년이나 되고 두 아이까지 낳은 양옥환을 화산으로 보내 도교의 도사로 입문시켰다. 현종은 어머니 두태후의 명복을 빈다는 의미에서 양옥환을 태진이라는 도명을 하사하고 태진궁에 살게 했다. 도교에서는 일단 도교에 입문하면 그 이전에 있었던 속세의 일들은 다 지워지는 것으로 여겼기 때문에 현종은 이런 도교 시상을 지기의 염치없는 사랑에 이용했다. 그리고 아들 수왕에게는 위씨 성을 가진 여인과 재혼하도록 주선하였다.

현종은 고력사의 도움으로 마침내 모든 일이 성사되어 꿈에도 그리던 여인을 맞을 수 있게 되었다. 일단 도사를 모셔와 가르침을 받는다는 평계로 태진궁을 짓고 그곳에 양옥환을 거주하게 하였다. 이때부터 태진궁은 현종과 양옥환의 사랑을 나누는 밀회 장소가 되었다. 당시 두 사람의 나이는 양옥환이 22세, 현종이 56세였다.

이때부터 두 사람은 피가 끓고 살이 타는 황홀경의 사랑을 시작했다. 정말인지는 모르지만 황제가 마음만 먹으면 다 그의 '것'인 3천 궁녀가 있었다지만 현종은 오로지 양귀비에게만 빠져 있었다. 그렇기에 현종의 밤은 양귀비만이 독차지할 수 있었다. 양귀비를 만난 뒤부터 황제는 조회에 늦거나 빠지는 일이 잦아졌다.

천보 4년, 양옥환을 출가시킨 지 5년 만에 현종은 마침내 그녀를 궁중에 데려다 귀비로 책봉하고 정식으로 부부의 연을 맺었다. 현종은 양귀비에게 무한한 총애를 베풀었다. 워낙 나이 차이가 많았던 탓인지 절대 권력을 지닌 황제이면서도 양귀비에게 잘 보이기 위해 끝없는 물질 공세를 펼쳤다.

양귀비는 비록 비의 신분이었지만 현종이 황후의 자리를 비워둔 채 지냈기 때문에 실질적으로는 황후와 다름없는 황궁의 권력을 쥐락펴락하게 되었다. 옷을 자주 갈아입는 그녀를 위해 무려 700명이 넘는 사람들이 의상을 만드는 일을 전담했고, 양귀비가 좋아한다는 이유로 2천 리 밖 광둥에서 나는 과일 여지荔枝를 매일 공수해 오도록 하였다. 여지는 특히 상하기 쉬운 과일이었다. 현종은 최고로 싱싱한 여지를 선물하기 위해 특별히 말 잘 타는 기수들을 뽑았다. 그리고 대궐 앞에서부터 남방까지 기수들을 일정한 간격으로 배치하여 신속한 운송 작전을 펼쳤다. 만약 조금이라도 상한 과일이 들어오면 기수들에겐 호된 문책이 떨어졌다. 이와 관련해 시인 두목은 「화청궁을 지나며[過華淸宮]」라는 시에서 다음과 같이 노래하기도 했다.

"한 필 말이 홍천을 달려오니 비(양귀비)가 웃음 짓네. 누가 알았으랴, 여지가 오는 것임을"

현종이 양귀비를 맞으면서 당나라는 큰 변화를 맞이한다. 현종은 즉위 초에 '개원 치'라는 칭송을 받으며 중국 역사상 몇 안 되는 태평성세를 구가하였다. 그러나 현종은 양귀비를 맞으면서 양귀비에 빠져 점점 판단력을 잃어가고 있었다. 화려하고 값비싼 것을 좋아하는 양귀비의 취향은 개원 후기부터 고개를 들기 시작하여 사치 풍조를 성행시켰고, 양귀비 주위에 맴돌던 환관과 탐관오리가 득세하면서 부정부패가 만연하여 백성들의 삶은 급속히 몰락해 민심은 흉흉해졌다.

양귀비가 현종의 총애를 얻을 수 있었던 것은 타고난 미모 덕분이기도 하지만 사람의 의중을 잘 헤아리는 능력 또한 한몫했다. 이는 가진 것이라곤 질투심밖에 없어 서로 옥신각신할 줄밖에 모르던 후궁들로서는 절대로 따라잡지 못할 재능이었다. 한번은 현종이 친왕親王과 장기를 두고 있었는데, 양귀비가 곁에서 지켜보고 있었다. 눈치 없는 친왕이 현종을 거침없이 몰아붙이는 수를 두고 있었다. 그 바람에 현종이 곧 질 것 같은 형세가 되자 양귀비가 실수인 양 품에 안고 있던 고양이를 장기판 위로 떨어뜨려 승부를 가릴 수 없게 했다. 덕분에 체면을 구기지 않게 된 현종은 겉으로 안타까운 척했지만 속으로는 쾌재를 불렀다.

양귀비가 이토록 마음을 잘 헤아려주니 그녀에 대한 총애도 날로 커져만 갔다. 양귀비를 자신의 말을 이해하는 꽃, 즉 '해어지화解語之花'라 부르는 한편 그녀의 아름다움 앞에는 꽃조차도 부끄러워한다는 찬사를 아끼지 않았다. 훗날 사람들이 사람의 마음을 잘 헤아리는 미녀를 두고 '해어화'라 일컫은 것도 여기에서 유래된 것이다.

양옥환이 궁중에 들어갔을 때 고향에 대한 그리움으로 후원에서 예쁜 꽃을 보며 마음을 달래곤 하였다. 하루는 후원에서 소요를 하다 무심코 손으로 꽃을 만지니 갑자기 활짝 피었던 꽃이 부끄러워 잎을 말아 올렸다. 이 모습을 본 현종은 그녀가 꽃조차 부끄럽게 만든다고 하여 '수화羞花'로 칭송해 마지않았다. 실제로 정사正史도 그녀를 '자질풍염資質豐艶'이라 기록했으며, 말하자면 절세의 풍만한 미인이라는 얘기다.

현종과 양옥환의 예술적 취미 역시 완벽한 조화를 이루었다는 사실도 현종이 그녀를 떠나지 못한 이유 중 하나라고 할 수 있다. 현종은 양옥환을 기쁘게 해주기 위해 많은 노력을 기울였다. 가장 유명한 성과로 현종이 작곡하고, 양귀비가 곡에 맞춰 노래하고 춤을 추었다는 "예상우의곡霓裳雨衣曲"이 있다. 이 곡은 곡조가 아름답고 구상이 뛰어나 가히 중국 음악사의 보배라 일컬어진다. 당나라 시인 백거이는 "장한가長恨歌"에서 "여궁의 높은 곳으로 푸른 구름 모여들고, 신선의 음악이 바람에 실려 곳곳에서 들려온다. 느린 노래, 느린 춤이 악기와 어우러지니, 종일토록 보아도 황제는 다시 보고 싶어 했다."

또 당현종과 양귀비의 뜨거운 사랑을 이렇게 읊고 있다.

七月七日長生殿; 7월 7일 장생전에서
夜半無人私語時; 깊은 밤 사람들 모르게 한 약속
在天願作比翼鳥; 하늘에서는 비익조가 되기를 원하고
在地願爲連理枝; 땅에서는 연리지가 되기를 원하네
天長地久有時盡; 높은 하늘 넓은 땅 다할 때가 있건만
此恨綿綿無絶期; 이 한은 끝없이 계속되네.

위 시의 비익조는 암컷과 수컷의 눈과 날개가 하나씩이어서 짝을 짓지 아니하면 날지 못한다는 상상의 새로 부부 사이의 둘이 있을 수 없는 아름다운 사랑을 의미한다. 연리지는 서로 다른 나무의 가지가 맞닿아서 결이 통하여 하나가 된 것으로 화목한 부부를 상징하기도 한다.

1) 두 번이나 궁에서 쫓겨난 양귀비

한편 양귀비는 현종의 사랑을 영원히 붙잡아 두려고 매번 새로운 화장법을 개발하였다. 또 통통한 몸매에 희고 매끄러운 피부를 가졌던 양귀비는 매일 온천 약수에 몸을 닦고 새로운 화장법으로 미모를 가꾸었다. 그녀가 현종을 밤이나 낮이나 자신의 침실로 이끌기 위해 기울이는 최선의 노력이었다. 현종은 그녀만을 위해 천을 짜고 수를 놓은 사람이 칠백 명이 넘었고 장신구를 만드는 전문 세공인들만 해도 수백 명에 달할 정도로 그녀를 위했다.

일설에는 현종이 양귀비에게 밤낮을 가리지 않고 찾은 이유가 그녀가 늘 허리에 차고 다닌 사향 때문이라고 하였다. 양귀비가 죽고 난 후 그녀의 무덤 주변에는 황제의 후궁들이 보낸 도적들이 끊이질 않았다고 한다. 행여니 양귀비가 차고 다닌 사향을 구할 수 있지 않을까 해서였다.

하지만 현종의 총애를 받던 양귀비에게도 두 번이나 현종의 눈 밖에 난 적이 있었다. 한 번은 그녀가 궁중에 들어오기 전에 현종이 강채빈이라는 후궁을 잠시 총애한 적이 있었다. 채빈은 매화를 매우 좋아해서 '매비梅妃'라고 불린 적이 있었다. 매비는 용모가 아름답고 재질이 뛰어난 여인이었다.

양귀비가 궁중에 들어오기 전에 현종이 총애했던 후궁이자, 여류시인이었던 매비였다. 뛰어난 솜씨를 가진 의원醫員의 무남독녀로 태어난 그녀의 본명은 강채평 혹은 강채빈이다. 채평에 대한 현종의 총애는 무혜비에 대한 사랑에도 뒤지지 않았다. 그녀가 매화 향기를 좋아한다고 하자 멀리 강소, 절강 지역에서 오래된 매화나무를 가져오게 해서 매화원을 만들고, 그곳에 채평을 살게 했다. 이후로 그녀를 매비라고 부르게 되었다.

매비와 양귀비는 완전히 그 용모가 달랐다. 마르고 단아한 매비와 달리, 양귀비는 뚱뚱하고 요염했다. 조용하고 온화한 매비와 다르게, 양귀비는 기가 세고 질투심이 강했다. 양귀비는 날씬하고 가녀린 미녀와는 거리가 멀었다. 기록에서도 그녀의 용모를 가리켜 '자질 풍염資質豐艶'이라 하였는데, 체구가 둥글고 풍만하여 농염한 미인이란 뜻이다. 양귀비 이전에 현종의 총애를 받았던 후궁 매비가 양귀비를 일컬어 '비비(肥婢, 살찐 종년)라 욕했다'라는 말도 있을 정도다. 현종은 자신이 총애하는 두 후궁이 사이좋게 지내길 바랐지만, 둘은 지나다니는 길목도 피할 만큼 서로를 증오했다. 결국 부드럽고 선량한 성품의 매비는 저돌적인 양귀비의 적수가 되지 못한 채, 현종의 처소로부터 멀어진다.

어느 날 현종은 매화꽃을 구경하던 중 문득 매비를 잊지 못하고 옛정이 되살아나 은밀하게 매비의 처소를 찾았다. 매비의 예쁜 눈에는 감격의 눈물이 초롱초롱 맺혀 있었다. 그날 밤 두 사람은 모처럼 그동안 이루지 못했던 사랑을 꽃피웠다. 현종은 이튿날 아침 정사를 돌보는 일마저 까맣게 잊은 채 매비의 품에서 헤어나지 못했다.

그런데 고력사가 황급히 달려와, "지금 양귀비가 이리 오고 있다"라는 소식을 전한다. 현종은 당황한 나머지 어안이 벙벙한 표정이었다. 깜짝 놀란 현종은 창에 묵직하게 드리워진 장막 뒤로 매비를 숨겼다. 그 순간 방 안에 들어선 양귀비가 안을 두리번거리기 시작했다. 현종은 당황한 나머지 어안이 벙벙한 표정이었다. 아무리 사랑하는 귀비라 해도 황제의 침전에까지 찾아와 면박을 주는 건 용납할 수 없는 행동이었다.

"여긴 귀비가 올 곳이 아니니 돌아가서 기다리시오."

"못 갑니다. 저와 함께 대전으로 가십시오."

현종은 치미는 화를 꾹 참으며 점잖게 타이를 요량이었지만 양귀비는 조금도 물러설 기미를 보이지 않았다. 이윽고 양귀비는 눈물을 주르륵 흘리더니 계단을 내려가 버렸다. 그제야 장막 뒤에서 몸을 드러낸 매비는 커다란 슬픔을 안은 채 매화원으로 돌아갔다. 그로부터 4, 5일 후, 매비는 정들었던 매화원에서 쫓겨나 멀리 있는 동궁의 한구석에서 연금과 다름없는 생활을 시작하게 되었다.

격분한 현종은 황명을 거부한 죄로 양귀비를 황궁에서 쫓아내도록 고력사에게 명을 내렸다. 양귀비는 그날로 사촌 오빠 양섬의 집으로 쫓겨나고 말았다. 그녀가 궁에서 쫓겨오자 양씨네 일가에는 발등에 불이 떨어진 것이나 다름이 없었다. 양귀비에 대한 현종의 총애가 만약 사라진다면 당장 그들도 새로운 방도를 찾아야 할 정도로 급박했기 때문이다.

양섬은 평소에 친분이 두터운 고력사를 즉시 찾아가서 도움을 청했다.

"귀비께서 잠시 이성을 잃고 엉겁결에 큰 잘못을 저질러놓고는 후회막심하여 식음을 전폐하고 있습니다. 하루빨리 폐하께 잘못을 빌고 용서받을 생각만 하고 있습니다. 부디 폐하께 용서받을 길을 찾아주십시오."

양섬의 간절한 부탁을 받은 고력사의 위력은 대단했다. 현종이 잠시 홧김에 한 행동이란 것을 알고 있었다. 그는 곧 현종이 귀비를 다시 부를 것이라며 양섬을 안심시켜 돌려보냈다. 사실 현종은 귀비를 쫓아낸 다음부터 넋이 나간 사람처럼 안절부절못하고 한숨만 쉬면서 잠을 이루지 못했다.

"소식을 들으니 귀비마마도 후회와 탄식으로 식음을 전폐하고 잠을 이루지 못하고 계신다 합니다. 이번 실수는 너그럽게 눈감아주시는 게 어떨는지요?"

현종은 고력사의 제안에 기다렸다는 듯이 환한 미소를 지으면서 고력사로 하여금 양귀비를 맞아오라고 명을 내렸다.

다시 궁으로 돌아온 양귀비는 현종 앞에서 무릎을 꿇고 반성의 눈물을 하염없이 흘렸다. 그러자 현종도 그녀를 안아 일으키며 다시는 이런 일이 생기지 않게 하겠노라고 다짐했다. 하지만 이와 비슷한 일이 또 한 차례 벌어졌다. 본래 미인을 좋아하는 습성은 황제이기 이전에 남자의 호색적인 본색이다.

어느 날 현종이 아름다운 후궁과 희롱하는 모습이 양귀비 눈에 보였다. 양귀비로서는 자존심 상하는 노릇이었다. 자신과 철석같은 약속을 해놓고 다시 다른 여자에게 눈길을 돌리는 현종이 야속하고 한편으로 분하기만 했다.

"폐하께서는 '말은 한 번 뱉으면 네 필 말로도 따라갈 수 없다(일언기출 사마난추―言既出, 駟馬難追)'는 뜻도 잊으셨단 말입니까? 지난날 저에게 하신 약속을 흐르는 물처럼 여기셨나 봅니다."

분을 참지 못한 그녀는 시기와 질투심에 눈이 멀어 현종에게 할 말 못할 말을 쏟아냈다. 그녀는 상대가 지엄한 한 나라의 황제라는 사실도 잊고 있는 듯했다. 현종은 화가 머리끝까지 치솟아 그 자리에서 즉시 양귀비를 쫓아내고 앞으로는 절대로 궁내에 출입하지 못하게 한다는 칙령을 내렸다.

두 번째로 황궁에서 쫓겨난 양귀비는 심한 무력감에 빠져들었다. 황제의 위력이 얼마나 대단한지를 실감한 것이고, 한편으로는 현종의 마음이 자신으로부터 떠났다고 생각하니 분하고 억울한 마음이 들었다. 오히려 황제로부터 구속받지 않고 바깥세상의 아름다운 자유를 누리며 홀가분히 살고 싶기도 했다. 그러나 이미 그녀는 오랜 세월 몸에 익숙한 그 화려하고 사치스러운 궁중 생활을 하며, 그녀가 원하면 무엇이든지 얻을 수 있는 특권을 놓치고 싶지 않았다.

양귀비는 이번에도 현종이 자신을 다시 불러주기만을 손꼽아 기다렸다. 그런 양귀비의 기대와는 달리 황궁에서는 아무 소식이 없었다. 애타기는 양씨네 친족도 마찬가지였다. 자칫 자신들에게 불똥이 날아올까 봐 전전 긍긍하면서 어쩔 줄을 몰랐다. 그러던 어느 날 하동절도부사 길온이 조정에 볼일이 있어 상경하는 길이라는 소식을 접하게 되었다. 양씨 가족들은 그를 찾아가서 황제를 뵙거든 양귀비의 근황을 전해 달라고 신신당부했다.

이 무렵 현종도 자신이 한 행동에 대해 후회막급했다. 비록 화가 나서 한 행동이었지만 양귀비 없는 궁궐은 그야말로 적막강산이었다. 이미 양귀비와의 생활에 익숙해진 현종으로서는 그녀가 그리워질 때마다 외롭고 서글픈 마음을 달랠 길이 없었다. 그런 와중에 길온이 입궁하여 현종을 배알하자 그녀의 소식을 전했다. 그녀가 깊이 반성하며 식음을 전폐하고 그로 인해 얼굴이 초췌해졌다고 하였다. 현종이 그 소식을 듣자마자 즉시 중사 장도광을 시켜 그녀가 평소 좋아했던 음식을 하사했다.

그녀는 비록 현종으로부터 두 번이나 궁에서 쫓겨나는 곤욕을 치르긴 했지만 현종의 변함없는 사랑을 다시 한번 확인하는 계기가 되었다. 황제의 총애는 아름다움도 용모도 있어야 하지만 그보다는 먼저 황제의 마음을 깊이 헤아려주는 식견이 있어야 한다는 사실을 뼈저리게 통감하였다. 이런 황제의 마음을 잘 알아주는 여인이 되어 자신의 자리를 잃지 않고 지켜낼 수 있었다.

2) 잘못된 선택이 가져온 결말

현종은 양귀비가 궁에 들어온 이후론 전과는 전혀 다른 모습으로 변해 갔다. 정사에는 아예 관심조차 없고 조정에도 잘 나가지 않았다. 그는 양귀비를 위해서 수시로 연회를 열어주고 재능 있는 예인과 문인들을 초청하여 그녀를 즐겁게 해주었다. 여기서 그치지 않고 현종의 양귀비에 대한 총애가 지나치다 보니 자연 그녀의 친인척이 특별대우를 받게 되었다. 양귀비 일가는 신속한 속도로 왕족의 일원에 진입했다. 『구당서』 「양귀비전」에 의하면 양귀비의 세 언니 또한 한국부인, 진국부인, 괵국부인에 봉해져 하나같이 현종의 총애를 받으니 양씨의 권세가 하늘을 찔렀다고 한다.

양귀비의 세 자매는 황궁을 마음대로 드나들며 극도로 호화스러운 생활을 누렸다. 괵국부인에게는 양명침夜明枕이라는 베개가 있었는데 대청에 놔두면 불을 밝힐 필요가 없을 만큼 밝았다. 한국부인은 아예 산꼭대기에 높이 80척에 달하는 등나무를 만들어 세우게 한 뒤 정월 대보름 달맞이하러 갈 때에 맞추어 불을 밝히게 했는데, 100리 밖에서도 보이고 오히려 어두워 보일 정도로 불빛이 환했다.

현종이 단지 양귀비의 세 언니들의 사치스러운 소비 욕구를 만족시켜 주기 위해 재물을 소비하는 데 그쳤다면 크게 문제 될 것이 없었을 것이다. 그러나 양귀비의 오빠인 양국충의 기병 사건은 매우 큰 재난이었다. 현종은 죽은 양귀비의 아버지에게 '대위제국공'이란 벼슬을 내리고, 그녀의 숙부와 세 명의 친오빠에게도 높은 벼슬을 하사하였다. 사촌 오빠 양소는 건달 출신이었지만 현종에게서 국충國忠이라는 이름까지 하사받았다. 양국충은 일자무식에 품행이 무척 나빠 집안에서조차 내놓은 술주정뱅이에 노름꾼이었다. 그런데 그는 사람 속을 헤아리고, 비위를 맞추는 재주가 있어 양귀비를 통해 현종에 대한 정보를 알아낸 뒤, 현종의 비위를 맞추어 출세 가도를 달렸다. 『구당서』에는 다음과 같은 기록이 있다.

"현종이 나이가 들어 좋아하고 싫어하는 바가 있으니, 국충이 그 사정을 알아내 자신이 원하는 바에 맞게 행동했다."

이임보는 돈으로 환관과 후궁들을 매수하여 재상까지 오른 인물로 천하에 둘도 없는 악덕 간신이었지만 양국충도 그에 못지않았다. 그는 합리적으로 말조차 하지 못하는 건달에 불과했다. 그런데도 현종은 노름판에서 양국충을 '인재'로 알아보고 발탁했다. 현종은 온종일 여러 여인의 품에서 지내다 무료해지면 종종 양귀비 친척들을 모아 노름을 하곤 했다. 그럴 때마다 현종은 민간이 보기에 천문학적인 금액을 판돈으로 내놓곤 했는데, 그 돈을 계산하는 것도 몹시 성가신 일이었다. 하지만 양국충은 노름판에서 잔뼈가 굵은지라 판돈을 셈하는 속도가 매우 빠르고 정확했다. 그 모습을 본 현종은 양국충이 매우 총명하고 계산적이라 생각해 그를 높은 관직에 임명했다. 하지만 노름 좋아하는 사람치고 높은 도덕관이 제대로 박힌 이가 얼마나 될까? 양국충은 정치적 재능이 없었을 뿐 아니라, 오히려 정무를 온통 혼란에 빠트리고, 뇌물수수와 당파 형성에만 앞장섰다. 재상직을 담임하던 시절, 양국충은 모두 40여 가지가 넘는 중요 직무를 겸임했는데 주로 재정과 인사를 담당하는 보직이었다. 양국충과 그 일당은 결재권을 손에 넣자마자 전임자들보다 훨씬 과감하게 뇌물수수에 나서 조정을 부패와 무질서 속으로 빠뜨렸다.

매우 엄격했던 관원선발 제도 역시 양국충이 손을 거치며 무용지물이 되어 버렸다. 본래 관원의 임명은 여러 개의 아문과 여러 해당 관원들의 심사를 거치도록 해 모든 과정에는 수개월이 소요됐다. 그러나 양국충은 효율성을 높인다는 명분을 내세워 해당 기관을 제쳐두고 몇몇 수하로 하여금 자신의 사택에서 명단을 정한 뒤 몇몇 관원들만 불러 의례적인 토론을 거쳐 단 하루 만에 정해 버렸다. 물론 어떤 인물들이 그 명단 안에 들었는지는 서로 말하지 않아도 알 수 있었다.

양국충은 자신의 무능함을 감추기 위해 현종의 눈과 귀를 차단했다. 한

번은 현종이 폭우로 인한 재해 소식을 전해 듣고 양국충에게 재난 피해 상황을 물었다. 그러자 양국충은 어딘가에서 큰 조 이삭을 구해 와 보여주며 농가에서 수확한 조가 이 정도로 여물었는데 무슨 재난이 있겠느냐고 말했다. 그때 눈치 없는 관원 하나가 재해 상황을 보고하며 조정에 구호를 청하자 양국충이 불같이 화를 내면서 그 관원을 찾아내 치죄했다. 이런 지경인데도 어리석은 현종은 그저 천하가 태평하여 더 이상 근심할 필요가 없는 것이라고 굳게 믿었다.

한번은 이런 일도 있었다. 정월 대보름 때 양국충의 가마 행렬이 장안성을 돌다가 광녕 공주의 행렬과 부딪혀 서로 다투게 되었다. 정월 대보름은 특별히 장안성의 야간통금이 없는 날이다. 이날 양씨네 일행은 수레를 타고 달구경을 나왔다가 광녕 공주와 그녀의 남편 정창윤이 탄 수레 행렬과 마주치게 되었다. 그런데 양씨네 행렬은 상대가 공주의 수레임을 알면서도 꿈쩍도 하지 않았다. 관례대로라면 외척인 그들이 황실 가족에게 길을 내주는 것이 당연한 일이었다. 결국 양쪽 하인들끼리 싸움이 붙었다.

이 과정에서 양국충의 하인들이 무력을 휘두르며 큰 소리로 외치는 와중에 공주가 낙마하여 부마 정창예가 급히 부축하러 다가가다 양국충의 노복이 휘두르는 채찍을 얼굴에 맞고 나가 쓰러지는 사건이 발생했다. 공주가 너무 억울하여 아버지 현종을 찾아가 울며 호소했는데, 뜻밖에도 현종은 채찍을 휘두른 양국충의 하인 한 사람만 사형에 처하고 양국충에게는 전혀 죄를 묻지 않았다. 오히려 부마 정창예의 관직을 박탈하고 알현을 허락하지 않았다. 그 일이 있은 뒤로는 아무도 감히 양국충에게 함부로 하지 못했다.

이처럼 정국이 어지러워지자 개원 성세로 이룩한 안정적 국면은 빠르게 악화 일로로 접어들었다. 국고는 점점 바닥을 드러내는 데도 조정의 사치와 낭비는 날로 심해졌다. 양국충의 농간으로 현종은 경제적인 문제를 무시하고, 오히려 군사상 공적을 세우는 데 더욱 치중했다. 황제의 이런 태도는 공을 세워 관직을 차지하려는 장수들의 욕망을 부추겼고, 심지어 일부 변경에서는 고의로 전쟁을 일으키는 자마저 생겨났다. 그리하여 변경 지역의 평화는 되돌릴 수 없게 되었고, 당 왕조는 토번, 남조 등 소수민족과 잇따라 전쟁을 치르게 되었다. 특히 남조 정벌전에서는 20만이 넘는 당나라 군사가 전사하거나 병사했다.

당 왕조는 현종이 정사를 게을리하고 이임보와 양국충을 기용한 뒤로 안에서부터 부패하기 시작해 내실이 무너지고 말았다. 양국충은 현종 말기 대표적 부패 권력이었고, 결국 '안사의 난'의 빌미를 제공한 인물이다. 이임보가 사망하자 중년을 넘기면서 정무에 등한시하고 양귀비와의 애욕 생활로 나날을 보내던 현종 밑에서 재정을 장악한 양귀비의 일족인 재상 양국충은 동북 국경 방비를 맡아 대병을 장악한 변장 안녹산과 대결하는 실력자로 등장하게 되었다. 그것이 양귀비의 사촌 오빠인 양국충과 안녹산 사이에 갈등의 원인이 되었다.

양귀비의 몰락은 현종 외에 양귀비가 총애하던 두 남자 사이의 알력에서 시작되었다. 양귀비는 중국 변방 돌궐족 출신의 안녹산을 가까이했다. 안녹산은 일개 군졸에서 시작하여 용맹으로 공을 세워 일약 중앙정계로 진출한 인물이다. 20대의 양귀비는 40대의 안녹산을 수양아들로 삼고 그를 매우 가까이했다. 일설에는 양귀비가 안녹산과 부적절한 관계를 맺었다고도 한다. 그러나 현종은 안녹산과 양귀비의 관계를 조금도 의심하지 않았다. 오히려 양귀비가 안녹산을 총애하는 것만큼 더욱 안녹산을 높은 지위에 등용했다.

양국충은 안녹산의 성장에 위협을 느끼고 그를 제거하려 했다. 양국충은 현종에게 안녹산의 병권을 감축시키고 장안으로 불러들여야 한다고 수차 진언했으나 받아들여지지 않자 성급한 마음에 안녹산의 장안 관저를 포위하고 문객들을 모두 죽여 버렸다. 안녹산의 첩자들을 제거한다는 게 이유였다. 이 일은 안녹산에게 군사를 일으킬 수 있는 훌륭한 구실을 제공했다.

양국충은 현종에게 안녹산이 모반하려 하므로 소환하도록 요구하였다. 755년 11월, 안녹산은 20만의 대군을 이끌고 간신 양국충 토벌을 구실로 북경에서 거병하여 낙양으로 진격하였다.

현종과 양귀비의 피난 행렬이 장안에서 서쪽으로 1백여 리 떨어진 마외파에 이르렀을 때다. 돌연 황제의 근위병들이 황제를 호위하고 따르던 재상 양국충을 활로 쏘아 말에서 떨어뜨리고 양귀비마저 처단할 것을 요구했다. 고립무원의 피난길에서 이 같은 돌발 사태를 맞은 현종은 선택의 여지 없이 양귀비에게 자결을 명령한다. 그녀는 마외파의 작은 불당 안의 배나무에 목을 매 죽었다. 불쌍하고 슬픈 죽음이다.

양귀비를 이렇게 보내면서 현종은 피눈물을 흘린다. '그의 눈물에는 양귀비의 피가 뒤섞여 흘렀다'고 한다. 그것이 백거이가 장한가에서 읊은 '혈루상화루血淚相和淚'라는 대목이다. 양귀비가 없는 밤은 현종에게 견디기 어려웠다. 그는 '밤이 이렇게 긴 줄을 비로소 알았다'라고 말했다.

양귀비에 정신이 나간 당나라 황제 현종의 정사는 결국 안으로는 친인척 비리와 환관의 아첨, 밖으로는 '안사의 난'까지 겹쳐 당나라의 패망을 가져오게 하는 원인을 제공했다.

제4장

위 · 노나라를 문란케 했던
제나라의 세 자매

1.
위나라를 문란케 했던
선강의 기구한 삶

강태공의 나라 제나라는 환공이 패권을 이룰 때까지 내부의 혼란으로 인해 항상 편안한 날이 없었다. 기나라를 멸망시키려다가 실패하고 세상을 떠난 제나라 13대 희공은 여러 아들과 딸을 두었다. 제환공과 제양공의 누나인 선강宣姜, 동생인 문강文姜, 그리고 애강哀姜이라는 딸이 있었는데, 셋 다 천하절색이었다. 언니인 선강은 위나라 임금 선공에게로 시집갔고, 문강은 노나라 임금 환공, 애강은 언니인 문강이 노나라의 내실이 튼튼해야 한다는 이유를 내세워 조카인 노장공과 결혼하게 되었다. 이 세 자매의 굴곡진 애정사는 춘추 초기 질서를 붕괴시키고 제후들의 도덕 불감증을 일으켜 혼란의 절정을 보여주는 계기가 되었다.

선강은 아버지 제희공의 영에 의해 위선공에게로 시집을 가게 되었다. 그래서 선강이라는 이름이 붙었다. 위선공의 부인 강씨라는 뜻이다. 그런데 본래 선강이 시집가려고 했던 사람은 위선공이 아니라 그 아들인 세자 급이었다. 다시 말하면 위선공은 며느리로 맞아들일 여인을 자신의 아내로 가로챈 셈이다.

위나라는 주나라 때에, 은나라의 유민을 다스리기 위하여 주공의 아우 강숙을 은나라의 옛 도읍인 조가朝歌에 봉하였다. 처음 강숙이 봉토를 받았을 때 그 작위는 백작이었지만 경후 때 주나라 이왕에게 뇌물을 바쳐 후작으로 올랐고 기원전 771년 견융이 서주의 수도 호경을 침공했을 때 무공이 진晉, 진秦과 함께 견융을 몰아낸 공으로 공의 시호를 썼다. 이때 무공은 주 왕실의 사도를 겸함으로써 위나라는 전성기를 맞았다. 이때만 해도 정나라, 송나라와 함께 큰 세력이었지만 후에 제나라, 진晉나라, 송나라, 노나라 등의 압박으로 약소국으로 전락하고 말았다. 거기에 공자들 간의 권력다툼으로 쇠퇴했는데, 사실 무공도 자신의 형 공백을 죽이고 즉위했다. 장공이 죽은 후 장공의 서자 주우가 자신의 이복동생인 환공을 시해하고 스스로 군주가 되었다.

위선공은 일찍이 이복동생인 주우가 위환공을 죽이고 임금 자리를 빼앗자 형나라로 망명했었다. 그 후 주우 일파가 노재상 충신 석작에 의해 주살되고 수습되어 환공의 또 다른 이복동생인 선공을 세워서 내분은 진정되었다. 석작은 주우를 죽이고, 주우가 군주가 되는 데 공을 세운 아들 석후도 죽였는데, 이것은 '대의(나라)를 위해 친족도 죽인다'라는 뜻의 '대의멸친大義滅親'의 유래가 되었다.

위선공은 사람됨이 음탕하여 여자라면 미추를 가리지 않고 밝혔다. 그가 아직 공자이던 시절, 즉 아버지 위장공이 재위하던 때의 일이었다. 어느 날 그는 내궁에 놀러 갔다가 아버지의 첩 이강을 보고 반해 남몰래 관계를 맺었다. 그가 얼마나 불효막심하고 패륜아이고 개망나니인지 짐작이 가는 행동이다. 그 후로도 그는 틈만 나면 내궁에 가서 서모인 이강과 사람으로

선 해서는 절대 안 될 자신의 욕정을 채워가며 불륜관계를 유지하였고 아들까지 낳게 되었으니, 위선공도 문제이지만 이강 또한 대책 없는 여자이긴 마찬가지였다. 두 사람은 숙의한 끝에 불륜의 그 아들을 아무도 모르게 궁 밖 여염집에 맡겨 기르게 했다. 그 아들이 바로 세자 급자(急子, 얼마나 급하게 낳았는지 이름이 '급하게 낳은 아들'이라는 뜻이다)이다.

위선공은 망명 시절 형나라 공녀와 결혼한 바 있었다. 그러나 그는 임금의 자리에 오르자마자 기다렸다는 듯이 정부인인 형녀邢女를 박대하고 서모인 이강과 이제는 터놓고 부부생활을 하였다. 여염집에 맡긴 급도 데려와 세자로 삼고는 우공자 직에게 맡겨 궁중 생활을 익히게 하였다.

세자인 급자의 나이 16세가 되었을 무렵, 위선공은 세자를 장가들이기 위하여 제나라 희공에게 사자를 보내 청혼했다. 제희공 역시 쾌히 승낙하여 결혼이 일사천리로 진행되었다. 제나라로 갔던 청혼 사자가 돌아와 결과를 보고하자 위선공은 다른 어떤 것보다 먼저 며느리의 용모가 궁금하여 물었다. 그는 며느리 될 여인이 천하절색이라는 말을 듣고 솜씨가 뛰어난 장인을 모아 기수 가에다 높은 누대를 새로 짓게 했다. 명목상으로는 영빈관을 짓는 것이라고 했지만, 실은 그때 이미 며느리 될 선강을 가로챌 음흉한 계획을 품고 있었다. 그가 미색이라면 서모나 며느리 될 여자라도 가리지 않았던 것을 알 수 있다.

이윽고 거대하고 웅장한 누대가 완성되었다. 일찍이 위나라에서는 보지 못할 정도로 화려하고 훌륭한 건축물이었다. 위선공은 그 누대를 신대라고 이름을 붙였다. 그는 신대 낙성식에 앞서 세자 급자를 급히 불러 송나라 장공에게 사절단이 되어 가는 심부름을 시켰다. 급자는 아버지의 분부대로 사절단을 구성하여 송나라로 떠나갔다. 위나라 도성에서 송나라 수도인 상구까지 거리는 천 리 길에 가깝다. 오고 가는 데만도 한 달 이상의 시일이 걸린다. 위선공이 노린 것은 바로 그 점이었다.

좌공자 설이 서둘러 제나라로 가서 선강을 모시고 와서는 새로 지은 신대에 들여앉혔다. 선강은 그곳이 자신의 신방인 줄만 알았다. 물론 송나라로 떠나간 세자 급자는 그때까지도 돌아오지 않고 있었다.

그날 밤이었다. 선강이 앉아 있는 신방으로 위선공이 들어갔다. 선강은 방으로 들어온 사람이 자신의 신랑인 줄 알고 그렇게 첫날밤을 보냈다. 그녀는 다음 날이 되어서 첫날밤을 치른 사람이 본래 혼례를 치르기로 했던 세자인 급자가 아니라 그 아버지 위선공임을 알았다. 그러나 물은 이미 엎질러진 뒤였다. 그날 이후로 선강은 위선공의 애첩이 되었다. 이 일이 위나라 백성들 사이에도 알려지게 되었다. 급자 입장에선 본래 서형이 되어야 할 사람이 생부가 된 것도 모자라 이제는 자신의 아내가 되어야 할 여인이 졸지에 서모가 된 것이다.

위선공은 선강을 취한 뒤로 신대에 틀어박혀 나올 생각을 하지 않았다. 선강은 천하절색의 외모에 걸맞게 잠자리 기술도 뛰어났으므로 그는 그러한 선강의 건강하고 아름다운 육체에 빠져 헤어나지 못하고 3년간이나 신대에서 나오지 않았다. 그전까지 총애하던 이강은 거들떠보지도 않았다.

선강은 위선공과 사이에서 수와 삭(朔, 훗날 위혜공) 두 아들을 얻자, 이 기회를 이용해 선공을 부추겨 수를 세자로 삼으라고 부추겼다. 선강에게 흠뻑 빠진 위선공은 지난날 세자 급자를 총애하던 마음이 모조리 수와 삭 두 아들에게로 옮겨갔다. 그는 장차 세자 급을 폐하고 두 아들 중 하나를 선택하여 후계자로 삼으려는 마음을 품게 되었다.

같은 형제인데도 큰아들인 공자 수는 천성이 어질고 형제간 우애도 극진했다. 그는 특히 이복형인 세자 급자를 존경하고 따랐다. 반면 둘째인 공자 삭의 성격은 완전 딴판이었다. 그의 성품은 부전자전으로 위선공과 판박이로 사악하고 교활했다. 게다가 위선공이 얼마나 어머니를 사랑하는지 알고 온갖 패악을 저질렀다.

그는 아버지 위선공이 친형인 수의 후견인에 좌공자 설을 임명했다는 소식을 듣고는 수를 후계자로 삼으려는 의도가 아닌가 해서 안절부절못했다. 이때부터 삭은 세자뿐만 아니라 친형인 수까지 눈엣가시처럼 미워했다. 그는 비밀리에 자객을 길러 자신의 세력을 구축하기 시작하였다. 그의 나이 열다섯 살에 이런 생각을 할 수 있었던 배후에는 지각없는 어머니 선강이 있었기 때문에 가능한 일이었다.

그의 음모는 철두철미하게 진행되었다. 세자의 생일날이 되었다. 형제애가 깊은 공자 수는 주안상을 푸짐하게 차려놓고 세자를 비롯한 여러 공자를 초대하였다. 맏형인 세자의 생일을 축하해 주기 위해서였다. 공자 삭도 그 자리에 참석하였다. 모처럼 만에 여러 공자가 한자리에 모여 즐겁게 환담하고 있는 도중에 공자 삭은 말없이 앉아 있다가 무슨 생각이 났는지 몸이 좋지 않다는 핑계로 자리에서 일어났다. 형인 수의 방을 나온 공자 삭은 그 길로 어머니 선강의 처소로 달려가 무릎을 꿇고 앉자마자 분하다는 듯 눈물을 펑펑 쏟아내며 거짓말을 해대기 시작했다.

급자 형이 술에 취하여 자신과 수 형님을 보면서 '너희들은 모두 내 아들이나 마찬가지다'라고 말하여, 자신이 화가 나서 '아무리 농담이기로서니 어찌 그런 말을 할 수 있습니까?' 했더니, '너희 모친은 원래 나의 아내가 될 여인이었다. 그러니 너희 형제는 나보고 아버지라고 해야 마땅하다' 해서 저는 분을 참을 수 없어 계속 따지자 세자는 대뜸 주먹으로 저를 때리는데, 수 형님이 옆에 있다가 만류하는 바람에 겨우 그 자리를 도망칠 수 있었다고 둘러댔다.

공자 삭의 말에 선강은 이성을 잃고 말았다. 그렇지 않아도 그녀는 세자의 아내가 되기 위해 시집왔다가 졸지에 시아버지의 애첩이 된 것에 대한 자격지심에서였다. 공자 삭이 노린 것이 선강의 이러한 자격지심을 이용하려는 것이었다면 그의 철두철미한 계획이 얼마나 용의주도한지를 알 수 있다.

그날 밤이었다. 선강은 위선공이 내궁에 들기를 기다렸다. 위선공이 내궁이 들자 기다렸다는 듯이 눈물을 펑펑 흘리며 애끓는 하소연을 했다. 위선공은 눈에 넣어도 아프지 않을 만큼 사랑하는 여인이 흘리는 눈물 앞에서 그녀의 하소연을 모두 받아줄 수밖에 없었다. 선강은 더욱 가련하게 어깨를 들썩이며 흐느끼고 나서 낮에 들었던 공자 삭의 말과 자신이 꾸며낸 말까지 보태서 억울하다는 듯 고해바쳤다.

그렇지 않아도 세자 급자의 흠을 잡아 세자 자리를 공자 수에게 넘겨주려고 엿보고 있던 위선공이었다. 그런 그가 선강의 말을 듣자 불같이 화를 내며 세자 급자가 한없이 괘씸하게 여겨졌다.

다음 날 위선공은 세자 급자를 불러들여 자초지종을 들어보지도 않고 무조건 큰 소리로 책망하는 한편, 그의 생모인 이강에게도 심한 꾸지람을 내렸다. 자식을 어떻게 가르쳤기에 이런 해괴망측한 소리가 나왔느냐는 것이었다. 그 시기, 이강은 위선공의 총애를 잃고 자신의 지난날 행위를 후회하고 있었다. 모두 자신이 지은 업보라고 생각했다. 그런 와중에 말도 안되는 일로 심한 수치와 모멸감까지 받자 더 이상 살아갈 희망을 잃었다. 그녀는 밤새 울다가 새벽녘에 끝내 목을 매고 스스로 목숨을 끊고 말았다.

세자는 어머니의 죽음을 몹시 슬퍼하였다. 그 자신도 이런 세상에 살기가 싫어졌다.

공자 삭과 선강의 모함이 반복되고 덩달아 위선공도 급자를 미워하게 되자, 위선공이 급자를 제나라의 사신으로 파견하기로 하였다. 때마침 제 희공이 선대부터의 원수 국인 기나라를 치려고 위나라에 원군을 요청해 왔다. 위선공과 선강과 공자 삭은 이 기회를 이용하기로 했다. 위나라가 군대를 파견하되, 그 규모와 일시를 의논한다는 명목으로 먼저 세자 급자를 제나라로 보내기로 한 것은 위선공이었다.

그러면서 국경에 사람을 보내 세자 급자를 죽이려는 암살계획의 음모를 꾸몄다. 그런데 이 암살계획을 공자 수가 우연히 엿듣게 되었다. 어릴 적부터 심성이 바르고 어진 공자 수였다.

1) 권력이 부른 죽음과 선강의 별난 결혼

공자 수는 어머니와 동생이 세자를 남몰래 죽이려 한다는 사실을 알고 크게 놀랐다. 수는 서형인 급자와 깊은 우애를 나눴으며 진심으로 그를 존중했다. 그는 그 사실을 세자에게 알리는 것이 자신의 옳은 행동으로 여겼다.

공자 수는 서형인 급자에게 내궁에서 엿들은 위선공과 선강과 공자 삭이 꾸민 음모를 소상히 들려주었다. 그런데 이복동생 수의 말을 들은 세자는 놀라거나 두려워하기는커녕 오히려 초연한 표정으로 동생인 수를 위로하였다.

"아버지의 분부를 따르지 않는 것은 불효요, 군주의 명을 좇지 않는 것은 불충이다. 불효와 불충으로 목숨을 구하고자 하는 일을 불의라고 한다. 내가 어찌 이 한목숨을 살려고 불의한 일을 행할 것인가. 아우는 나를 위해 너무 근심하지 마라."

어머니 이강의 죽음 이후, 그는 자신이 어떤 처지에 처해 있는지를 알았다. 권력과 이전투구에 혈안이 된 집안 형편인 공실의 보이지 않는 암투와 금수보다도 못한 불륜 행위 등에 환멸과 회의를 느끼고 있었다. 그런 현실에서 자신이 헤쳐나갈 길이 너무도 암울했다.

며칠 뒤, 세자는 위선공의 부름을 받고 궁정으로 들어갔다. 위선공은 그에게 백모白毛를 내주며 영을 내렸다. "제나라로 가서 언제 어느 때 군대를 보내면 되겠느냐고 알아보고 오라. 이 백모 깃발은 네가 위나라 사신임을 표시하는 깃발이니 반드시 뱃머리에 꽂아두어라."

부친의 영을 받들기 위해서 그는 그 길로 강가로 나왔다. 그때 궁 밖에서 기다리고 있던 공자 수가 그의 뒤를 따라와 울면서 도망가기를 권했다. 그런 공자 수를 향해 세자는 자기는 괜찮으니 더 이상 따라오지 말고 어서 돌아가기를 청하였다.

떠밀다시피 저지하는 바람에 공자 수는 어쩔 수 없이 집으로 돌아오기는 했지만, 죽음의 길인 줄 알면서도 떠나는 세자의 그 의연하면서 처연한 모습이 못내 눈앞에서 지워지질 않았다.

마침내 공자 수는 결심했다. 한시가 급했다. 그는 서둘러 술상을 준비하여 강변으로 달려갔다. 그가 강가에 도착했을 때는 세자의 배가 돛을 올리고 제나라로 막 출발하려 할 때였다. 두 사람이 간발의 차이로 만나 이별을 고하는 석별의 자리를 만들었다. 넘실거리는 강물의 배 위에 앉아 두 형제는 눈물 담긴 술잔을 서로 주거니 받거니 권하였다. 그러나 공자 수는 술잔을 비우는 체하며 연신 술을 발밑에 숨겨둔 빈 그릇에 쏟아부었다. 세자만이 다시는 돌아올 수 없는 길을 가므로, 사랑하는 동생과 영영 작별을 눈앞에 두고 있었기 때문에 사양하지 않고 주는 대로 받아 마셨다. 그는 어느덧 크게 취하여 그 자리에 쓰러져 코를 골면서 자기 시작했다. 공자 수는 자리에서 일어나 좌우의 수행원을 돌아보며 외쳤다.

"형님께서는 술에 취해 더 이상 길을 갈 수가 없다. 군명은 한시도 지체할 수 없는 법이니, 내가 마땅히 형님을 대신해서 길을 가야겠다."

그러고는 즉시 세자의 배에 꽂혀 있는 백모 깃발을 자기 뱃머리에 옮겨 꽂게 했다. 그는 다시 수행원들을 향해 말했다.

"그대들 모두가 제니리로 갈 것까지는 없다. 서너 명은 여기 남아 세자께서 깨시거든 나의 편지를 드리도록 해라."

이렇게 해서 세자의 배는 왔던 길을 되돌아가고, 대신 공자 수의 배가 신야 나루터를 향해 미끄러져 나갔다.

어느덧 배가 신야 나루터에 당도했다. 공자 수와 수행원들은 짐을 정리하여 언덕으로 올라갔다. 그때 언덕 뒤편에 매복하여 기다리고 있던 공자 삭의 자객들은 뱃머리에 나부끼는 백모 깃발만을 보고 배에서 내린 사람이 세자인 줄로 알았다. 긴 휘파람 소리를 신호로 일제히 언덕 아래로 뛰어 내려갔다. 난데없는 도적들의 출현에 수행원들은 사색이 되어 몸을 떨었다. 자객 하나가 몸을 날리며 칼을 휘둘렀다. 순간, 허공에 한줄기 선혈이 분수처럼 뿜어져 오르며 세자 대신 공자 수가 장렬히 죽고 말았다. 이 광경을 보고 있던 수행원들은 혼비백산하여 일시에 달아나 버렸다.

그 시각, 세자는 술에서 깨어나고 있었다. 정신을 차리고 일어나보니 공자 수의 모습이 보이질 않았다. 좌우를 둘러보며 물으려는데, 한 수행원이 공자 수의 간찰簡札을 건네 바쳤다. '동생이 대신 갑니다. 형님은 속히 피하십시오'라는 말만 적혀 있었다. 비로소 공자 수의 진정한 의도를 알아챈 세자는 자신도 모르게 눈물을 주르르 흘렸다.

세자는 남은 수행원들을 다그쳤다. 노 젓는 속도가 두 배로 빨라졌다. 강변의 새들이 그 서슬에 놀라 서쪽 하늘 저편으로 흩어져 날아갔다. 어느 덧 해가 떨어지고 달이 솟아올랐다. 달빛은 유난히도 밝았다. 물결이 갈라질 때마다 달빛 또한 산산이 부서져 나갔다. 그 조각나는 달빛은 마치 세자의 마음을 말해 주는 듯했다. 세자는 초조한 마음을 이기지 못하고 뱃머리에 서서 앞만 바라보았다.

얼마나 그렇게 나아갔을까. 문득 달빛 저편으로 한 척의 배가 나타났다. 가까이 갈수록 그 배의 형체는 뚜렷이 드러났다. 공자 수의 배였다. 세자는 뛸 듯이 기뻐하며 환성을 질렀다. 그때 곁에서 서 있던 수행원 하나가 고개를 갸웃거리며 '저 배는 가는 배가 아닙니다. 이쪽을 향해 오는 배입니다.' 그제야 세자도 저쪽 편 배의 움직임이 이상함을 느꼈다. 다시 마음이 급해졌다. 두 배는 점점 가까워졌다. 돛과 뱃머리가 달빛에 환하게 드러났다. 갑판 위 사람들의 형상을 알아볼 수 있을 정도가 되었다.

그런데 눈앞에 드러난 배 갑판 위에는 낯선 사람들만 서 있을 뿐 공자 수의 모습은 보이지 않았다. 세자는 짐작되는 바가 있어 뱃머리를 그 배의 뱃머리 쪽으로 붙이게 한 후 큰 소리로 외쳐 물었다. "주공께서 명하신 일은 잘 마쳤느냐?"

공자 수의 배 위에 있던 자객들은 세자를 공자 삭이 보낸 사람인 줄로 알았다. 우두머리 되는 자가 나무함을 높이 쳐들며 자랑스러운 듯이 대답했다.

"여부가 있겠습니까? 단칼에 목을 베어 지금 돌아가는 길입니다."

세자는 가슴이 서늘해졌다. 대답 대신 훌쩍 뛰어 자객들이 탄 배로 옮겨 탔다. 빼앗듯 우두머리로부터 나무함을 건네받아 뚜껑을 열었다. 아아, 혹시나 하는 마음으로 나무함을 열어보았으나, 하늘은 그의 실오라기 같은 기대를 저버렸다. 그 안에는 공자 수의 잘린 머리가 자는 듯 눈을 감고 있었다. 세자는 자리에 주저앉아 공자 수의 머리가 담겨 있는 나무함을 끌어안고 크게 통곡하였다.

세자가 자리에서 일어나며 자객들에게 외쳤다.

"너희들은 나를 잘 보아라. 내가 바로 세자 급자이다. 내가 불효하여 부친에게 죄를 지어 부친이 나를 죽이라고 한 것인데, 너희들은 어찌하여 나의 동생 수를 죽였는가. 내 동생은 아무 죄가 없다. 너희들은 어서 나의 목을 베어 임금에게 갖다 바치고, 사람 잘못 죽인 죄를 빌도록 하라."

이 말에 자객들이 깜짝 놀랐다. 마침 자객들 중에 세자 급자의 얼굴을 아는 자가 있었다. 이에 자객들은 재빨리 칼을 뽑아 세자의 목을 향해 내리쳤다. 자객들이 세자의 머리를 주워 공자 수의 머리와 함께 나무함 속에 넣는 동안, 수행원들과 종복들은 배를 저어 달아나버렸다.

공자 수가 죽었다는 소식에 충격받은 선공은 화병이 들어 숨을 거두었고 수의 친동생인 삭이 뒤를 이어 위나라 혜공이 되었다. 혜공은 사악해서 평소 세자와 수를 모함했다는 사실을 알고 백성들은 그를 따르지 않았다.

위선공의 재위 기간 19년을 고려해 보면 선공이 즉위한 후에 태어난 혜공은 즉위했을 때 미처 20세도 되지 못했다. 즉 10대에 이미 형들을 헐뜯고 모함하여 사지에 몰고 다닌 것이다. 이에 급자의 동생이었던 검모가 우공자 직 등의 협조를 얻어 반란을 일으켜 혜공을 몰아내고 스스로 군주가 되었다. 위나라 사람들은 제나라가 두려워 선강을 죽이지는 못하고 별궁에 가두었다.

이때 제나라 양공은 누나인 선강을 위해 위선공의 아들이자 급자의 동생인 소백 석과 재혼하게 하였다. 제양공의 사촌 동생 공손무지는 제나라 사신의 자격으로 위나라 공자 검모와 그 신하들에게 제양공의 부탁을 전했다. '공자 석과 선강을 함께 살도록 결혼하게 해주시오'라는 것이었다. 별궁에 갇혀 언제 죽을지 모르며 암울한 생활을 하던 선강은 여종으로부터 이러한 소식을 듣고 대단히 기뻐했다.

그러자 소백 석은 천하의 절색이긴 하나 아버지의 아내이고 서모이며, 어머니 이강과 친형인 급자의 원수인 선강과 결혼하고 싶은 마음이 전혀 없었다. 이런 사실을 알고 있던 선강이 미리 소백 석을 만취시킨 뒤에 함께 잠자리를 같이했다. 술에 취해 잠자리를 한 여자가 자신이 그토록 증오하던 선강인 것을 안 소백 석은 체념했다. 소백 석은 목숨을 부지하기 위해서 형수가 될 뻔한 서모인 선강과 결혼할 수밖에 없었다.

선강은 소백과 결혼한 이후에 아들 둘과 딸 둘을 두었다. 아들로는 대공신, 문공 훼 형제, 딸은 각각 송환공, 허목공 등의 부인이 되었다. 동생인 문강, 애강과 달리 선강은 언제 죽었는지 알 수 없으나, 이후 위나라의 역사는 대단히 혼란스러워졌다. 위혜공이 죽자, 그의 아들 적이 뒤를 이어 의공이 되었다. 의공은 제환공과 싸워 대패했으나, 뇌물을 바쳐 화평했다. 그런데 의공은 정통성이 부족했는데, 아버지 위혜공이 자기 형들을 참소하여 죽게 하고 임금이 되었으며, 의공 자신은 사생활이 문란하고 사치하며 특히 학덕후였다. 덕후는 한 분야에 미칠 정도로 빠진 사람을 일컫는데, 학을 대신들처럼 대우하여 작위를 주고 녹봉을 주어 인심을 잃게 되었다.

위혜공의 아들 위의공은 주혜왕 9년에 군주 자리에 올라 9년 동안 재위했다. 놀면서 마음껏 즐기고 천성이 게으르고 오만하여 나라의 일을 돌보지 않았다. 그가 가장 좋아한 것은 새 중에서 학이었다. 부구백浮邱伯은 「상학경相鶴經」에서 다음과 같이 말하였다.

학은 양조陽鳥이면서 음지에서 놀기를 좋아한다. 쇠의 기운으로 인하여 불의 정령을 받아 스스로 양생陽生한다. 금수金數는 아홉이고 화수火數는 일곱이다. 그러므로 학은 7년에 한 번 적게 자라고 16년에 크게 자라 160년이 되면 성장이 멈추고 1600년이 되면 그 모습을 다 갖추게 된다. 몸은 깨끗한 것을 좋아하므로 그 빛깔이 희다. 그 소리가 하늘에 들리므로 그 머리가 붉고, 물을 먹으므로 부리는 길다. 땅에 살기 때문에 그 발은 길고, 구름 사이로 날기 때문에 털은 많지만 살은 여위었다. 목구멍이 커서 토할 수 있고 목을 늘리어 새로운 것을 받아들이므로 그 수명은 헤아릴 수 없이 길다. 가는 곳은 반드시 모래 섬이나 강가이며 숲의 나무에 모이지 않으니, 대개 새 중에 으뜸이라 신선들이 타고 다니는 것이다. 좋은 학의 모양은 코가 높고 부리가 짧으면 잠이 적고, 다리는 길고 뼈마디가 성글면 힘이 세며, 눈이 튀어나오고 눈알이 붉어야면 곳을 능히 볼 수 있다. 날개는 봉황과 같고 털은 참새와 깃털과 같아서 날아다니는 것을 좋아하며, 등은 거북이고 배는 자라 같아 능히 새끼를 잘 낳을 수 있다. 앞이 가볍고 뒤가 무거워야 춤을 잘 출 수 있으며, 발뼈가 넓고 발뒤꿈치가 가늘어야만 잘 걸을 수 있다.

학은 빛깔이 깨끗하고 모양이 맑으며 춤을 잘 추어서 위의공은 그것을 좋아했다. 속언에, '윗사람이 좋아하지 않으면 밑에 사람은 구하려 하지 않는다'라는 말이 있다. 위의공이 학을 지나치게 좋아했으므로 학을 가져다 바치는 사람들에게 모두 많은 상금을 주었다. 사냥꾼들이 백방으로 그물을 설치하여 잡은 학을 가지고 와서 바쳤다. 동산이나 궁정 곳곳에 학을 길러서 수백 마리가 넘었다. 위의공은 기르는 학에게 모두 품계와 봉록을 정하고 가장 좋은 학은 대부의 봉록을 주고, 그다음 학에게는 사士의 봉록을 주었다. 위의공이 성 밖으로 놀이를 나갈 때는 학들도 또한 반을 나누어 따라갔다. 큰 수레의 앞에 태우고 '학장군'이라고 부르게 했다. 학을 키우는 사람들에게도 역시 봉록을 내렸다. 백성들에게 세금을 많이 거두어 학들을 키우는 데 충당하고, 백성이 굶거나 얼어서 죽어도 전혀 구휼하지 않을 정도였다.

기원전 660년 12월에 적이 쳐들어오자, 병사를 일으켜 막으려 했으나, 백성들은 징집을 거부했다. 대신들도 학이 대신 가서 막으라고 비꼴 정도였으며 의공은 대신 석기자, 영장자에게 도성을 지키게 하고 거공에게 융차의 지휘를 맡기고 자백을 차우로 삼고 황이를 선봉, 공영제를 후군으로 삼아 형택에서 적과 싸웠으나 참패하고 살해당했다.

의공이 살해당하고(의공의 아들 개방은 일찍이 제환공을 섬겨 제나라에 있었다) 수도 조가는 엉망이 됐으며 살아남은 백성들은 겨우 5천 명이 되었다. 당시 위나라 사람들은 급자를 동정했으므로 급자의 후대를 옹립하려고 했지만 요절했고, 공자 수의 후손이 없어서 결국 급자의 조카이자 선강의 3남인 신을 위대공으로 옹립했다. 제환공은 공자 무휴에게 병사들과 물자들을 수송하게 해서 위나라를 원조했다. 그러나 대공은 즉위하고 얼마 못 가 죽었으므로 아우 훼가 뒤를 이으니 그가 위문공이다.

선강의 둘째 아들 문공은 상중에나 입는 거친 베옷을 입고 거친 명주로 지은 모자를 쓰고, 임업 · 농업 · 상업 · 공업 · 교육 · 학문 진흥에 힘쓰며 능력 있는 자를 임용하고 조세를 줄이고 스스로 일하며 백성들과 함께 괴로워하며 흩어진 위나라 민중을 거두어들였다. 이러한 문공의 노력에 힘입어 즉위 초에는 30승에 불과하던 병거가 재위 말년에는 300승이 되었다(시대에 따라 조금씩 다르지만 전차 1승당 보병이 최소 30명 이상, 보통 70~100명이 편제되므로 천승지국千乘之國이란 단독으로 치중을 포함 수만에서 10만에 가까운 대군을 동원할 수 있는 국가를 뜻한다. 의공 사망 직후 병력은커녕 백성이 5천 명이었는데 대공에서 문공 시기를 지나 병력이 최소 1만에서 수만에 이르렀으니 문공은 성공적으로 위나라를 다시 재건한 것이다).

기원전 658년, 제환공이 제후들을 거느리고 위나라를 위해 초구 땅에 도성을 재건해 주었다. 문공은 이후 형나라를 정복하는 등 위나라를 재건하는 데 여생을 보냈다.

2.

노나라를
문란케 한
문강

1) 제아와 문강의 오누이 불륜

주나라 무왕이 은나라 주왕을 정벌하고 나자 주공 단을 곡부 땅에 제후로 봉했다. 그러나 주공 단은 제후국인 곡부 땅에 부임하지 않고 주나라에 남아 무왕을 보좌하였다. 대신 주공의 아들 백금이 노나라를 봉토로 받았으니, 이 사람이 노공이다. 노나라는 이후 백금의 8대손인 혜공이 11번째 왕위에 올랐다.

원래 혜공의 첫 부인은 송나라 사람 맹자였는데 그에게는 아들이 없었다. 그런데 맹자를 따라온 시녀 성자가 혜공의 사랑을 받아 아들 식을 낳았다. 식이 어른이 되어 송나라에서 부인을 맞이하게 되었다. 송나라 여자가 노나라에 왔을 때, 혜공은 욕망에 눈이 어두워 그녀의 미모에 빠져 그만 아들의 여인을 빼앗아 자기 아내로 삼고 아들 윤을 낳았다. 송나라 여자를 정식 부인으로 올리고 윤을 태자로 삼았다. 마침내 혜공이 죽자, 윤은 아직 어린아이였기 때문에 노나라 사람들이 모두 식으로 하여금 섭정하도록 하였으나, 왕의 자리에 올랐다고 말하지는 않았다.

어느 해 겨울, 노나라 대부 공자 휘가 은공인 식에게 아첨하며 말했다.

"백성들이 당신을 받들었기에, 당신께서 드디어 왕위에 오를 수 있었던 것입니다. 저는 당신을 위하여 태자 윤을 죽이고자 하니 당신께서 저를 재상으로 삼아주십시오."

그러자 은공이 말했다.

"이전에 임금의 명이 있었는데, 태자 윤이 어렸으므로 내가 그를 대신하였던 것입니다. 이제 태자 윤이 성장하였으니, 나는 바야흐로 토구의 땅에 집을 짓고 노년을 준비할 것이며, 태자 윤에게 정권을 넘겨줄 것입니다."

공자 휘는 태자 윤이 이 말을 듣고 오히려 자기를 죽일까 두려워하여, 태자 윤에게 은공 식을 모함하여 말했다.

"은공이 드디어 왕의 자리에 오르려고 그대를 죽으려고 하니, 그대는 이 점을 잘 생각해 보십시오. 그대를 위하여 은공을 살해하도록 하겠습니다."

태자 윤이 그렇게 하도록 했다. 은공은 종무제를 지내고, 사포라는 동산에서 재계하고는, 대부 위씨 집에 묵었다. 휘가 사람을 보내어 위씨 집에서 은공을 죽이고 태자 윤을 임금의 자리에 앉혔으니, 이 사람이 바로 노나라 환공이다.

한편 8대조부터의 원수의 나라인 기紀나라를 정벌하려다 실패하고 분을 이기지 못해 세상을 떠난 제나라 희공은 생전에 여러 아들과 딸을 두었다. 아들로는 제14대 군주인 제양공 제아를 비롯하여 공자 규, 공자 소백, 공자 팽생 등을 두었고, 딸로는 위나라 선공의 부인이자 선공의 아들 공자 석의 아내가 된 선강과 둘째 딸 문강, 그리고 애강, 숙강 등이 있었다.

언니 선강도 절세미인이었지만 그 동생인 문강文羹도 천하절색이라 해도 손색이 없을 만큼 빼어난 미모를 지니고 있었다. 문강은 날 때부터 정신이 가을 물같이 맑고, 얼굴은 부용芙蓉과 같이 아름다워서, 꽃에 비하면 꽃이 말을 하고, 옥에 비하면 옥이 향기를 내니, 참으로 절세가인이고, 고금의 국색이었다. 뿐만 아니라 고금의 일에 두루 통하고, 말을 입 밖으로 내면 바로 훌륭한 문장이 되었다. 게다가 문강은 총명하기까지 하여 고금의 경서를 읽지 않은 것이 없었다. 특히 그녀는 글을 잘 썼다. 말 한마디 한마디가 그대로 아름다운 문장이 되었다. 그래서 그녀의 이름이 문강文羹이 된 것도 이 때문이다. 이런 문강이 자신의 재능을 십분 발휘했다면 훌륭한 문장가로 명성을 얻었겠지만, 오히려 자신의 본능에 충실하여 세인들의 구설수에 오르내리게 된 것이다.

그리고 제희공의 세자 제아는 원래부터 주색을 밝히는 호색한이었다. 문강과는 비록 오누이 사이였지만 그 어머니는 각기 다른 이복동생 사이였다. 제아는 문강보다는 두 살이 많았다. 두 사람은 어렸을 때부터 궁중에서 함께 자랐기 때문에 서로 흉허물이 없는 사이였다. 문강이 점차 성숙함에 따라 옥돌로 빚은 꽃처럼 아름다운 숙녀가 되었다. 제아는 이런 문강에 대해서 호기심을 넘어 애정을 갖게 되었고, 문강의 아름다운 용모와 비상한 재능을 보고는, 어떻게 하면 문강을 자기 것으로 만들고자 하는 마음뿐이었다. 문강 역시 점점 요염하고 음탕한 본성이 있어 예의라고는 털끝만큼도 없는 여인이 되어, 말이 장난스럽고 저잣거리의 상스럽고 음탕한 이야기를 입에 올리는 데 전혀 거리낌이 없었다.

제희공 부부는 상황이 이런데도 그 자식을 너무 사랑하여, 미리 남녀의 분별과 윤리 규범을 가르치지 못한 탓에 후에 급기야 그 자식들이 금수와 같은 행위를 하게 한 원인을 제공하게 되었다. 결국 제아는 신하에게 살해되는 비운의 주인공이 되었고, 나라를 위태롭게 만든 재앙 또한 모두 이와 같은 요인으로 기인한 것이다.

제아도 자라면서부터 키가 크고 골격이 장대하였다. 게다가 얼굴은 분을 바른 것 같고 입술은 붉어서 타고난 상남자였다. 이런 두 사람이 어엿한 청년과 처녀가 되었으니 이성에 관심을 가지는 것은 당연했으나 애석하게도 같은 아버지 밑에서 태어나 오라비와 누이 사이가 되어 짝을 이룰 수 없는 처지였다. 그러나 지금껏 그들은 같은 장소에 머무르며 남녀의 구별도 없이 지내면서, 어깨를 맞대고 손을 마주 잡고 돌아다니는데 못 가는 곳이 없었다. 좌우의 궁인들 때문에 살을 맞대며 한 이불 속으로 들지 못했을 뿐이다.

문강이 나이가 차면서 더욱 그 미모가 빼어났다. 입과 눈가에 요염한 기운마저 감돌았다. 열다섯 살이 넘으면서 문강은 신체적으로 여자의 상징인 내면의 변화가 오고 있음을 직감했다. 공연히 사내만 보면 가슴이 뛰고 정신이 야릇해지는 몽롱한 기분에 자주 사로잡혔다. 그런 미모를 지닌 여동생의 변화를 여자를 밝히는 제아가 눈치채지 못할 리가 없었다. 그는 언제부터인가 남몰래 여동생 문강을 훔쳐보며 머릿속에 엉뚱한 상상을 하기 시작했다.

그러던 어느 날이었다. 별궁의 후원을 거닐던 중 제아는 기화요초가 피어 있는 화원 속에 문강이 홀로 앉아 있는 모습을 발견하였다. 아름다운 문강은 그야말로 그림 속의 미모의 여인 그 자체였다.

제아는 자신도 모르게 누가 없는지 주위부터 살폈다. 그는 문강이 앉아 있는 화원 속으로 들어갔다. 제아는 문강이 눈치채지 못하게 뒤로 돌아가 그녀의 두 눈을 손으로 가렸다. 깜짝 놀란 문강이 몸을 틀어 뒤를 돌아보았다.

"깜짝 놀랐잖아요."

문강은 살며시 웃었다. 그 웃음이 제아에게는 하나의 교태로 보였다. 그는 문강의 비음 섞인 웃음에서 참을 수 없는 욕정을 느꼈다. 자신도 모르게 손으로 그녀를 안고 있었다. 문강은 단 한 번의 손길에 몸과 마음이 한꺼번에 소용돌이에 휘말리는 느낌에 사로잡혔다. 그것은 자신의 힘으로는 도저히 거부할 수 없는 묘한 느낌이 들었다.

제아는 문강이 보여준 뜻밖의 반응에 한결 대담해졌다. 그는 문강의 허리를 껴안으며 그대로 꽃밭 속으로 넘어졌다. 문강 역시 제아의 등을 감싸 안으며 그대로 그를 받아들였다. 그렇게 해야 한다는 생각 외에는 그 어떤 생각도 들지 않았다. 마침내 아무도 없는 별당 후원에는 거센 폭풍우가 몰아쳤다. 꽃가지들이 갑자기 요동을 치고, 벌과 나비와 새들이 그 격정의 소용돌이에 휘말리듯 여느 때와 달리 날갯짓이 거칠고 요란했다. 그 순간 두 사람에게는 지금까지 느끼지 못했던 신비로운 새로운 세상이 열리는 순간이었다.

그날 이후 문강은 몸과 마음의 병을 심하게 겪었다. 기운이 없어 병상에 누운 채 밥도 물도 제대로 먹지도 못했다. 자도 자는 것이 아니고, 깨어 있어도 깨어 있는 것도 아닌 몽롱한 하루하루를 보냈다. 자신이 겪은 일이 마치 꿈을 꾼 듯 신비스럽기만 하였다. 그러다가 가끔 창밖에 비쳐드는 눈부신 봄 햇살을 바라보며 무엇인가를 목말라 갈증을 고대하고 있는 자신을 발견하곤 했다. 다만, 그 상대가 자신의 오라비인 것이 저주스러우리만큼 한스러울 뿐이었다.

제아 또한 그날의 격정을 잊지 못하고 있었다. 지금까지 접해 본 여인들과는 전혀 달랐다. 천하절색의 미모에 여동생이라는 혈연관계가 그를 더욱 걷잡을 수 없는 깊은 유혹으로 빠져들게 했다. 문강이 병상에 누웠다는 소식을 들은 제아는 문병을 핑계로 매일 규중에 드나들었다. 주로 밤 깊은 시각에 문강의 방을 찾았다. 문강의 이마를 짚어보던 제아의 손이 어느 틈에 가슴으로 내려가 있었다. 그럴 때면 문강은 또 다른 열기에 젖어 눈을 가늘게 뜨곤 하였다. 입술 사이로 뜨거운 숨결과 신음 소리가 자신도 모르게 터져 나왔다. 그것은 제아와 문강에게 또 하나의 비밀스러운 열락悅樂의 순간이었다.

그러던 어느 날 아버지 제희공이 문강의 방에 들렀다가 침상 앞에 앉아 있는 제아를 발견하고는 엄하게 꾸짖었다.

"남매간이라고는 하지만 자리는 구별해야 하지 않겠느냐? 차후로는 궁인을 보내어 문병하고, 이 방에는 일체 출입하지 말아라."

뭔가 둘 사이의 낌새를 눈치챘음인지, 얼마 후 제희공은 제아를 위해 송나라 공녀를 맞아들여 아내로 삼게 했다. 동시에 사자를 노나라로 보내어 노나라 환공에게 청혼했다.

"과인에게 나이 찬 딸이 하나 있습니다. 마침 노후魯侯께서 정실이 비었다고 하니, 혼사로써 두 나라의 돈독한 우의를 맺음이 어떠신지요?"

2) 제양공과 문강의 인륜에 벗어난 사련

노환공은 즉위 당시 나이가 많았으나 그때까지 정실부인을 두지 않았다. 노나라 공실은 다각적인 검토 끝에 제희공의 청혼을 받아들이기로 결정했다.

문강이 노나라로 시집을 가게 되었다는 말을 들은 세자 제아는 마음이 걷잡을 수 없이 요동쳤다. 그는 자신의 행위가 한때의 불장난이 아니라는 것을 문강에게 전달해 주고 싶었다. 이런 제아의 마음을 아는지 모르는지 문강은 노나라로 시집가게 되었다.

노나라로 시집간 문강은 노환공 사이에 아들을 낳았다. 노환공 6년에 문강이 아들을 낳았는데, 환공과 같은 날에 태어났으므로 이름을 동同이라고 했다. 태어난 날이 자신의 생일과 같았기 때문이었다. 세월이 흘렀다. 그동안 문강은 한 번도 친정인 제나라에 가지 못했다. 당시 여인들은 다른 곳으로 시집을 가면 일 년에 한 번 근친(覲親, 시집간 딸이 친정에 와서 친정아버지를 뵙는 것)이 허용되었다. 그것도 부모가 생존해 있을 때에 한해서였다. 부모가 죽으면 일체 근친이 허용되지 않았다.

노나라는 예의와 풍속이 엄한 나라였다. 아버지가 살아 있었음에도 그들은 공녀公女라는 이유로 문강에게 근친을 허락하지 않았다. 이로 인해 그녀는 더욱 오라비 제아를 그리워하였다.

그러는 사이, 제희공이 죽고 세자 제아가 군위에 올라 제양공이 되었다. 두 사람은 여전히 서로를 잊지 못했다. 제양공의 부인이었던 송녀宋女가 죽었다. 제나라 대부들은 제양공의 새 부인으로 주나라 황실의 왕희王姬를 거론했고, 제양공도 이 기회에 주 황실과 인척을 맺고 싶은 마음이 들었다.

이 무렵 결혼하려면 반드시 중매인을 두어야 했다. 그러나 오늘날의 중매인과는 그 성격이 사뭇 다르다. 신랑 측과 신부 측의 대리인 역을 담당함과 동시에 그 혼사를 끝까지 관장해야 하는 임무까지 포함하고 있다. 이를 주혼主婚이라고 한다.

주 황실과 가장 가까운 관계를 맺고 있는 나라는 주공 단의 후예인 노나라였다. '주혼자로서 노나라보다 적임자는 없습니다.' 신하들의 이 같은 권유에 제양공은 노나라에 사자를 보내 주나라 황실과의 혼사에 중매를 부탁했다.

노환공은 제양공과는 처남 매부 사이다. 굳이 제양공의 청을 거절할 까닭이 없었다. '혼사가 성사되도록 최대한 힘을 써보겠습니다.' 노환공은 제양공의 청을 수락하고 제나라의 뜻을 주 황실에 전했다.

주 황실에서도 그 뜻을 받아들여 시집보낼 왕희를 정하고 노나라를 주혼자로 지명했다. 모든 것은 일사천리로 진행되었다. 이제 남은 것은 혼례일을 정하는 일뿐이었다. 사자를 왕래시켜 날을 잡을 수도 있었으나, 노환공은 주혼자의 임무를 성실히 수행하고 신랑 측에 대한 예의를 지키기 위해 제양공에게 다음과 같이 통보했다.

'귀국을 방문하여 혼례에 대한 남은 일을 처리하고자 합니다.'

이러한 뜻을 전해 들은 제양공은 불현듯 다른 것에 생각이 미쳤다. 노환공의 부인, 즉 자신의 옛 연인이자 누이동생인 문강을 한번 만나 회포를 풀고 싶다는 욕망에 사로잡힌 것이었다. 그는 즉시 노환공에게 답신을 보냈다.

'귀후의 성심에 경의를 표하는 바입니다. 부디 제나라를 방문하시어 저의 작은 정성을 받아주시기 바랍니다. 오실 때 부인과 동행하시면 더욱 뜻깊은 자리가 될 것입니다.'

노환공과 문강을 함께 초대한 것이었다. 노환공은 제양공과 문강의 관계에 대해 전혀 알지도 못했고, 눈치 또한 채지 못했다. 그는 자신의 부부를 초대한 제양공의 뜻이 고맙기만 했다.

노환공은 아내 문강을 무척 사랑하고 아꼈다. 그날 밤 내궁에 들어 문강에게 제양공의 뜻을 그대로 전해 주었다.

"당신의 오라비는 참으로 다정다감한 사람인 모양이오. 이번에 우리 부부를 제나라로 초대하였소. 오랜만에 친정에 다녀오는 것이 어떻겠소?"

문강은 대번에 제양공의 속마음을 짐작했다. 문강은 시집오기 전에 느꼈던 제양공의 깊고 짜릿한 품이 그리워 몸이 달아올랐으나 애써 참았다.

"저도 어릴 적 뛰어놀았던 제나라 궁전을 한번 가 거닐고 싶습니다. 허락하시면 함께 다녀왔으면 합니다."

노환공의 제나라 방문에 문강도 동행한다는 소식이 궁정에 알려지자 몇몇 신하들이 반대 의사를 피력했다. 그중 대부 신수라는 사람은 지혜롭고 바른말도 곧잘 하였다. 그는 노환공을 찾아가 진심으로 간했다.

"여자에게는 남편이 있고, 남자에게는 아내가 있습니다. 이 두 사람 사이에는 서로 더럽힘이 없어야 합니다. 이것을 부부의 예라고 합니다. 그래서 옛날부터 아내는 안채에 머물고, 남편은 바깥채에 머무는 것입니다. 이것이 어긋나면 반드시 화가 생깁니다. 민간에서도 여자는 한 번 출가하면 부모가 살아 계실 때만 일 년에 한 번 근친을 갑니다. 하물며 궁실에서야 두말할 나위가 없습니다. 더욱이 부인은 친정에 부모도 계시지 않습니다, 오라비에게 근친 가는 것은 고금에 찾아볼 수 없는 일입니다. 우리 노나라는 예법을 숭상하는 나라입니다. 어찌 예를 무시하면서까지 행차할 수 있겠습니까?"

신수의 충고를 잘 알고 있는 노환공은 그를 달래며 빙그레 웃음을 머금었다.

"내가 이미 허락한 일이니, 그대는 너무 예법만 따지지 말라."

이윽고 노환공은 문강을 데리고 제나라를 향해 출발했다. 제양공은 노환공이 문강과 함께 제나라를 향해 오고 있다는 소식에 기쁨을 감추지 못했다. 문강을 볼 수 있다는 사실에 마음이 조급해진 그는 잠시도 궁중에 앉아 있을 수가 없었다. 그들을 마중하기 위해 낙수로 달려갔다. 낙수는 지금의 산동성 역성 땅에 있는 강 이름이다.

제양공은 그곳에서 이틀을 기다린 끝에 노환공 일행을 맞이했다. 그는 노환공을 영접하는 틈틈이 문강의 모습을 찾았다. 그러나 문강이 탄 수레에는 비단 휘장이 덮여 있어 그녀의 얼굴을 볼 수가 없었다. 노환공과 수레를 나란히 하여 도성인 임치성을 향해 출발했다.

이윽고 그들 일행은 제나라 궁성에 당도했다. 노환공이 신경을 써준 덕택에 왕희를 두 번째 부인으로 맞이하게 된 제양공은 노환공에게 재삼 감사의 말을 전했다. 노환공 부부를 대접하는 잔치가 궁 밖 영빈관에서 성대하게 베풀어졌다. 그 자리에서 제양공은 비로소 문강의 얼굴을 볼 수 있었다.

마침내 잔치가 끝났다. 제양공은 문강에게 다가가 일부러 큰 소리로 말했다.

"오래간만에 친정에 왔으니 옛날에 가까이 지내던 궁빈들도 만나볼 겸 궁으로 들어가 보는 것이 어떠냐?"

문강이 기다리던 말이었다. 그녀는 노환공의 승낙을 받고 제양공을 따라 궁으로 들어갔다.

그러나 그들의 발길이 향한 곳은 궁빈들이 거처하는 내궁이 아니라 외인 출입이 금지된 별궁이었다. 제양공은 미리 그곳에다 그들만의 밀실을 마련해 두고 문강이 오기만을 기다리고 있었던 것이다. 도리에 벗어난 남녀 간의 사랑의 주인공 제양공과 문강은 그들만의 밀실로 들어서자마자 기다렸다는 듯이 허겁지겁 옷을 벗어 던지고, 뜨거운 운우지정을 나누었다. 그들은 자신들이 오누이라는 사실도, 한 나라를 통치하는 임금과 또 한 나라의 통치자 왕후라는 사실도 모두 잊고, 욕망의 노예인 남자와 여자가되었다. 이 두 사람에게는 오로지 성적인 욕망을 충족하기 위해 상대를 갈구하는 욕정밖에 남아 있질 않았다. 그들에게는 사랑의 말도 필요 없었다. 서로 원했던 서로의 몸을 탐닉할 뿐이었다.

그 시각. 노환공은 궁 밖 영빈관에 마련된 방에서 문강을 홀로 기다리고있었다. 그러나 문강은 밤이 깊도록 좀처럼 돌아올 기미를 보이지 않았다. 어느새 삼경이 지나고 사경이 넘었다. 노환공은 끝내 잠 한숨 못 자고 앉아서 하룻밤을 밝혔다. 온갖 의심과 억측이 그의 가슴속을 흔들어 놓았다.

그는 솟아오르는 의심을 억누르려 애썼으나 시간이 흐를수록 그의 생각은 점점 의구심이 깊어만 갔다. 더 이상 견딜 수 없게 된 노환공은 시종을 불러 명했다.

"네가 제나라 궁에 들어가서 자세히 알아보고 오너라."

한참 후에야 시종이 돌아와 보고했다.

"모든 이에게 물어보았지만, 아무도 강부인을 뵙지 못했다고 합니다. 다만 한 궁인의 말이, 제양공과 강부인이 별궁으로 들어가는 것을 보았다고했을 뿐입니다."

노환공은 갑자기 머릿속이 하얘졌다. 당장에라도 제나라 궁으로 달려가고 싶은 마음이었으나 노환공은 국빈이다. 국빈으로 남의 나라 내궁까지들어가 볼 수가 없는 노릇이었다. 다만 문강이 돌아오기만을 기다리는 수밖에 없었다.

이런저런 의심을 하고 있는데, 문강이 파리한 얼굴로 돌아왔다. 아침 단장을 하긴 하였으나 어수선한 기색이 역력했다. 노환공은 조용한 음성으로 물었다.

　"지난밤엔 누구와 함께 술을 마셨소?"

　"오라비의 후궁인 연씨 부인과 함께 마셨습니다."

　"언제 술자리가 끝났소?"

　"오래간만에 만난 탓으로 얘기가 길어졌습니다. 아마도 밤이 제법 깊었을 때 끝났을 겁니다."

　"당신 오라비도 함께 술을 마셨소?"

　문강은 노환공이 자신과 제양공과의 관계를 눈치챘나 싶어 겁이 났다.

　"아무리 오라비기로서니 여인네 술자리에 어찌 남정네가 동석할 수 있겠습니까? 오라버니는 참석하지 않았습니다."

　이렇게 대답하면서 문강은 노환공의 안색을 살폈다. 그런데 노환공의 표정이 묘했다. 그런 노환공의 표정을 본 문강의 눈동자가 점점 불안한 마음을 가눌 수가 없었다. 갑자기 가슴이 꿍꽝거리고 걷잡을 수 없는 회오리 바람이 몰아쳐 오고 있음을 직감했다. 노환공의 입에서는 마침내 결정적인 말이 떨어졌다.

　"당신이 그 밀실에서 함께 잤다는 것을 나는 이미 알고 있소, 이런 데도 계속 거짓말을 할 작정이오?"

　문강은 눈앞이 갑자기 깜깜해지면서 아무것도 생각이 나지 않는 듯 머릿속이 멍했다. 이런 상황에서 무슨 할 말이 있겠는가. 그녀는 던지듯 몸을 바닥에 엎드리곤 흐느끼기 시작했다. 노환공은 그런 그녀를 차가운 눈길로 내려다보며 한마디 던지고 방을 나갔다.

"여기는 남의 나라이오. 그만 본국으로 돌아갑시다. 돌아가서 다시 얘기합시다."

제양공은 누이동생 문강과 꿈 같은 밤을 보내긴 하였지만, 뒤가 염려되어 마음이 편칠 않았다. 심복 궁인을 불러 영빈관의 동정을 살펴오게 했다. 영빈관을 다녀온 심복 궁인이 보고했다.

"강부인은 방 안에 들어앉아 울고 계시기만 합니다."

제양공의 머릿속은 빠르게 움직였다. 이제 노환공과는 원수보다 더한 관계가 될 것이고, 문강은 노나라로 돌아가면 어떻게 될지 눈에 보지 않더라도 짐작이 갔다. 제양공은 입술을 깨물었다. 그리고 뒷일 생각하여 즉시 동생인 공자 팽생을 불러 명했다.

"노환공은 너의 원수나 마찬가지이다. 내가 노환공을 위해 잔치 자리를 마련할 터이니, 잔치가 끝나거든 너는 노환공을 영빈관까지 모시도록 해라. 그때 은밀히 네 지난날의 원한을 풀도록 하라."

지난날 아버지 제희공이 기나라를 칠 때 팽생은 노환공이 쏜 화살을 맞고 죽을 뻔한 일이 있었다. 그 후 그는 노환공을 원수처럼 여겨왔다. 제양공이 팽생에게 원한 운운한 것은 바로 이것을 두고 말하는 것이다.

팽생은 아름드리 생나무를 뿌리째 뽑을 정도로 힘이 센 이름난 장사였다. 또 우직하여 형 제양공이 시키는 일이라면 어떤 일이든 마다하지 않았다. 그런 그에게 노환공의 처리를 맡긴 것이다.

다음 날, 제양공은 귀국하겠다는 노환공을 위해 임치성 교외의 우산에다 연회장을 마련했다. 노환공은 연회에 참석할 기분이 아니었으나 거절할 명분이 없었다. 마지못해 연회장으로 향했다. 문강은 영빈관 숙소에 그대로 머물러 있게 했다. 잔치는 전에 없이 성대했다. 노래와 춤이 끊일 새

없이 이어졌다. 제양공은 아무 일도 없었다는 듯 연신 노환공에게 잔을 권했다.

노환공은 분노를 삭이듯이 제양공이 건네는 술잔을 모두 받아 마셨다. 잔치가 끝났을 때 노환공은 너무 취하여 몸도 제대로 가누지 못할 지경이 되었다. 팽생이 휘장 수레를 대기시켜 놓고 있다가 노환공을 들어 안아 태우고는 영빈관으로 향했다. 한 2리쯤 달렸을 때였다. 팽생은 몸을 가누지 못하는 노환공을 부축하는 척 팔로 가슴을 감싸 안았다. 그러고는 힘껏 힘을 주었다. 그가 얼마나 힘이 장사였으면 역사라는 칭호가 붙었을까? 반면 나이 많고 허약한 노환공의 가슴은 병약한 여자보다 연약했다. 팽생의 팔에 힘이 가해지는 순간 노환공의 가슴 부위에서 이상한 소리가 들렸다. 갈비뼈 부러지는 소리였다. 그런데 팽생이 힘을 너무 주어 부러진 갈비뼈가 안으로 파고들어 심장을 찔렀다. 노환공의 입에서 순간 비명이 터져 나왔다. 그리고 그것으로 끝이었다. 노환공의 몸은 축 늘어진 채 수레 바닥으로 굴러떨어졌다.

이미 제양공과 문강의 문란한 불륜은 주변 사람들이 눈치채고, 알 만한 사람은 다 알고 있었다. 좋게 끝나지 않으리라 예감했던 노환공의 수행원들은 대번에 수레 속의 일을 짐작했다.

천하절색으로 요염하기로는 춘추시대에 선강과 문강 두 자매를 따를 수 없었다. 언니 선강은 시아버지와 의붓아들과 맺어서는 안 될 관계를 맺었고, 동생 문강은 시집간 왕후이면서 옛정에 못 잊어 오라비와 떳떳하지 못한 관계를 맺었으니, 사람으로서 행할 도리는 아니다. 그리고 선강의 남편 위성공과 문강의 정부인 제양공도 인륜을 저버리면서까지 자신의 욕망을 채웠으니 당연히 하늘의 벌을 받을 수밖에 없었다.

노환공의 피살 소식은 즉각 노나라에도 전해졌다. 노나라 대부들은 한결같이 분개하였다. 당연한 일이었다. 자국의 임금이 다른 나라에서 살해 당한 것이 아닌가? 노나라 사람들이 제나라 군주에게 알려 말했다.

"우리 군주가 당신의 위엄을 두려워하여 감히 편안히 머물지 못하고, 호의적인 예절을 다하였습니다. 예절을 다하고도 돌아오지 못하였으나, 죄를 꾸짖을 곳이 없습니다. 청컨대 팽생을 잡아들여 제후들 사이에 퍼져 있는 더러운 소문을 없애주십시오."

제양공은 회심의 미소를 지었다. 곧 사람을 보내 팽생을 궁 안으로 들어오게 했다. 팽생은 노환공을 살해한 것을 마치 전쟁터에서 큰 공이나 세운 것처럼 여기고 있었다. 제양공의 신임을 확실히 얻었다고 생각했다. 그가 자랑스럽게 궁정 안으로 들어섰을 때였다. 제양공은 노나라 사자를 흘깃 쳐다본 후 팽생을 향해 큰 소리를 내질렀다.

"노나라 임금께서 많이 취하셨기에 잘 모시라 명했거늘, 너는 어찌하여 시중을 잘 들지 않고 갑자기 세상을 떠나게 했단 말이냐. 냉큼 저놈을 묶어 시장에 나가 목을 베도록 하라."

상을 받아도 모자랄 형편에 참수형이라니, 팽생은 잠시 어리둥절한 표정으로 서 있었다. 그러나 팽생 역시 이런 일에는 순순히 당할 사람이 아니었다. 치를 떨며 분노했으나 상황이 너무 늦었다. 주위 분위기로 보아 자신이 살아날 희망은 전혀 없었다. 한순간, 팽생의 눈에서 기묘한 광채가 뿜어져 나왔다. 그는 자신을 끌어내기 위해 달려오는 무장 병사들을 보고는 궁정 밖의 사람들도 다 들릴 정도로 큰 소리로 외쳐댔다.

"이 어둡고 어두운 양공아! 여동생과 잠자리를 같이 하고 매부를 죽인 놈이 누구냐. 바로 네놈이 아니더냐. 그런데 이제 나에게 죄를 뒤집어씌우

려 하다니, 금수만도 못한 놈이란 바로 네놈을 두고 하는 말이다. 너라고
끝이 무사할 줄 아느냐. 내 이제 죽는다마는 반드시 귀신이 되어 네 목숨
을 거두러 올 것이다."

돌발 사태였다. 제양공은 당황했다. 세상에 밝혀져서는 안 될 일들이 지
금 팽생의 입에서 마구 쏟아져 나오고 있는 것이었다.

"아니, 저 저자를 빨리 끌어내 목을 베지 않고 무엇들 하고 있느냐!"

제양공은 악쓰듯 외쳤다. 그사이 무장 병사들이 재빨리 달려들어 팽생
을 밖으로 끌어내 기어코 목을 베었다.

일단은 자신들의 뜻대로 팽생을 처단하는 데 성공한 노나라 중신들은
비로소 노환공의 시신을 노나라 교외로 모셔 후하게 장사 지냈다. 그런 후
에 노환공의 아들이자 문강의 소생인 세자 동을 군위에 올리니, 그가 노장
공이다. 장공의 어머니 문강은 제나라에 머물고 있었으므로 감히 노나라
로 돌아오지 못했다.

백성을 대할 면목이 없었던 문강은 두 나라 접경에 있는 작이란 고을에
머물렀다. 제양공이 이 기회를 이용하여 문강을 찾아 이제 거리낌 없이 서
로 욕정을 채웠다. 제양공 8년에 제나라는 기나라를 쳐서 멸망시켰다. 선
대의 원수이기도 했지만 새로 제위에 오른 노장공에 대한 무력시위이기도
했다.

3) 제양공과 문강, 사련의 결말

이제 그의 나이 13세. 주 장왕 3년. 노환공 18년. 제양공 4년. BC 694년
의 일이었다. 겨우 일을 수습하기는 했지만, 노나라 위신과 체면은 영 말이

아니게 되었다. 무엇보다도 난감한 것은 제나라와 주 황실과의 혼사가 아직 끝나지 않았다는 점이다. 이것이 노나라의 새로운 고민거리로 대두되었다. 어느 날, 노나라의 모신 시백은 모든 대부들이 지켜보는 가운데 노장공에게 물었다.

"우리 노나라에는 세 가지 수치스러운 일이 있습니다. 폐하께서는 그 수치를 알고 계십니까?" "세 가지 수치라니요?" "지금은 돌아가셨지만 노환공께서는 지난날 형님인 노은공을 죽이고 군위에 올랐기 때문에 세상 사람들이 다 좋지 않게 말하고 있습니다. 심지어는 주 황실로부터도 군위를 인정받지 못했습니다. 이것이 첫 번째 수치입니다." 13세 소년 노장공은 얼굴이 하얘졌다. 자신의 아버지인 노환공의 약점이 거론되었기 때문이었다. "두 번째는 무엇이오?" "옛날부터의 예법으로 제후의 딸은 다른 나라로 시집가면 그때부터 그 나라 사람이 됩니다. 선군의 부인 문강이 비록 제나라 공녀이긴 하지만, 우리나라로 시집왔기 때문에 지금은 노나라 사람이라고 보아야 합니다. 그런데 문강 부인께서는 아직 제나라에 머문 채 우리나라로 돌아오지 않고 있습니다. 이런 연유로 많은 사람들이 이 일을 흉보고 있습니다. 이것이 두 번째 수치입니다." "다음은요?" "세 번째로는… 우리 노나라는 주 황실로부터 주혼자의 임무를 부여받았습니다. 비록 노환공이 돌아가시고 주공께서는 상주의 몸이지만, 여전히 주혼의 임무는 띠고 있습니다. 그러므로 혼사를 끝까지 돌봐주어야 하는데, 그렇게 되면 원수의 혼사를 돌보게 되는 것이므로 우리는 천하의 웃음거리가 될 수밖에 없습니다. 그렇다고 모른 척하게 되면 왕명을 거역하는 것이므로 불충한 나라가 되고 맙니다. 이것이 바로 세 번째 수치입니다." 시백의 말을 듣고 난 노장공은 얼굴을 붉힌 채 고개를 끄덕거렸다. 상체를 앞으로 내밀며 물었다.

"그렇다면 이 세 가지 수치를 어떻게 해야 면할 수 있겠소? 그대는 이에 대한 대안책도 생각해 두었겠지요?"

"그러합니다. 신에게 이 세 가지 수치를 면할 방도가 있습니다. 폐하께서는 들어보시겠습니까?"

"말해 보시오."

"타인의 미움을 받지 않으려면 먼저 자신의 아름다움부터 가꾸어야 하며, 타인의 의심을 사지 않으려면 먼저 자신에 대한 신뢰부터 쌓아야 합니다. 비록 노환공께서는 오랫동안 군위에 계셨지만 주 황실로부터 정식으로 인준을 받지 못했습니다. 그러니 이번 혼시의 주혼자기 된 기회를 놓치지 말고 주나라 천자에게 청하여 노환공의 군위를 인정받으십시오. 그러면 노환공께서는 저세상에서나마 아름답지 못한 누명을 씻을 수가 있으며, 우리는 첫 번째 수치를 덜게 되는 것입니다."

"좋은 말씀이오."

"다음은, 제나라로 사람을 보내어 문강 부인을 정중히 모셔 오십시오. 그래야만 주공께서는 효를 행함에 있어 어그러짐이 없고, 두 번째 수치를 면할 수가 있습니다. 마지막으로, 왕희와 제양공의 혼사를 끝까지 맡을 것이냐 거절할 것이냐 하는 문제는 참 어렵습니다. 그러나 어찌 사람이 하는 일에 안 되는 일이 있겠습니까? 폐하께서는 먼저 제나라로 시집가는 왕희를 위해 교외에다 관사 하나를 지으십시오. 그리고 상대부를 시켜 왕희를 영접한 후 다시 제나라까지 전송해 보내십시오. 그때 주공께서는 상주의 몸임을 내세워 궁정 안에 머물러 계시면, 위로는 천자의 명을 거역하는 것이 없으며 아래로는 제양공의 혼사를 돌보는 것이므로 우리나라는 체면을 유지할 수 있습니다. 또한 상주로서의 예법에도 어긋남이 없게 됩니다. 이렇게 해야만 우리 노나라는 세 가지 수치를 모면할 수 있습니다."

시백의 말을 듣고 난 노장공은 무릎을 치며 감탄했다.

"신수가 말하기를, 그대의 지혜는 정나라 제족에 못지않다고 하더니 과연 그러하외다."

일은 신속하게 진행되었다. 노장공은 시백의 제안대로 상대부 전손생을 시켜 왕희를 맞아들인 후 제나라까지 데려다주는 한편, 제나라에 머물러 있는 어머니 문강을 데려오게 하였다. 이로써 노환공 살해사건은 마무리되고, 제양공은 예정대로 주나라 왕희와 혼례를 치렀다.

그러나 제양공은 여전히 여동생 문강과의 도리에 벗어난 사랑에서 헤어나지 못하고 있었다. 그는 문강을 떠나보내기 싫었다. 하지만 문강을 보내라는 노나라의 재촉을 거절할 명분이 없었다. 그러나 문강은 아들인 노장공의 얼굴을 대할 것을 생각하니 도저히 노나라로 돌아갈 마음이 생기지 않았다. 수레가 노나라와의 경계 지역인 작이라는 땅에 이르렀다. 잠시 말들을 쉬게 하는 중에 문강은 수레에서 내려 주변을 둘러보았다. 조용하고 아름다운 풍광이었다. 그때 그녀의 머릿속에 한 생각이 번개처럼 떠올랐다.

'제나라와 노나라의 접경지대에 살면 언제든지 양쪽 나라를 오갈 수 있지 않을까.'

문강은 곧 상대부 전손생을 불러 말했다.

"그대는 노나라로 가서 내 말을 전하여라. 나는 조용한 것을 좋아하기 때문에 노나라 궁으로 돌아가기가 싫다. 나는 죽은 후에나 노나라로 가겠다."

이 말을 전해 들은 노장공은 어머니의 마음을 짐작하고, 축구 땅에다 관사를 지어 여생을 그곳에서 자유롭게 지내게 해주었다. 노장공과 문강의 관계는 묘하다. 사사로운 정으로 말하면 자신을 낳아준 어머니지만, 대의로 말하면 아버지를 죽인 원수이다. 그러므로 문강이 노나라로 돌아갔다면 노장공과 문강의 사이에는 난처한 일이 많이 생겼을 것이다. 문강을 제나라와 노나라 사이에서 살도록 해준 것은 노장공으로서는 부친과 모친에게 모두 효를 행한 셈이다.

제양공의 새 부인이 된 주 황실의 왕희는 천성이 조용하고 정숙했다. 그 무렵의 왕녀나 공녀들이 비록 각 제후들 간의 정략에 따른 헌상품이나 희생물에 지나지 않았다고는 하지만, 그녀도 한 인간이요 한 여자였다. 그녀 나름대로 꿈이 있었고, 가정을 행복하게 추구하려는 마음도 갖고 있었을 것이다. 그런 희망을 품고 멀리 동쪽의 땅 제나라로 시집을 온 것이다.

그런데 왕희는 시집온 지 얼마 되지 않아 제양공의 잔인하고도 음탕한 성품을 알게 되었다. 특히 여동생 문강과의 불륜관계를 알았을 땐 하늘이 무너져 내리는 절망감을 느꼈다. 왕희는 남모르게 탄식하다가 마침내 병석에 누웠다. 그녀는 제양공에게 시집온 지 일 년이 채 안 되어 세상을 떠나고 말았다.

왕희의 죽음은 제양공에게는 차라리 잘된 일이었다. 그는 한 달이 멀다 하고 사냥을 나갔다. 그러나 그것은 어디까지나 핑계에 지나지 않았다. 그는 문강을 만나고 싶을 때면 언제든 사냥을 빌미로 기수 강변으로 나갔다. 그는 그곳에다 이궁을 짓고 축구에 있는 문강을 불러내곤 하였다. 두 사람은 지칠 줄 모른 욕정을 나누었다. 이제 제양공과 문강의 관계는 공공연한 것이 되었다. 두 사람 역시 굳이 숨기려 들지 않았다. 부부나 다름없이 행동했다.

기나라의 영토를 합병한 직후 제양공은 자신의 위세도 과시할 겸 친위대를 이끌고 문강이 머물고 있는 축구 땅으로 직행했다. 문강은 개선하는 제양공을 대대적으로 영접했다. 축구는 노나라 땅이었다. 제양공으로서는 마냥 그곳에 머무를 수가 없었다. 그래서 그는 문강을 데리고 제나라 영토인 작 땅으로 옮겨 그곳에서 매일 잔치를 베풀었다.

"이 기회에 생질과 친하게 지내고 싶구나."

제양공은 문강을 꼬드겼다. 생질이란 문강의 아들인 노장공을 가리킴이다. 그는 노장공을 작 땅으로 불러내어 완전히 그의 기선을 제압할 작정이었다. 제양공의 제안에 문강은 크게 기뻐했다. 그녀는 사람을 시켜 노장공에게 서신을 보냈다.

'너를 본 지가 오래되었구나. 얼굴도 볼 겸 긴히 의논할 일이 있으니 작으로 와주기 바란다.'

노장공은 어머니의 부름에 응하지 않는 것은 불효라며 즉각 작 땅으로 달려갔다. 문강은 노장공을 보자 외숙을 대하는 예로써 제양공에게 인사를 올리게 했다. 그것이 아니더라도 노장공은 정나라 임금인 자미를 죽이고 기나라를 멸망시킨 제양공의 서슴없는 무력적 행동에 두려움을 품고 있었다. 공연히 그의 비위를 건드리고 싶지 않았다.

노장공은 문강이 시키는 대로 아랫자리에 서서 제양공에게 절을 올렸다. 제양공은 한껏 기분이 좋아 노장공을 융숭히 대접했다.

"두 나라 사이에 혼사를 맺는 것이 어떻겠는가?"

"혼사라니요?"

노장공이 어리둥절해서 물었다.

"내 오라비에게 여동생이 있는데, 너와 짝을 맺어주고 싶구나."

제양공에게는 아직 시집을 가지 않은 여동생 둘이 있었다. 한 사람은 애강哀姜이요, 다른 한 사람은 숙강叔姜이다. 선군인 제희공이 죽기 전해에 낳은 딸들이다. 이해가 제양공 재위 8년째이니, 고작해야 나이가 열 살 안팎이었다. 반면 노장공의 나이는 열아홉 살. 문강의 제안을 받은 노장공은 선뜻 대답하지 못했다. 나이도 나이려니와 제양공의 여동생이라면 문강에게도 동생이 되질 않는가. 노장공에게는 이모이다. 어찌 그런 혼사가 있을 수 있겠는가.

"어째서 아무 말이 없느냐?"

문강의 채근에 노장공은 마지못해 대답했다.

"아무래도 나이가 너무 어린 것 같습니다. 또한 제나라 공녀와 저외는 어머니 혼인에 의해서 맺어진 친척이 아닙니까? 소자의 배필은 아닌 듯합니다."

"너는 어미의 친정을 비꼬는 것이냐?"

"그런 뜻이 아니옵고…."

"시끄럽다. 네가 어찌 나를 이렇게 대할 수가 있단 말이냐?"

"고정하십시오. 어머님의 분부에 따르겠습니다."

결국 노장공은 문강의 노여움을 가라앉히기 위해 그 혼담을 승낙했다. 이로써 애강이 노장공의 정부인으로 시집가고 숙강은 잉첩勝妾*으로 따라

---

* 잉첩(勝妾): 춘추시대에 유지된 결혼 풍습으로, 제후국 간에 정식 혼례를 치를 때 제후의 적녀(嫡女)와 함께 그 이복 여동생이나 조카딸 등을 함께 딸려 보내 귀첩(貴妾)을 삼게 하여 양국의 우호를 더욱 돈독하게 하는 동시에 정부인의 말벗이 되게 하였다. 따라서 잉첩은 여타의 첩실들에 비해 높은 대우를 받았고 그녀의 소생들도 일반 서자들과는 확연히 구분되면서 적장자 다음가는 지위를 누렸다. 보통은 동일 공실 내에서 서녀(庶女)나 직계 공녀(公女, 제후의 딸)들보다 신분이 다소 낮은 방계 친인척의 딸들을 수 명에서 많게는 수십 명 정도 잉첩으로 보내는 것이 일반적이었으나(그 경우 잉첩 사이에서도 본래 신분에 따라 서열 등급이 생기게 마련임), 경우에 따라서 신부를 보내는 제후국의 작은

가기로 의논을 마쳤다.

제양공은 한편 대부인 연칭과 관자보를 시켜 규구 지방을 지키게 했다. 제나라 도읍 임치의 외곽에 주둔 중이던 연칭과 관지보가 양공에게 상소를 올렸다. 집에 있는 노모를 봉양해야 하고, 사랑하는 처자식과 떨어져 지낸 지 너무 오래되었다는 등 각자의 사정을 호소하며 도성으로 돌아가게 해줄 것을 간청하는 내용이었다. 상소문을 받아 든 양공은 때마침 오이를 먹고 있었기 때문에 그들에게 이듬해 오이가 익을 무렵 임무를 교대해 준다고 약속했다.

그러나 이듬해 7월이 지나고 오이 수확이 다 끝나가도 후임자가 파견되어 오지 않았다. 이렇게 되자 두 사람은 양공에 대해 원한을 품게 되었다. 제양공의 사촌 공손무지는 어려서부터 제희공의 총애를 받아 양공과 동등한 대우를 받아왔다. 이에 불만을 품고 있던 양공은 군주의 자리에 오르자마자 공손무지를 하대하고 걸핏하면 못살게 굴었다. 더 이상 참을 수 없게 된 공손무지는 양공에게 불만을 품은 연칭과 관지보를 끌어들여 함께 반란을 모의했다. 연칭에게는 궁녀로 있으면서 총애를 받지 못한 사촌 여동생이 있었는데, 연칭은 그녀를 시켜 양공의 상황을 살피게 하며 말했다.

"일이 성공하기만 하면 너는 공손무지의 부인이 될 수 있을 것이다."

계절이 바뀌어 겨울이 될 무렵, 양공이 화려한 행렬을 이끌고 사냥에 나섰다. 그때 길가에 튀어나온 멧돼지 한 마리가 나타나자 시종이 외쳤다.

"팽생입니다."

죽은 팽생이 나타났다는 말을 들은 양공은 깜짝 놀라 화살을 당겼다. 돼

나라가 큰 나라에 딸려서 붙거나 정치적 영향을 강하게 받는 약소국들 중 동성(同姓)의 국가들이 공녀와 친인척 딸들을 상국(上國)을 위해 잉첩으로 보내기도 했다.

지가 사람처럼 일어서서 큰 소리를 내었다. 그 모습에 기겁한 양공은 겁에 질려 수레에서 떨어져 발목을 다치고 신발도 잃어버렸다. 양공은 시종을 시켜 찾아오게 했지만 결국 찾지 못했다. 화가 난 양공은 궁궐로 돌아온 뒤 신발을 관리하는 역인 불에게 삼백 대의 채찍 형벌을 내렸다. 불은 궁을 몰래 빠져나왔다. 공손무지와 연칭, 관자보 등은 양공이 상처를 입었다는 소식을 듣고 곧 그들의 무리를 이끌고 궁을 습격하려고 했다. 그때 채찍 삼백 대를 맞은 불과 마주쳤다. 불이 말했다.

"궁궐로 쳐들어가 놀라게 하는 것을 잠시 멈추십시오. 궁 안 사람들을 놀라게 하면 쉽게 들어갈 수 없습니다."

불이 말을 듣고, 그들은 궁 밖에서 기다리며 불에게 먼저 들어가 동정을 살피도록 했다. 불은 뜻밖에도 궁에 들어간 즉시 반란군의 침입을 알리고 양공을 문 사이에 숨겼다. 그리고 불은 궁중의 사람들과 함께 공손무지 등을 공격하였으나 뜻을 이루지 못하고 죽었다. 공손무지가 궁에 들어가 양공을 찾아 마침내 그를 시해하고 꿈에 그리던 왕위에 올라 제나라 임금이 되었다. 그러나 공손무지도 얼마 되지 않아 옹림이라는 지방에서 그에게 원한을 품고 있던 사람에게 암살되었다.

문강은 천성적으로 음탕한 여인이었다. 자신의 정부이자 오라비인 제양공의 참살은 그녀에게 큰 슬픔을 안겨주었다. 너무나 애통한 나머지 몸까지 쇠약해져 해소병에 걸렸다. 문강은 병석에 눕는 일이 잦았다.

효성이 지극한 노장공은 어머니의 병을 고치기 위해 백방으로 노력하던 중 거나라에 명의가 있다는 소문을 듣게 되었다. 그는 시종을 거나라로 보내 의원을 불러오게 했다.

이윽고 의원이 거나라로부터 와서 문강을 진맥했다. 그런데 오랫동안 남자에 굶주린 문강은 욕정을 참지 못하고 그 의원을 침상 위로 잡아끌었다. 그후로도 그녀는 의원을 계속 궁에 머물게 하고 잠시도 곁을 떠나지 못하게 했다.

몇 달 후에야 겨우 문강에게서 풀려난 의원은 도망치듯 거나라로 돌아갔다. 그러자 이번에는 문강 쪽에서 치료를 받아야겠다며 거나라로 달려가 그 의원 집에 묵었다. 의원은 문강의 끝없는 음욕을 만족시키느라 나날이 수척해 갔다. 이대로 가다가는 의원이 먼저 죽을 판이었다. 마침내 의원은 정력이 세다고 자처하는 장사 하나를 천거해 문강에게 붙여주고는 다른 곳으로 이사를 가버렸다.

이런 식으로 문강은 늙어가면서도 더욱 자신의 음욕을 즐겼다. 하지만 어떠한 사내고 제양공만큼 자신을 만족시켜 주지 못해 늘 한숨을 내쉬며 아쉬워했다. 그러던 그녀가 마침내 해소병이 심해져 임종을 맞게 되었다.

3.
애강의
잘못된 만남

노장공 24년. 이때 노장공의 나이 37세였다. 애강은 언니 문강의 주선으로 문강의 아들 노장공과 혼례식을 치르기 위해 노나라로 출발하였다. 그녀는 노장공의 어머니 문강의 여동생이기도 했으니 곧 이모가 되는 셈이다. 아울러 잉첩으로 애강의 동생인 숙강도 따라와 노장공의 부인이 되었다. 당시에는 춘추시대여서 제후들이 서로 이해관계에 따라 혈연관계에 있으면서도 결혼하는 경우가 종종 있었다.

동맹국의 맹주인 제환공 여동생 혼사였다. 그 어느 혼사보다 성대하고 화려하게 거행되었다. 노장공은 몸을 한껏 낮추어 신부를 맞이했다. 제나라가 맹주국이기 때문에 노장공으로서는 제환공에게 잘 보이기 위해 불가피한 예우였다.

그러나 이 혼례의 주인공인 애강으로 인해 노나라 공실에 또 한바탕 피바람이 몰아칠 줄은 아무도 몰랐다. 제희공의 자매들은 각 제후국을 기구한 운명으로 몰아넣은 미색을 타고났다. 첫째인 선강은 위나라 세자 급자에게 시집갔다가 시아버지 되는 위선공에게 보쌈당하다시피 하여 그의 부인이 되었고, 그 후에는 의붓아들인 공자 석과 가정을 이루지 않으면 안되는 비운의 삶을 살았다. 둘째 문강도 오라비 제양공과의 사련邪戀에 빠져 급기야는 남편인 노환공이 제나라 공자 팽생에게 살해당하는 불운을 겪었고 그것도 모자라 그녀의 음욕으로 비참한 생을 마감해야 했다. 그런데 이번에는 셋째인 애강도 두 언니처럼 노나라 최대의 위기를 불러일으키는 내란의 주역으로 등장하게 된다.

형제간의 순서를 가리키는 말은 백伯, 중仲, 숙叔, 계季이다. '백'이 첫째이고, '중'은 둘째, '숙'은 셋째, '계'는 넷째이다. '맹孟'이라는 말도 자주 쓰이는데, '맹'은 첫째라는 뜻이기는 하나 첩의 소생에게 붙이는 말이다. 즉 정실의 장남은 '백', 측실의 첫째는 '맹'인 것이다.

문강의 남편으로 제나라를 방문하였다가 타살된 노환공에게는 모두 네 아들이 있었다. 첫째가 공자 경보이고, 둘째가 노장공이며, 셋째가 공자 아, 넷째는 공자 우였다. 이 당시는 자字를 부여할 때 일반적으로 형제간 서열을 나타내는 말을 사용했다. 위의 네 형제도 마찬가지였다.

공자 경보의 자는 맹이다. 맹은 측실 소생 중 첫째를 가리키는 말이다. 공자 경보는 측실 소생이었기에 후계자에서 제외되었다. 둘째인 노장공의 이름은 동同, 그는 정실인 문강의 소생이다. 그래서 그가 공자 경보를 제치고 노환공의 뒤를 이어 제위에 올랐다. 셋째인 공자 아는 측실 소생이다. 공자 경보와 어머니가 같다. 그의 자는 숙叔. 그래서 사람들은 그를 숙아라고 불렀다. 넷째인 공자 우는 노장공의 친동생이다. 문강의 둘째 아들이었지만 전체 서열로는 막내이기 때문에 계季라는 자를 부여받았다. 사람들은 대개 그를 부를 때 계우季友라고 하였다.

노장공의 정실부인은 애강이다. 애강으로서는 오빠와 언니의 잘못된 사이를 모를 수가 없었고, 그런 언니의 친아들인 조카와 잠자리를 같이 하는 부부가 된 셈이다. 노장공은 이모인 동시에 부인인 애강에 대해 자연히 소원할 수밖에 없었다. 그래서 애강은 자식을 낳지 못했다. 따라서 노장공에게는 적자 소생이 없다. 대신 그에게는 여러 명의 측실 소생이 있었다. 첫째가 맹임 소생의 반이요, 둘째가 풍씨 소생의 신이며, 셋째가 숙강 소생의 계이다.

이렇듯 모든 측실이 노장공과의 사이에서 자녀를 생산하는데 유독 애강만은 자식을 생산하지 못하자 늘 마음이 허전했다. 노장공의 내궁 출입도 눈에 띄게 뜸해졌기 때문이다. 노장공은 처음부터 애강에게 관심을 두지 않았다. 아버지를 죽인 원수의 동생이고, 게다가 이모이기 때문에 사랑하는 마음이 움직일 수가 없었다.

애강은 남편인 노장공의 마음을 이해하면서도 은밀한 남녀 간의 잠자리를 외면하는 노장공이 한편으로는 야속했다. 물론 이모와 잠자리를 함께 하는 것 자체가 마음 한구석으로 거북했을지 모르겠지만, 이모이기 전에 부인이고 여자이기 때문에 사람의 본성을 지닌 그녀로서는 욕망을 억제할 수 없어 밤마다 외로움에 치를 떨었다. 애강의 성품은 본래 언니들을 닮아 교만하고 음탕하였다.

애강도 오히려 '근친상간 격'인 남편과의 부부관계보다는 차라리 아무런 관계가 없는 남편이 아닌 다른 사람에게 마음이 끌렸던 것이 어쩌면 당연했을지 모른다. 그렇게 되자 남편에 대한 죄의식과 혐오감, 또 자기에 대한 자학이 맞물려 마침내 그것이 세상에 대한 욕망의 분풀이로 표출되었다.

어느 날 우연히 남편 노장공의 이복형인 공자 경보를 만나게 되었다. 경보는 풍채와 골격이 우람하고 더구나 얼굴까지 알아주는 호남아였다. 그녀는 자신도 모르게 경보를 향해 인사인지 유혹인지 모를 눈웃음을 던졌다. 그 눈웃음에서 경보는 평상시 느끼지 못한 이상한 전율을 느꼈다. 두 사람의 마음이 통했다.

"오늘 저녁 잠시 제 처소에 들러주시겠습니까. 긴히 의논할 일이 있습니다."

이 순간을 놓치지 않고 애강이 스쳐 지나가며 작은 소리로 속삭였다. 경보는 그 속삭임의 은밀한 내용을 알 수 있었다. 그날 밤, 경보는 아무도 모르게 애강이 있는 처소를 찾았다. 이미 경보의 가슴은 마구 뛰고 있었다. 노장공의 사랑을 잃은 애강의 처소는 한적하기만 했다. 처소를 감도는 찬 공기 속에는 어딘지 모르게 쓸쓸함이 배어 있었다.

그런데 애강의 눈빛만은 달랐다. 무엇인가를 뜨겁게 갈망하는 눈에는 외로움에 가득한 눈빛이 초롱초롱 빛났다. 그것은 경보가 지금까지 한 번도 본 적이 없는 강렬한 흡인력을 지니고 있었다. 경보는 그런 애강의 눈빛을 바라보는 순간 남성이라는 본능이 일어났다.

선천적인 타고난 피는 어쩔 수 없었다. 애강은 생각보다 대담했다. '긴히 의논할 일이 있다'고 했지만, 딱히 그럴 만한 이유가 이 둘 사이에 있을 리가 없었다. 그녀는 반쯤 누운 자세로 문 앞에 서 있는 건장한 사내를 간절하게 응시했다. 방 안의 공기가 후끈하게 달아오른다고 느낀 순간, 갑자기 방은 어둠 속에 빠져들었다.

남자의 거칠고 뜨거운 숨결, 억센 손아귀의 힘, 온몸이 뒤틀리는 듯한 쾌감이 온몸에 짜릿하게 번졌다. 애강은 자신도 모르게 '아! 아!' 앓는 소리를 냈다. 그녀의 몸속에 뜨거운 불기둥 같은 것으로 꽉 차는 듯한 느낌을 받는 순간, 애강의 전신은 자신도 모르게 꿈틀거렸다. 몸 안에 불이 붙은 것처럼 뜨거워졌다. 견딜 수 없다고 생각했을 때 불기둥은 화산처럼 폭발했다. 그녀는 자신도 모르게 흐느끼기 시작했다.

다시 정신을 차렸을 때 두 사람은 지금까지와는 전혀 다른 남자와 여자로 변해 있었다. 이렇게 그들은 사랑의 포로가 되었다. 이 일이 있고 난 뒤로 매일 밤 경보는 애강의 처소로 아무도 모르게 숨어드는 일과가 되었다.

경보와 몰래 정을 통하면서부터 새로운 세계를 경험한 애강은 얼굴에 화색이 돌았고 진정 살맛이 났다. '이렇듯 인생이 신나는 것일 줄이야.' 그녀는 이러한 행복과 환락을 좀 더 오랫동안 유지하고 싶었다. 그래서 생각한 것이 노장공이 일찍 죽는다면이었다. 만약 그렇게 되면 경보가 노나라 임금 자리에 올라 이런 몰래 정을 통하는 불장난도 끝이 날 수 있다고 생각되었다. 다행히 노장공에게는 적자 소생이 없다. 더군다나 건강 또한 좋지 못했다. 노장공이 만일 죽는다면 손쉽게 자신의 정부인 경보가 왕위를 이어받을 수도 있는 것이다.

"어떻습니까? 나리께서 아예 이참에 노나라를 차지하시는 것이…."

애강은 진심으로 경보를 사랑했고, 그를 위해서는 무엇이든지 할 수 있었다. 이때부터 경보는 친동생인 숙아와 가깝게 지내며 자신의 세력을 하나씩 하나씩 키워나가기 시작했다.

그런데 노장공이 죽기를 바라는 애강의 소원을 알았는지 이듬해 여름, 노장공이 몸져눕게 되었다. 나이에 맞지 않게 병세가 심상치 않았다. 하루가 다르게 악화되어 급기야는 임금의 진료를 맡아보는 의사마저 고개를 저었다.

노장공도 자신의 병이 회복되기 어렵다는 것을 직감했다. '후사가 걱정이로다.' 그에게는 불행하게도 적자 소생이 없었다. 여러 아들이 있긴 했으나 모두가 후궁 소생이다. 당연히 맏이인 공자 반에게 군위를 물려주어야 하는데, 문제는 군위를 물려줄 유력한 공족들이 너무 많은 것이 탈이었다.

더구나 공자 경보와 숙아의 무리가 만만치 않았다. 그들은 어머니가 같은 형제이다. 만일 그들이 힘을 규합하면 노나라 공실의 제일 큰 무리가 된다. 이 생각에 미치자 노장공은 이 일을 하루빨리 정리하지 않으면 반이 위태롭다고 느꼈다. 그는 죽기 전에 해야 할 자신의 마지막 일이라고 굳게 결심했다.

며칠 후, 노장공은 이복동생인 숙아를 불러 그의 의중을 떠보았다.

"나의 병세가 심상치 않다. 내가 죽은 후 이 나라를 누구에게 맡기면 좋겠는가?"

대답하기에 앞서 숙아는 재빨리 머리를 굴리기 시작했다. 지금 공실에는 적자 소생이 없다. 공자라면 누구나 군위에 오를 수 있는 자격이 있는 것이다. 그러면 형제를 말함일까. 아들을 말함일까. 아니면 정말로 아직까지 마음을 정하지 못하고 있는 것일까.

"심각히 생각할 필요 없다. 다만, 참고로 들어두려는 것뿐이다."

노장공의 이 한마디에 숙아는 자신의 마음을 정했다.

"꼭 부자 상속이어야 한다고는 생각지 않습니다. 사직의 장래를 위해서라면 경륜이 있고 덕을 갖춘 사람이 군위를 이어야 한다고 사료됩니다."

"누가 경륜과 덕을 갖춘 사람인가?"

"경보 형님입니다. 그라면 능히 우리 노나라를 편안하게 할 것입니다."

"좋은 말이다. 그대의 의견을 깊이 생각해 보겠으니 그만 물러가라."

그날 밤, 노장공은 병상에 누운 채 많은 생각을 하였다. 날이 밝자 이번에는 자신의 친동생이자 막내인 계우를 불러들여 똑같은 질문을 던졌다.

"나의 병세가 심상치 않다. 내가 죽은 후 이 나라를 누구에게 맡기면 좋겠는가?"

"형님께서는 어찌하여 맏아들인 반을 버리려 하십니까? 저는 죽음으로써 반 공자를 받들겠습니다."

계우의 거침없는 말에 노장공은 잠시 눈을 감았다가 떴다.

"숙아는 경보 형님을 추천하던데, 그대 생각은 어떤가?"

"안 됩니다. 경보 형님은 경박하고 잔인하기만 할 뿐 덕이 없습니다. 임금의 재목이 아닙니다. 숙아 형님은 경보 형님과 친형제 사이입니다. 그의 말을 들어서는 절대 안 됩니다."

노장공은 대답 대신 고개를 끄덕이다가 느닷없이 엉뚱한 말을 던졌다.

"선공(노환공)께서는 그대 이름을 우友라 지어 주셨다. 그대는 그 의미를 알고 있는가?"

계우季友는 태어날 때부터 손바닥에 '우友'라는 글자 모양의 손금을 지니고 있었다. 그래서 이름을 '우'라 지었다. 이것을 어찌 본인인 계우가 모르겠는가.

그러나 노환공은 단순히 손금 모양 때문에 '우'라는 이름을 지어 준 것은 아니었다. '우友'는 '우佑'와 통한다. 군주의 오른편에 서서 보필하는 사람이 되라는 뜻에서 '우'라는 이름을 내렸다. 이 해석을 계우는 성장한 후에야 노장공을 통해 들었다.

'우라는 이름의 의미를 아는가?'

이 질문을 받는 순간 계우는 노장공의 뜻이 어디에 있는가를 알았다. 그는 고개를 숙이며 맹세했다.

"신이 반 공자의 오른편에 서겠습니다."

"내 명이 오래가지 못할 것이다. 사세가 급하다."

계우는 침전을 나오는 즉시 내관을 불러 지시했다.

"숙아 공자에게 가서 주공의 말씀을 전하라."

'공자 숙아는 대부 침무의 집에 가서 기다려라. 곧 과인이 특별한 분부를 내리리라.' 내관으로부터 말을 전해 들은 숙아는 희색이 만면해서 대부 침무의 집으로 달려갔다. 침무는 노장공이 아끼는 심복 대부 중의 한 사람이다.

술상 앞에 앉아 들뜬 마음으로 술잔을 기울이는 중에 궁에서 다시 내관이 나왔다. 내관은 술 한 병과 함께 계우의 편지를 내놓았다. 숙아는 편지부터 펼쳐 읽었다.

'주공의 명으로 공자 숙아에게 죽음을 내리노니, 공자는 이 술을 마셔라. 그리하면 그대의 자손은 대대로 자리를 지킬 것이나, 만일 복종하지 않으면 그대는 물론 그대 일가까지 도륙을 면치 못하리라.'

이 무슨 청천벽력과도 같은 소리인가. 내관이 가지고 온 술병은 짐주였다. 짐이란 뱀을 잡아먹는 새인데, 그 새의 깃털이 술에 들어가면 사람을 즉사시키는 맹독으로 변한다. 당시 사람들은 독주로서 이 짐주를 가장 많이 사용하였다.

편지를 다 읽고 난 숙아는 안색이 돌변했다. 생명을 부지하기 위해 재빨리 방에서 도망치려 했다. 그러나 이미 대부 침무는 힘센 장정들을 문밖에 배치해 놓은 뒤였다. 그는 계단을 내려가려는 숙아를 붙잡아 머리를 움켜쥐고 짐주를 귓구멍 속으로 들이부었다.

마침내 숙아는 온몸을 뒤틀며 몸부림치다가 아홉 구멍으로 피를 쏟으며 죽었다. 짐새의 독이 어찌나 독한지 그의 몸뚱어리는 삽시간에 검푸른 색으로 변했다. 숙아가 짐새의 독으로 죽은 지 며칠 후, 노장공도 세상을 떠났다. 재위 32년. 열세 살에 군위에 올랐으니 이때 그의 나이 45세였다.

1) 경보와 애강의 음모, 공자 반의 죽음

계우는 노장공과 약속대로 장조카인 공자 반을 받들어 군위에 올렸다. 그 자신은 재상이 되어 정권을 잡았다. 애강과 경보는 몸가짐이나 행동을 삼갈 수밖에 없었다. 공자 반이 왕위에 올라 노나라 공실은 안정되는 듯싶었다. 그런데 진짜 혼란은 이때부터 시작되었다.

그로부터 두 달 후인 그해 10월, 임금 반의 외할아버지인 대부 당씨가 죽었다. 반은 어릴 적부터 외조부의 사랑을 많이 받았으므로 그의 죽음을 조상하기 위해 당 대부 집으로 문상을 갈 것이 틀림없었다. 이 소식에 경보의 머리가 빠르게 돌았다. 이 기회를 지나칠 수는 없었다. 임금 반이 외할아버지를 문상하면 궁중은 비게 될 터였다. 경보는 계획을 행동으로 옮기는 데 빈틈이 없었다.

경보와 애강은 내색하지는 않았지만, 숙아의 죽음이 계우의 소행임을 익히 알고 있었다. 그러나 새 임금인 반이 버티고 있는 한 계우의 일당을 일소하기란 불가능한 일이었다. 그런 와중에 반이 궁을 나가 당 대부 집으로 문상을 간 것이다.

경보는 눈을 감고 생각에 잠겼다. 어떻게 하면 임금 반을 임금의 자리에서 내릴 것인가. 생각이 여기에 미치자 문득 한 인물이 떠올랐다. 지난해 공자 반에게 초주검이 되도록 얻어맞고 자신의 무리 중 한 사람으로 자청하여 들어온 어인(마구간을 관리하는 관원) 낙의 얼굴이었다. 그는 비밀리에 마구간지기 낙을 불렀다.

"너는 지난날 공자 반에게 곤장 맞던 일을 잊었느냐?"

지난해인 노장공 31년의 일이다. 그해 노나라에는 심한 가뭄이 일어 기우제를 올리기로 했다. 노장공은 이 일을 장남인 반에게 맡겼다.

기우제를 지내기 하루 전날이었다. 궁중의 말을 관리하는 낙은 수행원의 일원으로 반을 따라 양 대부 집으로 갔다. 마침 바깥 정원에서는 악사들이 모여 내일 기우제에 연주할 음악을 연습하고 있었다. 낙은 바깥 정원을 서성거리다가 안뜰 담장에 사다리를 걸쳐 놓고 궁중 악사들이 연습하는 모습을 구경하던 얼굴이 상당히 아름답고 귀엽게 생긴 양 대부의 딸 양녀를 발견하였다.

두 사람의 눈이 마주쳤다. 낙이 남몰래 손을 펼쳐 손가락을 까딱거리자 양녀는 살포시 웃었다. 낙은 그런 그녀를 보고 자신도 모르게 담장 밑으로 가까이 가 양녀를 올려다보며 당시 곡부 성안에 유행하는 연가를 부르기 시작했다.

아름다운 도화 꽃이여
추위에도 굽히지 않고 더욱 활짝 피었구나.
잊고 싶어도 잊을 수가 없음이여
담을 넘지 못하는 것이 한탄스러울 뿐이다.
아, 나에게 날개가 있다면
한 쌍 원앙새가 되고 싶어라.

그 노래를 들은 양녀는 더욱 깔깔대고 웃었다. 그런데 어찌 알았으랴. 그 양녀가 공자 반의 숨겨놓은 애인이었을 줄을. 안채에서 양 대부와 이야기를 나누고 있던 반이 정원으로 나오다가 양녀를 희롱하는 낙의 모습을 발견하였다. 공자 반의 얼굴이 사색이 되었다.

"저 마구간지기 놈을 당장 잡아 오너라!"

공자 반은 붙들려 온 낙을 엎드리게 한 후 친히 매를 들어 곤장 3백 대를 쳤다. 얼마나 심하게 때렸는지 낙의 엉덩이에 흘러내린 피가 땅바닥을 흥건히 적셨다. 낙은 겨우 목숨만 구한 채 초주검이 되어 집으로 실려 갔다. 이후 낙은 공자 반에게 깊은 원한을 품고 은밀히 세력을 키워가고 있는 경보의 무리에 입당했다.

경보의 물음에 낙은 입술을 깨물며 대답했다.

"제가 어찌 그날의 일을 잊을 수 있겠습니까?"

"필부라도 물 밖에 나온 교룡쯤은 능히 제어할 수 있다. 지금 새 임금인 반이 당 대부 집에 문상을 가는데, 그 경비가 어찌 궁중만 하겠느냐. 너는 어찌하여 당 대부 집으로 달려가 지난날의 원한을 갚지 않는 것이냐? 내 너를 가상히 여겨 특별히 알려주는 것이다."

"공자께서 도와만 주신다면 제가 어찌 그 일을 망설이겠습니까?"

그날 밤, 어인 낙은 날카로운 비수를 품속에 감추고 당 대부 집으로 갔다. 밤이 깊어 삼경이 넘었다. 낙은 힘이 센 역사일 뿐 아니라 몸이 날랬다. 담을 넘어 중문 옆의 나무 뒤에 몸을 숨겼다. 마침 어린 내시 하나가 임금 반의 자리끼를 뜨러 문을 열고 나왔다. 그 틈을 이용해 낙은 침실로 뛰어들어갔다.

임금 반은 잠자리에 들기 위해 신발을 벗으려던 참이었다. 별안간 문이 열리며 낙이 뛰어 들어오자 깜짝 놀라 물었다.

"네가 여기 웬일이냐?"

낙은 자신의 힘을 믿고 여유를 부렸다.

"지난날 곤장 맞은 원한을 갚으러 왔소."

순간, 반은 침상 머리맡에 놓아두었던 보검을 뽑아 낙을 향해 후려쳤다. 방심한 사이 일격을 당한 낙은 큰 상처를 입고 선혈이 낭자했다. 그러나 그는 소문대로 역사였다. 이를 악물고 몸을 던져 반을 넘어뜨린 후 품속의 비수를 뽑아 옆구리를 세차게 찔렀다. 반은 외마디 비명과 함께 그 자리에서 절명했다. 자리끼를 들고 침실로 들어오던 어린 내시가 이 광경을 보았다. 그는 재빨리 밖으로 달려나가 당 대부 집안사람들에게 이 일을 알렸다.

임금 반을 죽인 어인 낙은 도망치려 했으나 이미 큰 부상을 당했기 때문에 몸이 마음대로 움직여지지 않았다. 그는 마침내 달려온 당씨 일가의 병사들에 의해 무참히 살해되었다.

당씨 일가는 이 사건을 가장 먼저 재상인 계우에게 알렸다. 잠을 자다가 임금 반의 참변 소식을 들은 계우는 대뜸 모든 것이 경보의 소행임을 직감했다. 자신의 목숨마저 위험했다. 그는 재빨리 집을 빠져나와 진陳나라로 달아났다.

다음 날 아침이 되어서야 노나라 대부들은 임금 반이 시해당하고 재상 계우가 망명한 사실을 알았다. 모두 경보를 의혹의 눈길로 바라보았다. 그러나 경보는 시치미를 뗀 채 오히려 앞장서서 어인 낙의 가족들을 잡아 몰살시켜 버렸다. 이로써 경보는 하루아침에 노나라 공족 중 가장 큰 세력을 지닌 당으로 부상하게 되었다.

이를 가장 기뻐한 사람은 경보의 정부 애강이었다. 그녀가 바라는 바를 드디어 이룬 것이다. 두 사람은 이제 드러내놓고 어떤 사람의 눈치도 보지 않고 한 침상에서 그들의 욕망을 나누었다. 애강은 침상에서 경보를 안고 곰살맞게 속삭였다.

"이참에 아예 나리께서 군위에 오르는 것이 어떻습니까?"

"아직 공실에는 노장공의 아들인 신과 계가 있소. 이들을 제거하지 않고서는 임금 자리에 오를 수 없소."

"달리 생각해 놓은 계책이라도 있으신지요?"

"공자 신은 똑똑하고 나이가 많아 만만치 않을 것 같소. 우선은 나이 어린 공자 계를 군위에 올려 백성들의 이목을 속여야 하오. 그의 생모는 숙강이라 제나라에서도 이의를 제기할 수 없을 것이오."

숙강은 애강 자신이 노나라로 시집올 때 잉첩으로 따라온 자신의 동생이다. 따라서 제나라는 자신의 친정이 되는 셈이다. 그렇다면 공자 계는 자신의 조카로 군위에 오르는 데 아무 문제가 없을 것 같았다.

이렇게 서로 의논을 정한 경보는 임금 반의 죽음을 발상發喪하고 드디어 막내 조카인 공자 계를 군위에 올렸다. 이때 공자 계의 나이 여덟 살이고, 그가 노나라 제18대 노민공이다. 어인 낙에게 살해당한 반은 시호를 받지 못했다.

2) 노민공의 불안한 즉위

여덟 살의 어린 노민공은 그야말로 철부지 어린아이였다. 그리고 나랏일을 쥐락펴락하는 큰아버지 경보의 강한 눈빛이 무서웠다. 그가 시키는 일이라면 무조건 따를 수밖에 없었다.

이때 노민공의 태부(太傅, 세자의 스승)로 신불해라는 사람이 있었다. 신불해는 노민공이 늘 두려움에 떠는 모습을 애처롭게 여겨 몰래 한 가지 계책을 알려주었다.

"어찌 맹주국의 군주인 외숙에게 도움을 청하지 않으십니까?"

노민공의 어머니는 숙강이다. 숙강은 제환공의 여동생이므로 노민공에게 외숙이 된다. 춘추시대 제나라 16대 군주이자 최초의 패자로서 천하에 이름을 떨치고 있는 제환공의 힘을 빌려 경보의 세력을 견제하라는 신불해의 조언이었다.

"큰아버님께서 나를 제나라로 보내줄 리가 없질 않소?"

"주공께서는 새로이 군위에 올랐습니다. 제환공에게 즉위 인사를 한다는 핑계를 대면 경보 공자도 어쩔 수가 없을 것입니다."

"스승님의 말씀대로 따르겠습니다."

마침내 노민공은 제나라 고락이라는 땅에서 제환공과 회담을 가졌다. 아직 철부지 어린 소년 노민공과 이미 60줄에 접어든 천하 패자 제환공의 회담이라기보다는 알현이었다.

노민공은 그동안 복받친 서러움을 이기지 못하고 제환공의 옷소매를 부여안고 흐느껴 울었다. 제환공은 측은한 마음을 이기지 못하고 물었다.

"조카는 무슨 일이 있는가?"

"공자 경보의 세력이 워낙 세서 늘 두려운 마음을 금할 수 없습니다. 외숙께서 저를 도와주십시오."

"노나라에도 덕이 있는 인물이 있을 터인데, 지금 노나라 대부 중 가장 현명한 사람은 누구인가?"

"공자 계우가 현명하기는 하지만 진陳나라에 망명 중입니다."

"그렇다면 어찌하여 그를 불러들이지 않는가?"

"경보가 그를 해치려 하기 때문에 돌아오지 못하고 있을 뿐입니다."

"조카는 안심하라. 내가 계우 공자의 안전을 보장할 터이니, 지금 즉시 사람을 보내 그를 데려오도록 하라. 만일 경보가 허튼수작을 하면 내 패공의 이름을 걸고 그자를 가만두지 않으리라!"

그러고는 사람을 진나라로 보내 친히 계우의 귀국을 명령했다. 그제야 노민공은 제환공에게 감사의 절을 올리고 본국을 향해 떠나갔다. 그러나 여전히 두려운 마음은 가시지 않았다. 혼자서 돌아가기가 무서웠다.

"작은아버지와 함께 귀국하겠다."

노민공은 낭이라는 땅에서 공자 계우가 당도하기를 기다렸다. 한편 제환공의 명을 전해 받은 계우는 즉각 진나라를 떠나 귀국길에 올랐다. 그는 밤을 도와 수레를 달리는 중 낭 땅에서 노민공이 기다리고 있다는 말을 듣고 더욱 말에 채찍을 가했다. 그리하여 마침내 두 사람은 함께 노나라 도성 안으로 들어갔다. 계우의 귀국에 가장 놀란 것은 경보와 그의 정부인 애강이었다.

'어린 조카 놈이 나를 속였구나!'

그러나 이미 제환공으로부터 계우를 재상으로 삼으라는 통보를 받았기 때문에 감히 노민공과 계우를 해칠 생각을 하지 못했다. 노민공 원년, 제환공 25년의 일이었다.

그해 겨울, 제환공은 노민공의 뒷일이 걱정되어 대부 중손추를 불러 명했다.

"노나라에 다녀오되, 그곳 실정을 자세히 알아오라."

중손추는 노나라 도성 곡부로 갔다. 그는 먼저 노민공을 만나보았다. 노민공은 아무리 나이가 어리다고는 하지만 눈물만 찍어낼 뿐 말도 제대로 할 줄 몰랐다. 중손추는 속으로 군주 재목이 아니라는 생각이 들었다.

다음으로 형인 공자 신을 만나보았다. 신은 공실 안의 실정은 물론 나라의 일까지도 소상히 파악하고 있었다. 말하는 데도 신중하고 조리가 있었다. 그는 '이 아이야말로 군주 재목이 아닌가'라고 생각하였다. 중손추는 재상인 계우를 만난 자리에서 은밀히 속삭였다.

"신 공자의 앞날이 매우 유망합디다. 그대가 잘 보호해야 할 것이오."

"저도 염두에 두고 있습니다."

"그런데 그대는 어째서 경보를 제거하지 않는 것이오?"

계우는 대답 대신 오른쪽 손바닥을 허공에 흔들어 보였다. 중손추는 이내 계우의 뜻을 알았다. 어찌 한쪽 손바닥만으로 소리가 날 수 있겠냐는 뜻이다. 언젠가 시일이 지나면 경보도 꼬투리를 잡힐 것이라는 의미가 포함되어 있었다.

중손추는 제나라로 돌아가 제환공에게 노나라 실정을 상세히 보고했다.

"노나라는 여전히 공자 경보가 세력을 장악하고 있습니다. 그를 없애지 않는 한 노나라는 안정되기가 어려울 듯싶습니다."

"과인이 직접 병력을 이끌고 가 경보를 쳐부수면 어떨까?"

"그것도 한 방법일 것입니다."

그때 옆에서 두 사람의 얘기를 듣고 있던 중보 관중이 끼어들었다.

"그것은 별로 바람직한 방법이 아닙니다. 경보가 노나라 일을 전횡하고 있다고는 하나 아직 흉악한 잘못을 저지르지는 않았습니다. 그를 토벌할 명분이 없습니다. 그보다는 계우가 암시한 대로 경보가 스스로 죄를 짓기를 기다렸다가 없애버리는 것이 좋을 듯합니다."

"경보가 꼬투리를 드러내지 않으면 어쩐단 말이오?"

"신이 보기에 경보는 남의 밑에 있는 것을 몹시 싫어하는 성격입니다. 그자는 반드시 변을 일으킬 것입니다."

관중의 말에 중손추도 고개를 끄덕였다.

"중보의 말씀이 맞는 듯싶습니다."

"그럼 그렇게 하도록 합시다."

노민공 2년 경보와 애강과의 사통이 공공연해졌다. 경보는 장공이 살아 있을 때부터 애강과 사통해 왔는데 이제 노나라의 실권자가 되고 보니 거리낄 이유가 없었다. 애강은 자신과 사사로이 정을 통한 경보가 직접 보위에 오르기를 간절히 원했다. 그래아 자신의 입지가 확신하게 보장될 수 있다고 믿었다.

3) 사련의 비극적 종말

경보는 민공에게 불만을 품고 있던 복의라는 대부를 시켜 민공을 시해하도록 했다. 복의는 다시 추아라는 자객으로 하여금 노나라 궁궐의 정전 곁문에 매복시켜 민공을 시해하도록 했다. 이렇게 해서 민공은 햇수로 2년이지만 실제 재위 기간이라야 불과 반년 만에 왕위와 목숨이 어린 나이에 끝나버렸다.

그러나 모든 문제가 사람의 의지대로 움직여주는 세상이 아니다. 진나라에 망명했던 계우가 이 소식을 듣고 주邾나라로 가서 암살당한 민공의 동생 신을 옹립하여 일종의 망명정부를 세웠다. 그리고 노나라 대부들에게 신과 자기를 영입하도록 공작을 펼쳤다. 계우는 강대국 제나라의 지원까지 이미 확보해 놓고 있었다. 노나라는 군주 둘을 연이어 살해하며 도리에 어긋난 짓을 제멋대로 벌인 경보에게서 이미 백성들의 마음이 떠나버린 상태였다. 가슴 가득 분노에 가득 찬 백성들의 원한이 하늘을 찌를 듯 높아진 것을 경보와 애강만 모를 뿐이었다. 이때, 주나라에서 사태의 진전을 날카롭게 분석하던 계우가 경보 토벌을 시작하는 격문을 날렸다. 그리고 공자 신을 새 임금으로 떠받들어 모신다며 목소리를 높여 널리 알렸다. 노나라 백성들은 뜨겁게 호응했다. 이에 노나라에서는 대부 복의의 일가를 죄를 물어 죽이고, 민공의 시해에 음모를 지시한 경보마저 죄를 물으려 했다. 그러자 이런 낌새를 알아챈 경보는 거나라로 도망치고 말았다.

이 틈을 이용하여 계우가 공자 신과 함께 귀국하여 공자 신을 옹립하니 곧 노나라 제19대 희공이다. 불륜의 정부였던 경보가 망명하자 애강도 두려워서 주나라로 달아났다. 애강은 그곳에 가서 계우를 만나고자 했으나 계우가 만나주지 않았다. 계우는 사신과 함께 뇌물을 거나라로 보내며 경보의 죄를 묻게 했다. 이에 거나라에서는 노나라의 제의를 받아들여 경보에게 추방 명령을 내렸고 경보는 거나라를 떠나 주나라를 거쳐 제나라로 갔다. 제나라 대부들이 경보의 그동안 악행을 소상히 알고 입국을 허락하지 않았다. 경보가 하는 수 없이 노나라와 제나라의 국경인 문수 가에 머물게 되었다.

때마침 사절단의 자격으로 제나라로 갔던 공자 해사가 귀국하던 중 문수 가에 이르렀다가 그곳을 배회하는 경보를 발견하였다. 해사는 노환공의 비첩에서 태어난 아들이다. 한때 서형인 경보와도 사이가 매우 좋았다. 그러나 경보가 마구간지기 낙을 시켜 공자 반을 살해했을 때 그의 흑심을 눈치채고 경보의 무리에서 탈퇴했다. 공자 해사는 초라한 모습의 경보를 보자 지난날의 정이 되살아나 마음이 안쓰러웠다.

"함께 귀국하시어 종묘에 용서를 비심이 어떠하신지요?"

"내가 노나라로 돌아가는 것은 어려운 일이 아니나, 누구보다도 계우가 나를 용납하지 않을 것이다. 그러니 이번에 돌아가거든 네가 계우에게 잘 말해서 목숨 하나만은 살려달라고 빌어보아라. 우리는 다 같이 선군의 피를 이어받은 형제간이 아니냐."

"알겠습니다."

해사는 문수 강변에서 경보와 작별하고 건너 노나라로 들어갔다. 그가 귀국하여 도중에 경보를 만났던 일을 고하자, 노희공은 측은한 마음이 일어 계우를 돌아보았다.

"자신의 잘못을 뉘우치고 있는 모양이니, 한번 용서하는 것이 어떻겠습니까?"

그러나 계우는 고개를 저으며 단호하게 대답했다.

"임금을 죽인 사람을 죽이지 않으면 장차 어떻게 후세의 사람들을 경계하시렵니까?"

그러고는 해사를 자신의 집으로 불러 분부했다.

"그대는 다시 문수로 가서 경보에게 내 말을 전하라. 만일 스스로 목숨을 끊으면 자손을 세워 대를 잇게 해주겠지만, 그렇지 않으면 자손조차 보존하지 못하리라!"

다음 날 해사는 수레를 타고 다시 문수 가로 갔지만, 차마 경보에게 그 말을 할 수 없었다. 해사는 경보가 머물러 있는 집 대문 앞에 가서 큰 소리로 통곡했다. 경보는 방 안에 앉아 있다가 그 울음소리를 듣고서 해사가 어떤 답을 가지고 온 것임을 알았다. 그는 자신도 모르게 긴 숨을 내쉬며 탄식했고, 마침내 허리띠를 끌러 대들보에 목을 매고 스스로 목숨을 끊었다.

그 무렵, 제환공은 조카의 나라인 노나라에 대해 적극적으로 신경을 쓰지 못해 미안한 마음이 있어 관중을 불러 상의했다. 관중이 노환공과 공자 반, 노민공 등 노나라의 세 군주가 모두 자기 명대로 살지 못하고 비명에 죽은 것은 결국 제나라 공주인 문강과 애강 때문이라고 보았다. 따라서 맹주국인 제나라가 이 일을 모른 척하면 노나라 사람들은 두고두고 제나라를 원망할 것이 분명하므로 애강으로 하여금 자결하게 하는 것이 좋다는 의견을 제시하였다.

다음 날 제환공의 총신인 내관 수초가 미복 차림으로 임치성을 나섰다. 그가 주나라에 도착하여 애강을 만났다.

"부인께서는 노나라의 국모이십니다. 속히 노나라로 귀국하십시오."

애강은 오빠인 제환공이 자신을 보호하기 위해 수초를 보낸 것으로 알고 짐을 꾸려 그의 뒤를 따라나섰다. 그들이 주나라 경계를 벗어나 제나라 영토인 이夷라는 땅에 이르렀을 때였다. 날이 저물어 관사에 들었다. 저녁 식사가 끝난 뒤 수초가 애강의 방으로 들어왔다. 애강은 수초의 얼굴을 바라보았다. 수초는 전에 없이 공손한 태도로 무릎을 꿇고 입을 열었다.

"부인께서 두 임금을 죽였다는 사실은 노나라 사람이면 누구나 다 알고 있습니다. 이제 부인이 곡부로 돌아가시면 무슨 면목으로 노나라 태묘를 대하시렵니까? 소생의 짧은 생각으로는, 손수 목숨을 끊으시어 지금까지의 허물을 덮는 것이 더 나을 듯싶습니다."

수초의 이야기를 들은 애강은 비로소 제환공의 뜻이 어디에 있는가를 알았다. 그녀는 아무 말 없이 가만히 듣고만 있었다. 수초가 애강한테 제환공의 말을 전한 뒤에 방을 나와 뜰을 가로지를 때 등 뒤에서 애강의 구슬

푼 통곡 소리가 났다. 그 울음소리는 밤늦게까지 계속 이어졌다. 어찌나 처연한지 수초 자신의 가슴이 메어지는 듯했다. 갑자기 애강의 구슬픈 통곡 소리가 그쳤다.

수초는 애강이 거처하는 방문을 열고 안을 들여다보았다. 이미 애강은 자결한 상태였다. 육체의 쾌락을 추구하는 욕망과 바르지 못한 욕망에 눈이 먼 두 남녀의 끝없는 애정의 종말이 결국 허무하게 무너지는 순간이다.

제5장

자신의 생명마저 잃게 하는
무한한 욕망

1.
제장공의
외도가 낳은 죽음

춘추시대는 기존의 사회제도인 주나라 초기의 종법 질서가 붕괴되어 가는 혼란기로 정치나 사회가 매우 혼탁한 시기였다. 이때는 사회 지배층의 전횡이 극심하였고, 각 제후국에서는 자국의 세력을 확장하기 위하여 전쟁을 일삼았기 때문에 백성들의 생활은 궁핍해지고, 개인의 도덕성도 상실하게 되었다. 『사기』에 의하면 춘추시대 242년 동안 "신하에게 시해당한 임금이 36명, 망한 나라가 52국, 제후로서 망명하여 자기 조정을 보전치 못한 사람은 이루 다 헤아릴 수 없을 정도였다"고 하니 그 참혹한 혼란이 과연 어떠했는지 짐작할 수 있다.

『맹자』는 공자가 『춘추』라는 역사책을 지은 까닭을 다음과 같이 설명한다. "세상이 쇠퇴하고 바른 도가 미약해지니 그릇된 말과 거친 행동들이 생겨났다. 신하로서 군주를 죽이고 아들로서 아버지를 죽이는 자도 나오게 됐다. 공자가 이를 두려워해 '춘추'를 지었다"고 하였으니, 당시의 사회 혼란이 얼마나 극심했는지를 짐작할 수 있다.

예부터 신하나 자식이 군주나 어버이를 죽이는 행위를 '시弑'라고 하여 '살殺'과 구분했다. 그만큼 최악의 패륜 범죄라는 의미다. 242여 년간의 역사를 다룬『사기』에는 시해 사건이 36차례나 기록돼 있다. 전한前漢 전기의 동중서가 지은『춘추번로』에는 "군주 시해가 36회, 망한 나라가 52개국"이라는 기록이 나온다.

『논어』에도 잠깐 언급된 '최저가 임금을 시해했다[최자시제군崔子弑齊君]'를 대표적인 사례로 들 수 있다. 제나라의 대부 최저에게는 동곽강이라는 예쁜 아내가 있었다. 동곽강은 당공과 결혼했는데, 출중한 미색을 갖춘 당대 제일의 미녀였다. 당공이 죽자 최저가 문상을 왔다가 그녀를 보고는 그녀의 오빠 동곽언과 일을 꾸며 부인으로 삼았다.

제나라 22대 군주 장공은 참으로 무도하고 음탕한 임금이다. 제장공 통치 당시 최저가 우상右相으로 제나라의 전권을 잡고 있었다. 제장공이 임금의 자리에 오르는 과정에 결정적인 역할을 한 실세 최저는 동곽언의 여동생으로 용모가 출중해서 당대 손꼽히는 미인이었던 과부 동곽강에게 재취 장가를 들었다. 문제는 여기에서 발생했다.

한번은 제장공이 최저의 집을 방문하게 되었는데 그의 아내가 절세의 미녀인 것을 보고, 그만 동곽강의 미모에 반하고 말았다. 그날 술에 취한 최저가 정신을 못 차리자 눈치 볼 것 없이 동곽강을 품에 안고 내실로 끌고 가 억지로 겁탈했다. 그 뒤 틈만 나면 최저의 집으로 암행을 하여 동곽강과의 간음을 즐겼다. 동곽강도 처음에는 장공의 힘에 이기지 못하여 몸을 내주었지만, 점차 장공과의 만남이 싫지는 않았다. 두 사람이 마약과 같은 육체의 쾌락을 추구하는 욕망에 빠져 틈만 나면 만나서 정을 통하였다.

한번은 이런 일이 있었다. 최저가 공무로 집을 비우자 제장공은 기회다 싶어 최저의 집으로 달려가 동곽강과 달콤한 쾌락을 즐기고 있었다. 한창 사랑에 빠져 있는데 별안간 최저가 돌아오고 있다는 전갈을 받았다. 엉겁결에 그는 최저의 관을 쓰고 도망쳐 나와 궁으로 돌아왔다. 뒤늦게 관이 바뀐 것을 알고 마침 나랏일을 보고하러 온 대부에게 그 관을 하사했다.

제장공으로부터 관을 하사받은 대부는 영광이라고 생각하고 궁 밖으로 나갔다. 그는 궁 밖에서 최저와 마주쳤다. 최저가 가만히 보니 자신의 관이 아닌가. 최저는 자신이 집을 비운 사이 제장공이 다녀간 것을 알고 나서 더할 나위 없는 치욕과 분노를 느꼈다. 그는 아무런 내색도 하지 않고 헤어졌다. 최저는 이후 제장공에게 복수할 기회를 호시탐탐 노리고 있었다.

그 후로도 그는 종종 자신의 관을 쓰고 다니는 대부들을 조정에서 볼 수 있었다. 모두가 이러한 제장공의 무도함에 손 놓고 방관했던 것만은 아니었다. 간언을 올리는 사람들이 생겨나기 시작했다.

제장공의 측근 시자 중에 가거라는 환관이 있었다. 어느 날, 가거는 제장공이 최저의 집으로 잠행하여 동곽강과 밀회하려 하자 조용히 간했다.

"악이 쌓이면 재앙이 뒤따르게 마련입니다."

제장공은 궁을 나가려다 말고 채찍을 들어 가거의 등짝을 1백 대 후려갈겼다.

"네가 내 채찍을 맞은 것도 네 선조가 악을 쌓았기 때문이라고 생각하면 되겠지?"

최저도 이 소문을 들었다. 그는 가신인 동곽언을 보내 가거를 위로했다. 가거는 감격하고 그때부터 최저의 심복 부하가 되어 장공의 일거수일투족을 감시하는 역을 맡았다.

또 한 사람, 장공에게 간언한 사람이 있었다. 안영이었다. 그는 행정이나 군사 부문에서 이렇다 할 재능을 보이지 못하고 있었다. 그런데 이상하게도 많은 사람들로부터 존경을 받았다. 아버지 안약의 후광 때문만은 아니었다.

그는 평소 말을 아꼈으나 한 번 입을 열면 상대를 압도하는 능력을 지니고 있었다. 안영이 장공에게 바른말을 했다.

"주공은 멸망하는 임금의 길을 걷고 있습니다."

이에 대해 장공은 침묵으로 일관했다. 환관 가거의 바른말에 채찍 1백 대를 때린 것과 비교하면 이상할 정도였다. 제장공은 안영의 말에 이의를 제기할 수 없었다. 그의 바른말은 모든 사람이 인정하기 때문이었다. 안영은 또 간언했다.

"군주는 경卿을 존중하지 않으면 안 됩니다. 그리고 사사로운 관계를 맺어서도 안 됩니다."

최저의 아내 동곽강과의 간통을 빗댄 말이었다. 이때 장공은 처음으로 반응을 보였다.

"최저는 나의 태부다. 태부太父는 아버지나 형과 같은 사람으로 한 가족이나 다름없다. 하나의 물건을 서로 나누어 가지는 것은 곧 친親이요, 애愛다."

이에 대해 안영이 다시 반박했다.

"주공의 그 말씀이 이치에 맞지 않는다는 것은 누구보다도 주공 자신이 잘 알 것입니다. 평민의 집에서도 아버지와 아들은 구별되고 있습니다. 하물며 주공께서는 한 나라의 주인이십니다. 주인으로서 모범을 보이지 않으면 안 됩니다."

그러자 장공은 할 말을 잃었다.

그러던 어느 날, 거나라 임금이 제나라에 조공을 바치러 왔다. 장공이나 최저 모두 거나라의 조공을 자신의 목적에 활용할 생각으로 기쁘게 받아들였다. 장공은 거나라 임금의 방문을 핑계로 동곽강을 은밀히 만나 정을 통하려 했고, 최저는 그 순간을 이용하여 군주를 제거하려 했다. 장공은 거나라 임금이 직접 조공을 바치러 온 것을 크게 기뻐하며 최저의 집 근처인 북곽에서 잔치를 베풀고 거나라 임금 일행을 대접하려 하였다. 장공이 최저의 집 근처에서 연회를 베풀겠다는 의도는 뻔했다.

대신들이 그 연회에 대부분 참여하였지만, 최저는 병을 핑계로 참석하지 않았다. 최저의 의도를 전혀 모르고 있던 장공의 마음속엔 오직 동곽강과의 밀회뿐이었으므로, 거나라 임금을 대충대충 접견했다. 그는 마음이 급했다. 오직 동곽강의 아름다운 모습만 어른어른할 뿐이었다. 장공이 병문안을 핑계로 최저의 집에 방문하기로 하였다.

이 소식을 전해 들은 최저는 동곽강과 가신들에게 세심한 계획과 임무를 부여하고 많은 무사들을 자신의 집 안에 매복시켰다. 동곽강에게도 이번 거사에 협조하면 지난날의 모든 허물은 덮어주고 동곽강의 소생을 후사로 삼겠지만, 만약 협조하지 않으면 먼저 동곽강과 아들을 죽이겠다고 으름장을 놓았다. 이에 동곽강도 어쩔 수 없이 최저의 계획에 동참하지 않을 수 없었다. 그녀는 이미 지조나 절개 같은 여자의 덕목조차 헌신짝처럼 버린 지 오래였다. 그런 처지에서 군주 장공과의 사랑이나 의리를 지켜야 할 이유가 없었다.

장공은 연회가 끝나기가 무섭게 동곽강을 만나려고 최저의 집으로 갔다. 최저의 병문안을 핑계 삼아 동곽강과 밀회를 즐기려는 심산이었다. 최저의 측근이 장공에게 최저가 병이 깊어 약을 먹고 안방에 누웠다는 말을 전했다. 이 모든 것이 최저의 철저한 계략이었지만, 장공은 사태를 전혀 파악하지 못하고 곧장 동곽강이 있는 내실로 들어갔다. 그러나 방문이 굳게 닫혀 있었다. 사실은 방 안에서 최저와 동곽강이 함께 소리를 죽이고 기다리고 있었다. 이런 사실을 모르는 장공은 밖에서 기둥을 붙잡고 노래를 불렀다. 동곽강에게 자신이 왔음을 알리는 신호였다. 이때 환관 가거가 장공의 호위병을 막으면서 안으로 들어가 대문을 잠가 버렸다. 그러자 최저가 미리 잠복시켜 두었던 많은 가신들이 집 안에서 쏟아져 나왔다.

장공은 당황한 나머지 정원으로 도망쳤다. 그러고는 누각 위에 올라가 자신의 잘못을 빌었다. 그러나 집 안에서는 최저의 가신들뿐이었다. 누구도 그의 말에 귀를 기울이지 않았다. 그중 한 사람이 이렇게 외쳤다.

"지금 최저 어른께서는 중병으로 군명을 받을 수가 없다. 이 저택은 궁에서도 가까운데 주인어른께 무슨 일이 생긴다면 큰일이다. 우리는 이곳에 침입한 음탕한 도둑놈을 그냥 내버려 둘 수는 없는 노릇이다."

겁에 질린 장공이 담을 넘어 도망가려 했으나 가신들이 쏜 화살에 맞아 그만 담에서 떨어졌다. 그러자 가신들이 달려들어 단칼에 베어 버렸다.

조정 대신들이 이 소식을 듣고 두려움에 떨며 모두 두문불출했다. 다만 안영만이 최저의 집을 찾아 문밖에서 외쳤다.

"군주가 나랏일로 죽었다면 신하 또한 충성을 다해 죽겠지만, 군주가 사욕을 위해 도망했고, 사욕을 위해 죽었다면 개인적으로 친한 신하가 아니라면 누가 감히 그를 장례 지낼 수 있겠는가?"

최저가 이 말을 듣고 문을 열어 안영을 들어오도록 했다. 안영은 문이 열리자 안으로 들어가 장공의 시체에 베개를 베어주고 세 번 곡하고 물러나왔다.

그때 어떤 사람이 최저에게 말했다.

"안영을 죽여버리시지요."

"안영은 신망이 두터운 사람이다. 이대로 살려주는 편이 민심을 모으는 데 이로움이 있을 것이다."

결국 최저는 기회를 노려 장공을 살해한 기세를 타고 국정을 장악했다. 이유 여하를 막론하고 군신 관계가 엄격한 계급 사회에서 신하 최저가 임금을 시해한 혁명이었다. 최저는 장공의 배다른 동생 저구를 임금으로 세웠다. 이 사람이 제경공이다.

한편 경공은 최저를 우상에 임명하고 경봉을 좌상에 임명하였다. 두 재상은 난이 일어날 것을 염려히여 신히들을 불러 말했다.

"최씨와 경씨의 말을 듣지 않는 자들은 모조리 사형에 처할 것이다. 이에 맹세하라."

그러자 신하들이 두려움에 떨며 서약하였다. 그러나 안영은 하늘을 우러러보며 말했다.

"이는 내 자신이 따를 수 없는 경우이다. 오직 주군에게 충성하고 나라에 이익을 가져다주는 사람을 따를 뿐이다."

화가 난 경봉이 그를 죽이려고 하였다. 그러자 최저가 이를 말리며 말했다.

"이 나라에 충신은 진정 안영 한 사람뿐이오."

그 후 경공은 안영을 상국에 임명해 나라 살림을 다시 맡기게 되었다.

2.
생명과 바꾼 사관의
역사적 진실

최저의 제장공 살해 당시 제나라의 사관은 다음과 같이 기록했다.

"최저가 임금을 시해했다[崔杼弑其君]."

후에 사관의 기록을 알게 된 권력자 최저가 사관에게 정정을 명령했다. 신하가 군주를 살해한 것을 의미하는 '시해'에 부담을 느낀 것이다. 제장공은 임금이 아닌 일개 간통한 사내일 뿐, 하극상에 해당하는 '시해'라는 용어 대신 '주살誅殺' 혹은 '극殛'이라는 말로 바꿀 것을 강요하였다. 자신의 행위를 정당화하려는 의도였다. 최저 자신이야 제장공에 대한 분노로 혁명을 시도하여 제장공을 시해하는 데 성공했지만, 역사서에 신하가 군주를 시해했다는 사실이 명명백백하게 남는다는 점이 꺼림칙하여 수정을 요구한 것이다.

그런데 사관은 목숨을 걸고 최저의 명령을 거부했고, 최저는 그 자리에서 사관을 살해했다. 그런데 새로 선임된 사관은 앞서 살해된 사관의 동생이었다. 그 역시 똑같이 '최저가 장공을 시해했다'라고 썼다. 사관의 양심으로 혁명과 시해 사건을 사실대로 적은 것이다. 군주를 살해한 혁명 세력의 주모자라면 그 위세는 어떤 누구도 대항하지 못했을 것이다.

하지만 당시 사관 형제는 그런 위세를 전혀 두려워하지 않고 사실 그대로 기록을 남겼다. 극도로 분노한 최저는 다시 두 번째 사관을 위협하며 고칠 것을 명령했지만, 이번에도 신임 사관이 한 글자도 고칠 수 없다며 맞섰다. 최저는 두 번째 사관까지 살해했다. 이어 부임한 사관도 이전 그 동생이었고, 그 또한 최저의 명령을 거부했다. 군사 혁명 세력의 핵심인 최저의 명령을 거부한다는 것은 죽음을 의미했다.

또 '최저가 임금을 시해했다'는 사관의 기록은 목숨을 담보로 역사적 사실을 있는 그대로 기록하려는 책무였다. 그것도 한 번이 아니라 두 번, 세 번에 걸쳐 역사적 사실을 가감 없이 기록하려는 사관다운 진정한 모습이었다.

훗날 강성황제 한무제에게 이릉을 옹호하는 간언 때문에 사마천은 너무나도 수치스럽고 끔찍한 궁형을 당했다. 반면에 실증적, 역사적 사실을 기록했다 하여 목숨을 잃은 사관들은 사마천에게 큰 교훈을 주었다.

사마천은 20세 무렵부터 옛 성현들의 발자취와 역대 전쟁터를 답사하여 생긴 견문이 『사기』의 편집에 바탕이 되었다. 그의 부친이 사망하면서 자신이 못다 이룬 역사서 집필을 완성해 줄 것을 유언으로 남겼고, 부친 사후 3년 뒤(BC 108) 태사령직을 이어받은 사마천은 각종 기록과 문헌을 열람해 가면서 역사서 편찬을 준비하였다.

『사기』를 집필하던 도중, 사마천은 보병 5천으로 분전하다가 흉노족 8만 명에게 포위당해 항복한 장군 이릉을 변호했고 이로 인해 한무제의 노여움을 샀다. 사마천은 이릉은 선전했지만 상황이 여의치 못해 한나라 병사들의 목숨을 보전하고자 항복한 것이라고 변호하였다. 패전의 책임은 대장군인 이광리가 져야 했으나, 이광리의 누이가 무제의 애첩이었다. 따라서 이릉에 대한 변호는 무제 자신에 대한 비판이라 여겨진 것이다.

그는 이후 옥중에서도 역사서를 계속 집필했으며, 훗날 한무제의 신임을 되찾아 중서령의 자리까지 올랐다. 사마천은 왜 죽음보다 더한 치욕의 궁형을 당하면서도 살아남는 길을 선택했는지, 왜 『사기』를 집필하여 후세에 남겼는지에 대한 자신의 심정을 편지 한 통에 담아 후대에 남겼다. 이를 '보임안서報任安書'라고 한다. 여기서 말하는 '보임안서'는 친구인 익주 자사 임안에게서 받은 편지에 대해 정화 2년(BC 91)에 보낸 답장이다.

> 모진 치욕을 당하기로는 궁형보다 더한 것이 없습니다. 제가 화를 누르고 울분을 삼키며 옥에 갇힌 까닭은 차마 다 하지 못한 말을 후세에 남기고자 하였기 때문입니다.

임안은 한무제 때 파격적으로 기용되어 익주 자사에 임용되었지만 BC 91년 태자 유건의 반란 사건에 연루되어 사형판결을 받고 그 집행을 기다리고 있었다. 사마천과 임안은 두터운 교분이 있어 사형을 앞둔 임안에게 사마천은 자신의 뼈아픈 심정을 생생하게 전하면서 임안의 아픔을 위로하고자 편지를 보냈으니, '보임안서'가 바로 그것이다.

> 죽음은 단 한 번이지만, 다만 그 죽음이 어느 때는 태산보다도 더 무겁고, 어느 때는 새털보다도 더 가볍습니다. 그것은 어떻게 죽느냐에 따라 달라집니다. 먼 옛날 주나라 서백은 제후의 신분이면서도 유리에 갇힌 몸이 되었으며, 이사는 진의 재상까지 지냈으면서도 다섯 가지 형벌을

다 받고 죽었고, 팽월, 장오는 한때 왕의 칭호까지 받았으나 갖은 문초를 받아야 했고, 강후 주발은 한나라 가문과 원수지간인 여씨 일족을 주살해 권세가 비할 데 없는 몸이면서도 취조실에 들어갔습니다. 협객으로 유명한 계포는 노예로 팔려가기까지 했습니다. … 예로부터 어려움을 극복해 고난 속에서도 남달리 뛰어난 일들을 이뤄낸 인물들은 몇 세기가 지난 지금까지도 그 이름이 칭송되고 있습니다. 주나라의 문왕은 감옥에 갇혀서 『주역』을 연구해 글로 남겼으며, 공자는 곤액을 당하고 나서 『춘추』를 썼습니다. 좌구명은 두 눈이 먼 뒤에 『국어』를 지어냈고, 손빈은 두 다리를 잘라내는 형벌을 받고서 그 유명한 『병법』을 완성시켰습니다. 여불위는 촉에서 유배 생활을 했기 때문에 『여씨춘추』가 지금까지 전해지고 있으며, 한비자는 진나라에 갇혔기에 『세난』, 『고분』의 글을 썼습니다. 『시경』에 실린 시 300편도 대부분은 성현께서 분발해서 지으신 것입니다.

이렇게 모든 훌륭한 일들은 생각이 얽혀서 잘 풀리지 않고 마음이 통할 곳을 잃었을 때 이루어집니다. 즉 궁지에 몰려 있을 때라야 지나간 일을 돌이켜보면서 미래를 바라볼 수 있는 지혜를 얻기 때문입니다. 좌구명이 시력을 잃고 손자가 다리를 절단당했을 때 세상 사람들은 그들이 다시 일어서게 되리라고는 상상조차도 할 수 없었을 것입니다. 그들이 그러한 참혹한 고통을 당했기 때문에 물러나서 글을 쓰고, 방책을 저술했으며, 울분을 토로했고, 문장을 남겨서 자신의 진정을 표현했습니다.

사마천의 『사기』는 종래의 신화적인 역사관에서 인간의 역사를 기술했다는 점에서 그 의의를 찾아볼 수 있다. 『춘추』는 도덕적 평가가 주로 개인적인 행동과 그 동기가 주 대상인 반면 사마천은 개인만이 아니라 사건 혹은 한 시대에 대한 평가까지 섭렵하여 기술한 점이다. 이러한 그의 역사적 기술은 돈과 권력이라는 핍박 속에서도 그가 추구하고자 했던 올바른 삶의 방법으로 역사 서술이 가능하게 한 원동력이다. 참혹한 고통의 울분을 역사 서술로 승화시킨 비판 인식은 역사적 진실에 접근하기 위해 그가 취한 방편이었고, 역사 전반에 대한 일관된 객관적인 역사관에 근거한 서술이 자칫 자신이 처한 원한이나 고통의 감정 이입 표현으로 선을 넘는 것을 최대한 경계한 그의 역사관을 엿볼 수 있다. 그리고 차마 다 하지 못한 말을 후세에 남겨 역사의 진실을 올바로 평가하고자 하였기 때문이다.

3.
욕망이 낳은
초평왕 사후의 치욕

1) 자식의 신부를 가로채게 한 비무극의 간계

초나라의 27대 군주인 초평왕은 공왕(共王, BC 590~560 재위)의 막내 아들이다. 신탁에 의해 일찍이 공왕의 후계자로 지목되었으나, 공왕 사후 왕위를 바로 계승하지 못하고 이복형인 강왕과 그 아들 겹오, 또 다른 이복형 영왕 등이 차례로 왕위에 올랐다. 영왕 시기에 진陳, 채나라를 멸하는 데 큰 공을 세워 채현蔡縣의 현공縣公이 되었으며, 이를 기반으로 진, 채의 군사들과 백성들은 물론, 영왕의 가혹한 정치와 주거를 강제적으로 옮기는 정책에 불만을 품은 반대파 세력들을 규합하여 반란을 일으켜 성공했다.

반란이 성공하여 즉위한 후 초기에는 국내 정치와 외교 양면에서 안정을 도모하여 초나라를 중흥시키는 데 일조하였으나, 초평왕은 본래 귀가 얇았다. 시간이 지나자 주변에 아첨과 알랑거리기를 잘하고 언변이 좋고 비위를 잘 맞추는 신하들이 꼬이기 시작했다. 그 대표적인 사람이 간신 비무극이다. 비무극은 선천적으로 아첨과 비위에 이골이 난 사람으로 초평왕의 마음을 잘 읽고, 그가 원하는 것이 과연 무엇인지 알아내는 재주가 있었다.

비무극은 초평왕이 세자 건에게 거는 기대가 큰 것을 알고 자청하여 소사少師가 되었다. 소사란 곧 소부小傳로 세자의 작은 스승이다. 그러나 그는 세자 건을 가르치는 일보다 초평왕 곁에 머물며 술과 연회의 도우미 역할을 해주는 경우가 더 많았다.

여느 간신이 그러하듯 비무극도 자신의 마음에 들지 않는 사람들을 곧잘 참소했다. 영윤 투성연이 그런 비무극을 자주 비난하자, 그는 결국 투성연마저 음해하여 죽임을 당하게 했다. 투성연의 후임으로 양개가 영윤에 올랐다.

세자 건은 이런 비무극의 행동을 노골적으로 싫어했다. 그리고 당시 '영윤 투성연은 간신 때문에 억울하게 죽었다'는 소문이 파다했다. 비무극의 귀에도 이 소리가 들려왔다. 그는 한편으론 불안하면서도 다른 한편으로는 '나를 비방하는 자는 세자라도 가만두지 않겠다'고 결심했다.

그때부터 그는 세자 건을 없앨 묘책만 궁리했다. 그런 중에 오나라에 대한 경계가 강화되었다. 그의 머릿속으로 섬광 같은 묘안이 하나 스쳐갔다.

어느 날, 그는 초평왕에게 아뢰었다.

"세자가 이미 장성했습니다. 어찌하여 혼인을 시키지 않는 것입니까?"

"그렇지 않아도 그 일로 그대와 의논하려 하였다. 어느 나라 공녀를 맞이하는 것이 좋겠는가?"

"진秦나라 공녀가 좋을 것입니다."

"어째서 진나라인가?"

"진나라는 강국입니다. 두 나라 간의 통혼을 계기로 연합하면 오나라쯤은 아무 걱정도 하실 필요가 없습니다."

"좋다. 진나라와 혼인을 맺기로 하자."

초평왕의 승낙이 떨어지자 비무극은 자청해서 청혼 사자가 되어 진나라 옹성으로 들어갔다. 이 무렵 진나라 군주는 진애공이었다. 진애공에게는 맹영이라는 딸이 있었다. 진애공은 초나라와 통혼하는 것이 자신에게도 유리하다고 판단하고 맹영을 초나라 세자 건에게 시집보내기로 결정했다.

여러 차례 통혼 사절이 오간 끝에 비무극이 다시 진나라로 들어가 맹영을 모셔 오기로 했다. 진나라에서는 공자 포에게 맹영을 호위토록 했다. 신부의 행차는 굉장했다. 온갖 패물을 실은 수레만도 1백어 대가 넘었다. 시집갈 때 데려가는 하인이나 몸종도 수백 명에 달했다. 더욱이 맹영은 당시에 알아주는 천하절색이었다.

비무극은 애초부터 맹영을 세자 건에게 시집보내기 위해 이 일을 추진한 것이 아니었다. 이번 혼사는 세자 건을 죽이기 위한 덫일 뿐이었다. 그는 천륜을 어그러뜨리는 무서운 음모를 계획하고 있었다. 즉 맹영을 왕에게 바치고, 세자에게는 맹영의 몸종으로 대신하게 한다는 것이 그의 속내였다. 초평왕이 호색한으로 예쁜 여자라면 사족을 못 쓰는 위인인데, 맹영이 절세미인이기 때문에 더할 나위가 없었다.

초나라로 돌아오는 동안 비무극은 맹영의 시녀들을 유심히 관찰했다. 그 무리 중에 맞춤한 여자를 발견했다. 용모도 아름다웠지만 유독 생김새가 맹영을 많이 닮았다. 비무극은 내심 쾌재를 부르며 은밀히 그 몸종을 불러 신상을 알아보았다.

그 여자는 원래 제나라 사람이었다. 어려서 아버지를 따라 진나라로 건너갔다가 궁으로 들어가 맹영의 시녀가 되었다. 그래서 사람들은 그녀를 동강이라고 불렀다. 동쪽에서 온 강씨라는 뜻이었다. 비무극은 동강의 내력을 듣고 나서 은근히 그녀를 혹하게 했다.

"내가 보기에 너는 귀인이 될 상이다. 내가 너를 부귀하게 해줄 터이니, 너는 내가 시키는 대로만 하여라."

"무슨 말인지 모르겠습니다."

"실은 이번 맹영의 혼사에는 복잡한 사정이 있다. 그 내막은 네가 알 필요 없고, 영성에 당도하면 맹영은 초왕과 혼인할 것이다. 그렇게 되면 세자의 신부가 문제인데, 나는 바로 너를 세자의 정부인으로 삼을 작정이다. 그러면 너는 평생 부귀를 누릴 것이다."

동강은 너무나 놀라 대답할 바를 몰랐다. 비무극이 다시 말을 이었다.

"세자의 부인은 머지않아 국모가 될 자리다. 사정이야 어찌 됐든 너는 국모의 대운을 타고난 것이 분명하다. 아무 말 말고 순종하도록 하되, 결코 누구에게라도 이 일을 발설해서는 안 된다. 맹영에게도, 세자에게도 말이다."

자신이 세자의 부인이 된다니, 생각하지도 못한 일이었다. 갑자기 가슴이 떨렸다. 한순간 그녀는 거절하면 죽겠다는 직감이 들었다. 비무극 분부대로 따르기로 했다. 비무극의 입가에 부드러운 미소가 떠올랐다.

영성이 가까워지자 비무극은 수레를 몰아 일행보다 한발 앞서 초나라 궁성으로 들어가 초평왕에게 맹영이 3사(三舍, 90리) 밖에 이르렀다고 보고했다. 그런데 비무극의 예상대로 초평왕은 신부의 용모에 관심이 있었다.

"신이 많은 여자를 보아왔습니다만, 맹영처럼 자색이 빼어난 여인은 처음입니다. 우리 초나라 후궁에도 그녀를 상대할 만한 인물은 없을 것입니다.”

초평왕은 자신도 모르게 침을 삼켰다. 잠시 침묵하다가 말을 이었다.

“나는 이제껏 절세미인이라는 것을 말로만 들었을 뿐 직접 보지는 못했다. 돌이켜보면 허송세월을 보낸 셈이다.”

초평왕의 한숨 소리를 들은 비무극은 눈짓으로 좌우 사람들을 물리칠 것을 요청했다. 초평왕이 눈짓을 알아채고 좌우 시종들을 방 밖으로 내보냈다.

“긴히 내게 할 말이 있는가?”

“그렇습니다. 왕께서는 진정으로 맹영의 아름다움을 사모하십니까? 만일 그러시다면 신이 그녀를 왕께 바치겠습니다.”

“하지만 맹영은 세자의 신붓감으로 데려온 여자가 아닌가? 천륜이….”

“왕께서는 잘못 알고 계십니다. 맹영이 비록 세자와 혼인하기 위해 이곳에 왔습니다만, 아직 혼례를 치른 것은 아닙니다. 왕께서 진나라 여인을 취하는 것은 전혀 천륜에 어긋나는 일이 아닙니다.”

“만일 그 일을 세자가 알면 세자는 나를 무척 원망할 것이다.”

그러한 말이 나올 줄 짐작했던 비무극은 목소리를 한결 낮춰 속삭였다.

“그 일이라면 걱정하지 마십시오. 신이 이미 다 조처해 놓았습니다.”

“어떻게?”

“신이 함께 오면서 본즉, 시녀로 따라온 여자 중에 맹영과 용모가 흡사한 제나라 여자가 하나 있었습니다. 이름은 동강이라고 하는데, 그 여자를 맹영과 바꿔치기하여 세자에게로 보내면 세자가 어찌 눈치를 채겠습니까? 동강에게는 이미 신이 손을 써두었습니다. 절대로 누설하지 않을 것입니다.”

비무극의 말을 들은 초평왕은 입이 귀밑까지 찢어졌다.

"절대로 기밀이 새어나가지 않도록 신속하게 추진하라."

비무극은 다시 교외로 나가 맹영 일행을 영접했다. 호위 책임자인 공자 포에게 가서 말했다.

"우리 초나라 혼례 방법은 다른 나라와 다릅니다. 신부는 먼저 왕궁으로 들어가 왕께 인사를 올려야 합니다."

"귀국의 법이 그렇다면 그렇게 해야지요."

맹영과 그 시녀들은 왕궁으로 들어갔다. 비무극은 맹영을 왕궁 깊숙한 방에 머물게 하고, 재빨리 시녀들 속에서 동강을 빼내어 맹영으로 가장시켰다. 그러고는 세자궁에 사람을 보내어 통보했다.

"진나라에서 신부가 왔습니다."

세자 건은 동강이 맹영인 줄 믿고 그녀를 세자궁으로 맞이하여 성례를 올렸다. 혼례식에 참석한 초나라 백관들은 아무도 비무극의 이 간교한 속임수를 알아채지 못했다. 같은 시각, 초평왕은 맹영이 머물고 있는 방으로 들어서고 있었다.

"그대는 이제부터 초나라의 국모요. 나와 함께 평생 부귀영화를 누립시다."

맹영은 그제야 일이 이상함을 눈치챘으나 때가 늦었다. 초평왕의 손이 이미 자신의 옷을 벗기고 몸을 우악스럽게 탐하고 있었다. 이렇게 해서 며느리 될 여자가 어쩔 수 없이 시아버지 될 사람과 살을 비비며 살게 되었다.

문제는 비무극의 말에 따라 맹영을 가로채기는 했으나 초평왕은 세자가 이 일을 알게 되지나 않을까 늘 불안했다. 그래서 궁여지책으로 '세자의 왕궁 출입을 일체 금하도록 한다'였다.

이렇게 명을 내리고 나서야 마음이 조금 안심되었다. 그 후로 초평왕은 맹영에게 빠져 있었다. 하루라도 안 보면 병이 날 것 같아 열흘이면 아흐레를 내궁 맹영의 처소에 머물렀다. 그러는 중에 이상한 소문이 궁 안에 퍼져나갔다. '이번에 새로이 들인 후궁의 정체가 수상쩍다'는 것이었다. 백관들은 모이기만 하면 초평왕과 맹영, 세자를 입에 올렸다. 의심을 품는 사람들이 점차 늘어나기 시작했다.

이 소식을 접하자 비무극은 겁이 났으나 어느 정도 예상했던 일이었다. 그는 다음 구상을 실천에 옮겼다. 적당한 기회를 보아 초평왕에게 다음과 같이 이뢰었다.

"진晉나라가 오래도록 천하 패권을 잡은 것은 남양 일대를 장악하여 중원과 통하는 길을 열었기 때문입니다. 왕께서도 천하 패권에 대한 대망을 버리시지 않았다면 지금이라도 당장 세자를 대장으로 삼아 중원으로 통하는 길목인 성보를 굳게 지키십시오. 그러면 가히 앉아서 천하를 도모할 수 있습니다."

초평왕은 세자를 변방으로 내보내라는 말의 의미를 얼른 알아듣지 못했다. 두 눈을 끔벅거리며 비무극을 내려다보았다. 비무극이 가까이 다가앉으며 초평왕의 귀에다 대고 속삭였다.

"세자가 도성 안에 있으면 신부를 바꿔친 비밀이 탄로 나기 쉽습니다. 세자를 먼 곳으로 보내야만 양쪽이 다 편안합니다."

비로소 초평왕은 비무극의 의도를 알아차렸다. 며칠 후, 세자 건을 성보 땅의 수장으로 임명했다. 대신들 사이에 반대 의견이 일었다. 그러나 초평왕은 자신의 뜻을 밀어붙였다.

세자 건은 영성을 떠나 성보로 떠났다. 태사인 오사 역시 세자를 따라갔다. 장수 분양 또한 사마에 임명되어 성보로 내려갔다. 세자 건은 성보 땅에 이르러서야 아버지 초평왕이 자신의 신부인 맹영을 가로챘다는 사실을 알게 되었다. 분노했으나 어쩔 도리가 없었다. 물은 엎질러진 뒤였다. 그는 그대로 동강을 자기 아내로 여기고 살았다.

BC 523년(초평왕 6년) 여름의 일이었다. 맹영은 우울했다. 세자의 아내가 되기로 초나라로 시집을 왔으나 시아버지인 초평왕의 후궁이 된 것이다. 날마다 자신의 신세를 한탄하며 웃음을 잃어갔다. 그러던 그해 겨울에 맹영은 아들을 낳았다. 초평왕의 기쁨은 이루 헤아릴 수 없이 컸다. 보배처럼 귀하다 하여 이름을 진珍이라고 지었다.

다시 1년이 지났다. 그래도 맹영의 얼굴에서는 웃음을 찾아볼 수 없었다. 그것이 초평왕은 안타까웠다. 그녀의 비위를 맞추기 위해 애썼다. 급기야 초평왕은 맹영의 환심을 사기 위해 다음과 같이 말했다.

"내가 유심히 살피니 그대의 소생인 공자 진이 퍽 영특하다. 군왕의 자질이 다분하니 세자로 삼아 나의 후계자로 삼을까 한다."

"그렇게만 되면 원이 없겠습니다."

며칠 후 초평왕은 공자 진을 세자로 삼았다. 그제야 맹영의 얼굴에 웃음이 감돌았다. 이로써 초나라에는 세자가 둘이 있게 되었다. 자신을 미워한 세자 건에 대해 비무극은 철저히 복수했다. 그는 세자를 초평왕에게서 멀리 떼어놓는 것까지 성공했다. 여기까지가 그가 애초에 구상했던 음모였다.

그런데 자신의 음모가 성공을 했는데도 그는 마음이 조금도 편하지 않았다. 불안감이 엄습한 것이었다. 만일 세자 건이 왕위에라도 오르는 날이면 그는 죽은 목숨이나 마찬가지였다. 그러자 비무극은 다시 음모를 꾸몄다. 다음 날부터 그는 초평왕을 볼 때마다 세자 건을 모함하는 말만 아뢰었다. 처음에는 믿지 않던 초평왕도 두 번 세 번 듣는 중에 어느덧 세자 건에 대한 의심이 가득하게 되었다.

초평왕이 비무극에게 해결할 방안을 묻자, 비무극은 다음과 같이 아뢰었다.

"뒤에서 세자를 조종하는 사람은 그의 스승인 태사 오사입니다. 왕께서는 먼저 오사를 불러들이시어 옥에 가둔 후 다시 군대를 보내어 세자를 잡아 오십시오. 그러면 모든 불행을 일거에 없앨 수 있습니다."

초평왕은 고개를 끄덕인 후 사람을 성보 땅으로 보내어 오사를 소환했다. 초평왕은 궁으로 들어온 오사를 향해 준엄한 목소리로 물었다.

"세자가 성보에 머물며 반역할 것이라는데, 너는 그것을 아는가?"

오사는 성품이 강직한 사람이다. 그렇지 않아도 간신의 말만 듣는 초평왕에게 간언을 할 마음을 품고 있었다.

"왕께서는 맹영을 빼앗은 것부터가 잘못이었습니다. 왕께서는 하찮은 간신배의 말만 듣고 아들을 의심하시니 어찌 한심한 일이 아닐 수 있겠습니까. 지금이라도 늦지 않았으니, 간신배를 멀리하시고 세자를 도성으로 불러들이십시오."

오사의 직간에 초평왕은 분노가 치밀었다. 입술을 부들부들 떨며 호령했다.

"저놈을 당장 옥에 가두어라."

오사가 무사들에게 끌려가는 모습을 바라보며 비무극이 다시 초평왕에게 아뢰었다.

"왕께서는 이제 세자에게 반역의 뜻이 있음을 명확히 아셨습니다. 세자는 오사가 옥에 갇혔다는 것을 알면 군사를 거느리고 쳐들어올 것입니다. 한시라도 빨리 사람을 보내어 세자를 죽여야 합니다."

"누구를 보내는 것이 좋겠는가?"

"영성에서 사람이 내려가면 세자는 필시 목숨을 걸고 싸울 것입니다. 따로 사람을 보낼 필요 없이 성보 땅에서 세자를 보좌하고 있는 사마 분양에게 밀지를 내리십시오. 일이 한결 수월해질 것입니다."

초평왕은 심복 내관 한 사람을 성보로 내려보내 분양에게 밀지를 내렸다.

'세자를 죽이면 큰 상을 내릴 것이요, 세자를 놓아 보내주면 죽음을 면치 못하리라.'

분양은 고민했다. 그는 본래 세자 건의 사람은 아니었으나 몇 년간 함께 지내는 동안 세자에게 호감을 느꼈다. 차마 자신의 손으로 죽일 수가 없었다.

그날 밤, 그는 부하 한 사람을 세자에게로 보냈다.

"세자께서는 다른 나라로 도망치십시오."

세자 건은 자신에게 위험이 닥쳐왔음을 알았다. 하늘을 쳐다보며 탄식했다.

"아아, 나의 신세가 어쩌다 이렇게 되었는가?"

이때 그에게는 동강에게서 난 아들 하나가 있었다. 아들의 이름은 승이었다. 그는 동강과 아들 승을 깨워 어둠을 이용해 함께 송나라로 달아났다.

뒤늦게 세자 일가가 도망친 것을 안 초평왕은 크게 분노했다. 세자 건의 생모인 채희를 운 땅으로 쫓아내고, 맹영을 정부인으로 삼았다. 아울러 공자 진을 정식으로 세자에 책봉했다. 이로써 이 일은 일단락되는 듯했다.

그러나 간신 비무극의 농간은 끊임없이 계속되고 있었다. 그는 세자 건이 죽지 않고 국외로 도망친 사실에 대해 몹시 불안해하였다. 그가 언제 국내의 세력과 줄을 잇고 다른 일을 도모할지 알 수 없었기 때문이었다.

"먼저 세자 건의 스승인 오사부터 죽여야 합니다."

그는 초평왕을 부추겼다. 지금 오사는 옥에 수금되어 있다. 그를 죽이는 일은 어려운 일이 아니었다. 초평왕이 비무극의 말에 고개를 끄덕이며 사구를 불러 오사를 죽이라는 명을 내리려 할 때였다. 비무극이 또 말했다.

"왕께서는 너무 서두르지 마십시오. 오사는 비록 세자의 스승이기는 하나 그다지 염려할 만한 존재는 아닙니다."

"그렇다면 누가 근심거리인가?"

비무극은 작은 눈을 반짝이며 대답했다.

"오사에게는 장성한 두 아들이 있습니다. 오상과 오원이 바로 그들입니다. 그들은 모두 출중하고 비범합니다. 오상은 지금 당읍을 다스리고 있으며, 그 동생 오원이 형을 보필하고 있습니다. 만일 그들이 다른 나라로 달아나 폐세자 건과 합세하는 날이면 왕께서는 한시도 편안히 주무실 수 없습니다."

"그들을 불러 죽이자는 것인가?"

"그렇습니다. 하오나 그냥 부르면 그들 형제는 죽을 것을 짐작하고 오지 않을 것입니다."

"어떻게 하면 그들이 올까?"

"오사를 불러내어 죄를 용서할 터이니 두 아들에게 속히 영성으로 오라는 편지를 쓰게 하십시오. 오상과 오원은 아비에 대한 효성이 지극합니다. 아비의 석방을 위해서라도 반드시 달려올 것입니다. 그때 삼부자를 한꺼번에 죽여버리면 아무 후환도 없을 것입니다."

"좋은 계책이다."

초평왕은 기뻐하며 오사를 옥에서 끌어냈다. 당하에 꿇어앉은 오사 앞에 글을 쓸 수 있는 붓과 비단을 내주었다.

"그대가 세자와 짜고 모반을 도모한 죄는 크다. 마땅히 목을 참하여 널리 알려야 할 것이로되, 그대 조부 오삼과 부친 오거가 선대에 공이 컸으므로 특별히 용서하겠다. 아울러 그대의 두 아들에게는 새로운 관직을 내릴 터이니 편지를 써서 조정으로 불러들여라. 그러나 그들이 오지 않으면 그대를 용서하지 않겠다."

오사는 초평왕이 속임수를 써서 자신의 두 아들까지 죽일 작정이라는 것을 눈치챘다. 그러나 그는 신하의 신분으로서 왕명을 거역할 수가 없었다. 곧 그 자리에서 편지를 썼다.

'나는 왕께 바른말을 올리다가 왕의 노여움을 사서 옥에 갇힌 몸이 되었으나, 다행히 왕께서 우리 조상의 공적을 생각하시어 죽음을 면하게 되었다. 여러 신하의 권고에 따라 왕께서는 너희들에게 새 벼슬을 내리시겠다고 하시니, 너희 형제는 이 편지를 보는 즉시 조정으로 들어오너라. 만일 왕명을 어기면 그 죄가 가볍지 않을 것이요, 나 또한 죄를 면치 못할 것이다.'

초평왕은 오사가 쓴 편지를 읽어보았다. 아무런 문제가 없었다. 흡족한 웃음을 지은 다음 사구를 향해 명했다.

"오사를 다시 옥에 가두어라!"

오사는 그럴 줄 알았다는 듯 아무 항변도 하지 않고 옥으로 돌아갔다. 옥 안에는 여러 사람이 있었다. 그들은 오사가 두 아들을 불러내는 편지를 쓰고 왔다는 사실을 알고 타박하듯 물었다.

"왕은 그대의 두 아들까지 죽일 것이 뻔한데, 어째서 그런 편지를 썼습니까?"

오사는 오랫동안 말이 없다가 중얼거리듯 대답했다.

"나의 큰아들 오상은 천성이 고지식하고 착하여 아비가 부르면 반드시 올 것이오. 하지만 둘째 아들 원(오자서)은 생각이 깊고 앞날을 내다볼 줄 아는 안목이 있어 내가 부른다 해도 오지 않을 것이오. 어찌 왕이 나의 아들 모두를 죽일 수 있겠습니까?"

한편, 초평왕은 총신 언장사에게 오사의 편지를 내주며 명했다.

"너는 바람처럼 당읍으로 달려가 오상 형제에게 이 서신을 전하여라."

2) 굴묘편시堀墓鞭屍를 당한 초평왕

그날로 언장사는 영성을 출발해 당읍으로 내려갔다. 그는 오상을 보자 웃음 가득한 얼굴로 말했다.

"경사를 축하합니다."

오상이 어리둥절하여 물었다.

"아버지께서 옥에 갇혀 지내시는데, 내게 경사스러운 일이 생길 게 무엇 있다고 축하의 말을 하는 게요?"

"그렇지 않습니다. 처음 왕께서 그대 아버지를 옥에 가두었던 것은 사실이나 그 후 많은 신하들이 간하여 지금은 풀려나신 상태입니다. 여기 그대 아버지께서 친히 쓰신 편지가 있으니 읽어보고, 어서 나와 함께 영도로 올라갑시다."

그 말을 믿고 오상은 기쁜 표정을 감추지 못했다.

"아버지가 옥에 계신다기에 늘 마음이 칼로 베어내는 듯 아팠는데, 이제 자유로운 몸이 되셨다 하니 천만다행이오. 내 곧 동생과 함께 떠날 채비를 하겠소이다."

그러고는 아버지 오사의 친필 편지를 들고 동생 오자서의 집으로 향했다. 오상이 초나라 수도 영도로 가려 하자 오자서가 말하였다.

"초나라에서 우리 형제를 부름은 우리 아버지를 살려주려고 해서가 아닙니다. 탈출하는 자가 있어서 후에 근심거리가 생김을 염려하여, 아버지를 인질로 삼고 거짓으로 우리를 부르는 것입니다. 두 아들이 도착하면 부자가 모두 죽게 됩니다. 그렇게 되면 아버지의 죽음에 무슨 도움이 되겠습니까? 돌아가면 아버지의 원수를 갚지 못할 뿐입니다. 다른 나라로 달아나되, 힘을 빌려서 아버지의 치욕을 씻어야지, 함께 죄인이 되어 죽음을 당하게 되면 아무 소용도 없게 되는 것입니다."

오상이 말하였다.

"간다고 끝내 아버지의 목숨을 보전할 수 없음을 나도 안다. 그러나 아버지가 우리를 불러 목숨을 구하는데도 가지 않거나, 훗날 설욕하지 못하면 결국은 세상의 웃음거리가 될 것이다."

이어 오자서에게 일렀다.

"너는 달아나거라! 너는 아버지를 죽인 원수에게 보복할 수 있을 것이다. 나는 이제 가서 아버지를 뵙도록 하겠다."

오상이 붙잡히고 나자, 사자가 오자서를 체포하려 하였다. 오자서가 활시위를 당기고 화살을 잡아 사자에게 겨누니, 사자가 감히 다가오지 못하였고, 오자서는 마침내 태자 건이 송나라에 있음을 알고 가서 그를 따르며 시중을 들었다.

오상은 초나라에 이르자 초평왕은 기다렸다는 듯 오사와 오상 부자를 죽였다.

오자서가 송나라에 이르자 얼마 후 송나라에는 화씨의 난이 일어났으므로, 세자 건과 함께 정나라로 달아났다. 정나라의 군주가 그들을 잘 대우하였다. 태자 건은 정나라에서 다시 진晉나라로 갔는데, 진경공이 말하였다.

"세자는 정나라와 사이가 좋고 정나라는 태자를 신뢰하고 있소. 태자가 나를 위해 내부에서 내밀히 적과 통하고 내가 밖에서 공격하면, 정나라를 멸망시킴은 틀림이 없겠소. 정나라가 멸망하면 태자를 그곳에 봉하겠소."

세자 건이 다시 정나라로 돌아왔다. 며칠 후 초나라 세자 건은 노복 하나를 심하게 매질하고 있었다. 그 노복은 진나라까지 따라갈 정도로 신임을 받고 있었던 자였는데, 공관에서 일하는 한 여종과 몰래 정을 통했다.

심부름을 보냈는데 한참이 지나도록 노복이 돌아오지 않자 세자 건이 찾아 나섰다가 밀실에서 여종과 정을 통하는 그를 발견했다. 화가 난 세자 건은 노복을 기둥에 묶어두고 채찍 1백 대의 형벌을 가했다.

그날 밤, 노복은 매 맞은 것에 앙심을 품고 정나라 재상 유길의 집으로 달려가 초나라 세자 건과 진경공 사이에 오갔던 밀담을 고스란히 일러바쳤다.

'건 세자와 진晉나라가 내통하여 정나라를 치려 하고 있습니다.'

유길은 기겁 초풍했다. 그 길로 달려가 정나라 정공에게 세자 건의 음모를 고했다. 이튿날, 정나라 정공은 초나라 세자 건을 공궁 후원으로 초대했다. 초나라 세자 건이 정정공과 어울려 술 석 잔을 마셨을 때였다. 별안간 정정공이 정색하고 물었다.

"과인은 갈 곳 없는 그대를 받아들여 섭섭하게 대한 적이 한 번도 없는

데, 그대는 어찌하여 딴마음을 품고 있소?"

당황한 세자 건은 애써 태연한 표정으로 대답했다.

"그게 무슨 말씀입니까? 제가 어찌 딴마음을 품을 리 있습니까?"

정정공은 고개를 돌려 좌우 시종을 향해 외쳤다.

"여봐라, 그자를 이리로 데려오너라."

누구를 부르는가 하고 돌아보는 순간 초나라 세자 건은 안색이 하얗게 질렸다. 어젯밤 자신에게 매를 맞은 노복이 아닌가. 정정공이 다시 세자 건을 향해 말했다.

"이자가 말하기를 그대가 진나라 군대와 내통하여 우리 정나라를 치기로 했다는데, 이에 대해 그대는 할 말이 있소?"

세자 건이 대답할 말을 잃고 몸을 부들부들 떨 때였다. 정정공이 술잔을 바닥에 내던졌다. 동시에 좌우에 숨어 있던 무사들이 일시에 달려 나와 세자 건의 목을 후려쳤다. 그는 맥없이 바닥에 꼬꾸라졌다.

그때 오자서는 공관에 혼자 앉아 있었다. 갑자기 온몸이 떨려왔다. 아무리 진정하려 해도 진정되지 않았다.

"이상한 일이다. 세자께 위험이 닥쳤는가 보다!"

이렇게 중얼거리는데 세자의 시종 하나가 새파랗게 질린 얼굴로 달려왔다.

"세자께서 궁 안에서 피살되었습니다."

오자서는 튕기듯 몸을 일으켰다. 재빨리 세자 건의 아들 공자 승을 품에 안고 공관을 뛰쳐나갔다. 무작정 성문을 향해 달렸다. 아직 성문까지는 기별이 닿지 않은 모양이었다. 무사히 성을 빠져나온 오자서는 계속해서 발길 닿는 대로 달렸다.

한참을 달린 끝에 걸음을 멈췄다. 나무가 울창하게 우거진 숲속이었다. 그는 거친 숨을 몰아쉬며 나뭇등걸에 기대앉아 휴식을 취했다. 그의 머릿속은 한 가지 생각뿐이었다.

'어디로 갈 것인가?'

그러나 아무리 생각해도 갈 곳이 없었다. 그는 고개를 들어 떠가는 구름을 망연히 바라보았다.

'이제는 어쩔 수 없구나. 오나라로 가서 몸을 의탁하는 수밖에.'

관소에 당도하자 관문의 병사가 붙잡으려 하였다. 오자서는 승과 헤어져 홀몸으로 걸어서 달아나는데 자칫하면 벗어날 수 없을 듯하였다. 추격자가 바로 뒤에 있었다. 강에 이르니, 강에는 어부가 배를 타고 있다가, 오자서의 위급함을 알고 오자서를 건너게 해주었다. 오자서가 강을 건너고 나서 그의 칼을 풀어주면서 말하였다.

"이 칼은 백 금의 가치가 있는데, 이것을 그대에게 주겠소."

그러자 뱃사공이 말했다.

"초나라의 법에, 오자서를 잡는 사람에게는 곡식 5만 섬과 집규執圭의 작위를 내린다고 했거늘, 어찌 한갓 백 금의 칼로 대신할 수 있겠소!"

뱃사공의 은혜로 목숨을 구한 오자서는 병이 나서 중도에 멈추기도 하고 걸식하기도 하였으나 천행으로 오나라에 당도하였다. 오나라는 요가 다스리고 있었고, 공자 광이 장군이었다. 오자서는 그리하여 공자 광을 통하여 오나라 왕의 알현을 부탁하였다.

당시 오나라 변방과 초나라 변방 종리는 모두 누에를 쳤는데, 양쪽 여자들이 뽕잎을 갖고 다투어 마을이 서로 공격하는 일이 잦았다. 결국 오나라와 초나라의 국경 마을에서 일어난 작은 싸움이 나라의 운명을 건 전쟁으로 발전되는 사건이 벌어졌다. 마을에는 양잠이 한창이라서, 누에 먹이가 되는 뽕잎을 대량으로 필요했었다. 그런데 국경 근처에 뽕나무가 많이 자라났다. 오나라의 마을 아이와 초나라 마을의 아이가 이 뽕나무 잎을 두고 다투어 싸움이 시작됐다. 그 일이 아이 부모의 싸움으로 이어졌고, 오나라 마을의 부모가 졌고, 이 마을을 통치하는 군수는 경비병을 보내 진압하였다. 이 소식을 들은 초나라 왕은 분노하였고, 군대를 동원하여 오나라 마을을 초토화하였다. 오나라의 마을이 초토화됨을 들은 오왕 요는 격분하여 국경지대의 성을 점령하고 초나라 내부로 진격하였다. 초나라도 군대를 보내 큰 싸움이 일어났다. 그러자 공자 광이 오왕 요에게 조언하였다. 오왕 요는 공자 광의 조언을 받아들였고, 가을 7월에 계보에서 오왕 요는 스스로 죄수 3천 명을 병사로 삼아서 초나라의 원군인 침과 진陳나라의 군대를 공격하였고, 우군을 공자 광, 좌군을 공자 엄여를 지휘관으로 임명하고, 후에 침의 군주를 포로로 삼았고, 진나라의 대부도 사로잡았다. 이렇게 오나라는 기세를 몰아 초나라를 격파하였다.

오자서가 오왕 요를 설득하였다.

"초나라를 멸망시킬 수 있습니다. 다시 공자 광을 보내십시오."

공자 광이 오왕 요에게 말하였다.

"오자서는 아버지와 형이 초나라에 죽임을 당하였으므로, 왕에게 권유해서 초나라를 공격함은 자신의 원수를 갚기 위함일 뿐입니다. 초나라를 치더라도 아직 멸망시킬 수 없습니다."

오자서는 공자 광이 속셈을 가지고 왕을 죽이고 왕위에 오르고자 함을 알고, 아직은 그가 나설 계기가 아님을 알았다. 전제라는 자객을 공자 광에게 천거하고, 자신은 물러나 태자 건의 아들인 승과 함께 초야에서 농사를 지었다.

간신 비무극은 결국 그의 죄과가 드러나 영윤 낭와와 심윤술에 의해 처형되었고, 아버지와 형이 처형된 것을 분하게 여긴 오자서는 초나라에 대한 원망이 가득했다. 초평왕의 건강이 쇠약해져 오나라의 침공을 막을 수 없었고, 초나라가 급격하게 쇠퇴하게 되었다. 기원전 516년 6월에 초평왕은 병에 걸려 사망하고, 당초 태자 건의 신부였던 맹영과 초평왕 사이에서 낳은 진은 아버지가 죽자 드디어 즉위하여 초소왕이 되었다.

오왕 요는 초나라의 국상을 틈타 두 공자에게 병사를 이끌고 가서 초나라를 기습하게 하였다. 초나라가 군대를 일으켜 오나라 군대의 퇴로를 끊으니, 오나라 군대는 돌아가지 못하였다. 오나라의 국내가 텅 비자 공자 광은 전제를 시켜 오왕 요를 죽이게 하고 스스로 즉위하니 오왕 합려이다.

오자서는 복수를 위해 이웃 나라를 떠돌다 오나라에서 10년이 넘도록 절치부심 끝에 마침내 기회를 잡았다. 오나라의 공자 합려를 도와 왕위에 오르게 한 뒤 중책을 맡고 병법의 대가 손무와 함께 대대적으로 초나라를 침공하였다. 당시는 불구대천不俱戴天의 원수인 평왕과 간신 비무극이 이미 사망한 이후였으나 원한에 사무친 오자서는 평왕을 이은 소왕이 도주한 뒤에도 수도 영을 유린했다.

기원전 506년 백거 전투로 자서가 이끄는 오나라 병사가 초나라의 수도 영도를 점령했을 때, 오자서는 초소왕을 찾았으나 찾을 수가 없었다. 이에 초소왕의 아버지이고 자신의 원수인 초평왕의 능을 파헤치고, 그의 시신을 꺼내어 채찍으로 300번 때렸다. 여기서 유래된 사자성어가 굴묘편시堀墓鞭屍다.

제6장

여색에 빠져 나라를 망치고
죽음을 자초한 임금

1.
작은 이익을 주고
이웃 나라를 빼앗은
진헌공

맹자는 하늘이 장차 누군가에게 천하를 다스리는 대업을 맡기려 한다면 먼저 그의 정신과 육체를 괴롭고 수고롭게 하여 고난을 겪게 한다고 하였다. 그렇게 함으로써 마음을 분발시키고 성질을 참게 하여, 그 능하지 못한 부분을 증익시키기 위한 것이다. 나라 안에 들어가면 법도 있는 집과 보필하는 선비가 없고, 나라 밖에 나가면 적국과 외환이 없는 나라의 경우는 항상 멸망할 수밖에 없다. 사람은 우환憂患 가운데서는 살아나고 안락한 가운데에서는 죽는다는 것을 알게 된다. 즉 어렵고 힘든 가운데서 자신의 지혜와 재능을 증진시킬 수 있어 역경을 헤쳐나갈 수 있다고 본 것이다. 이 말은 당시 임금들이 항상 현 상황을 성찰하여 매사에 삼가서 올바른 삶의 지표를 제시해야 한다는 것을 의미한다.

춘추시대 오패(五霸, 제환공 · 진(晉)문공 · 초장공 · 송양공 · 진(秦)묵공)의 예를 보면 그 대강을 알 수 있다. 최초의 패자인 제나라 환공은 수많은 역경과 실패를 겪은 뒤에야 지혜로운 관중의 충고를 받아들여 점차 패자의 위치를 확보했다. 진나라 문공은 긴 고난과 시련 끝에 패자가 된 전형적인 인물이다. 그는 전적으로 자신의 역경을 딛고 군주에 즉위했으며 훌륭한 군주가 되었다. 그의 삶은 그야말로 정신과 육체를 괴롭고 수고롭게 하여 고난을 극복하여 얻은 값진 성과라고 할 수 있다.

진나라 24대 군주 문공이 신속하게 그만한 성취를 이룰 수 있었던 것은 주로 그의 파란만장한 인생 역정에 힘입은 바 크다. 그의 성공의 가장 큰 특징은 일보 후퇴하여 전진으로 삼은 점이다. 그 첫 번째 예는 화를 피하기 위해 국외에서 19년을 떠돌아다니다 마침내 귀국하여 군주가 된 점이다. 두 번째는 초나라와 성복의 전투를 치르던 중 후퇴하여 충돌을 피한 점이다. 그 결과 문공은 전투에서 승리하고 패자의 지위를 확립했다.

문공이 패자가 된 이면에는 부친인 제19대 헌공獻公의 정치적인 이력에 도움이 있었다. 헌공 이전에 진나라는 무려 70년에 가까운 전란을 겪었다. 문공의 조부이자 헌공의 부친인 무공이 마침내 진나라를 통일하고 제후의 반열에 오른 것은 무공의 공로가 있었음을 알 수 있다. 헌공 역시 초창기에는 비교적 정사에 능력 있는 군주였다. 헌공은 여러 차례 이웃 나라의 정벌을 통해 영토를 확장하여 진나라를 북방의 대국으로 키웠다.

헌공은 자신의 군주권을 위협하는 곡옥백의 자손들을 주살하고 종가의 권위를 확립했으며, 곽·위·우·괵나라 등의 영토를 합병하여 진나라를 강성하게 만들었다. 진나라가 아무 문제 없이 계속 순조롭게 발전했다면 헌공은 틀림없이 패자가 되었을 것이다. 그런데 그는 만년에 돌이킬 수 없는 실수를 저질렀다. 그 실수의 원인이 여색에 빠져 그만 왕실에 분란을 일으키게 한 점이다. 이런 일은 군주들이 흔히 저지르는 폐단이지만 헌공은 영악하고 욕심이 지나친 여희에 대한 총애는 유별났다. 이후 20여 년간 진나라에 끼친 피해는 실로 글로 담을 수 없을 정도였다.

헌공은 즉위한 다음 왕의 권한을 위협하는 공신들을 철저히 배제하였으며 군대를 강화시켜 영토를 꾸준히 확장해 나갔다. 진헌공과 관련하여 순망치한(脣亡齒寒, 입술이 없어지면 이가 시리다는 뜻으로 서로 호응하지 않으면 똑같이 망하거나 어려워지게 되는 밀접한 관계에 있는 것을 비유하는 말)이라는 고사성어가 전해질 정도로 당시 막강한 영향력을 행사하고 있었다.

춘추시대 패자라고 일컫던 진헌공이 우나라에게서 길을 빌려 괵나라를 집어삼킬 야심을 품고, 중신들을 상대로 계책을 물었다.

대부 순식이 앞으로 나와서 말했다.

"괵나라와 우나라는 이빨과 입술의 관계나 다름없습니다. 그렇기 때문에 이들이 연합하여 대항할 가능성이 다분하고, 그렇게 되면 일이 순조롭지 못할 것입니다. 가장 좋은 방법은 가까운 우나라를 회유하여 길을 빌려 먼저 괵나라를 쳐서 항복을 받아 낸 다음에 그 여세를 몰아 우나라를 집어삼키면 될 것입니다."

"우나라가 순순히 들을까? 이쪽의 의도를 짐작하지 못할 리 없을 텐데."

"그렇더라도 시도해 볼 만하지요. 우나라의 군주 우공은 재물이라면 사족을 못 쓴다고 합니다. 진귀한 보석과 좋은 말을 선사하여 우공의 탐욕을 자극하면 십중팔구 틀림없이 들을 것입니다."

그렇지만 헌공은 주저했다. 그 두 가지 다 자기가 아끼는 귀중한 보물이기 때문이었다.

순식이 말했다.

"무얼 망설이는 것입니까? 우나라를 정복하게 되면 주었던 물건을 되찾아 오게 될 것 아니겠습니까? 지금은 단지 일시적으로 맡겨 두는 셈일 뿐입니다."

그 말을 듣고서 헌공은 순식의 기발한 제안을 채택했다.

선물을 가지고 우나라를 찾아간 사신은 우공에게 이렇게 말했다.

"저희 임금께서는 지금 괵나라를 정벌하고자 하십니다. 그러니 전하께서 저희 군사들이 지나갈 수 있도록 길을 빌려주시면 나중에 괵나라에서 얻은 재물 절반을 드리겠습니다."

이미 예물을 받고 기분이 매우 흡족한 우공이 그 제의를 받아들이려고 하자, 대신 궁지기가 간곡히 말했다.

"전하, 괵나라는 우리와 한 몸이나 다름없습니다. 그 괵나라가 망하면 우린들 무사하겠습니까? 옛 속담에 '덧방나무와 수레는 서로 의지하고[輔車相依, '보輔'는 수레의 덧방나무라는 뜻 외에도 '광대뼈'라는 뜻이 있고, '거車'는 수레바퀴라는 뜻 외에 잇몸이라는 뜻이 있다], 입술이 없어지면 이가 시리다'고 했습니다. 우리와 밀접한 관계인 괵나라를 치려고 하는 진나라에 어떻게 섣불리 길을 빌려준다는 것입니까?"

공박을 당한 우공은 불쾌하여 얼굴을 찌푸리면서 반박했다.

"경은 뭔가 오해하는가 보군. 진나라와 우리는 모두 주나라 황실에서 갈라져 나온 한집안 출신이오. 그런 관계인데 진나라가 우리한테 해를 입히겠소?"

"그럼 괵나라는 한집안 출신이 아니란 말씀입니까? 마찬가지 관계지만, 진나라는 이미 한집안의 정리를 저버린 지 오랩니다. 지난 일을 기억해 보십시오. 진나라는 같은 종친인 제나라 환공과 초나라 장공의 일족도 죽인 적이 있습니다. 그런 무도한 진나라의 말을 곧이곧대로 믿어서는 안 됩니다."

그러나 우공은 궁지기의 간언을 듣지 않고 진나라 사자의 길을 빌려 달라는 요구를 들어주었다. 궁지기는 집에 도착하자마자 짐을 꾸리도록 하여 가족들을 거느리고 우나라를 떠나면서 말했다.

"우나라는 이제 매년 말의 제사를 지낼 수 없게 되겠구나. 이번에 우나라가 멸망하면 진나라는 다시는 병사들을 보낼 필요가 없게 될 것이다."

겨울철인 12월 병자일, 진나라는 괵나라를 멸망시켰다. 괵공은 경사(京師, 천자의 수도)로 피신했다. 순식은 괵나라를 정벌하고, 자기 나라로 돌아온 지 삼 년 만에 군사를 일으켜 우나라까지 정벌해 승리를 거두었다. 순식은 한 손엔 명마를 끌고 한 손에는 옥을 들고 헌공에게 바쳤다. 헌공은 기뻐하며 말했다.

"아! 옥은 그대로구나. 비록 말의 나이는 더 먹었지만!"

우공의 군대가 괴멸당하고 영토까지 빼앗긴 까닭은 무엇 때문인가? 작은 이익에 마음이 끌려 큰 해를 염려하지 않았기 때문이다. 그래서 작은 이익을 돌보다가 큰 이익을 해친다고 한 것이다.

진나라 군대는 우공과 대부 정백을 사로잡고 그들을 진헌공의 딸 진목희가 시집가는 데 노비로 삼았다. 하지만 우나라의 제사는 폐하지 않았고, 우나라의 공물은 주나라 황실로 돌렸다.

포로로 잡혀 끌려가는 우공은 궁지기의 충언을 받아들이지 않은 자신의 잘못을 후회하여 머리를 짓찧고 싶었으나, 수레에 묶인 몸이라 그나마도 할 수 없었다.

우왕으로 하여금 자신의 처지를 제대로 깨닫지 못하도록 만든 것은 바로 진헌공이 보낸 진귀한 보물이었다. 손자가 제시한 '이이유지利而誘之'의 방법은 바로 상대의 욕심을 이용하는 속임수이다.

상대가 좋아하는 것이나 상대가 바라는 것을 미리 파악한 다음 자연스럽게 던져 주면 쉽게 함정에 빠뜨릴 수 있다. 인간이라면 누구나 자신에게 유리한 것, 자신이 좋아하는 것을 좇아 행동하는 경향이 있기 때문이다. 그러므로 전쟁에서는 의심하고 또 의심해야 한다.

내가 원하던 이득이 아무런 대가가 없이 주어졌을 때 상대가 나를 유혹하기 위한 미끼인지 아닌지를 판단해야 한다. 상대의 의도적인 유혹에 빠지게 되면 내가 처한 상황이나 내가 마땅히 해야 할 행동 방침을 잊고 눈앞의 이익에만 집중하게 된다. 우왕의 탐욕이 나라의 멸망을 내다보지 못하게 한 결과를 낳았듯이 말이다.

전쟁이란 승리하기 위해 어떤 방법이든지 동원한다. 상대방을 속이는 방법도 하나의 술책이다. 그러니 능력이 있어도 능력이 없는 것처럼 보이고, 사용할 수 있어도 사용할 수 없는 것처럼 보이고, 멀어도 가까운 것처럼, 가까워도 먼 것처럼 보이게 한다.

이로운 것으로서 유혹하고, 혼란스럽게 하여 취득하고, 실력이 있으면 대비하고, 강하면 회피하며, 노하게 하여 요란 시키고, 약한 척을 하여 교만하게 하며, 편안하게 하여 노동하게 하고, 친한 척하여 이간질하며, 대비하지 않을 때 공격하며, 생각지 못할 때 나타나야 한다.

2.
절세미인
여희의 음모

헌공이 즉위하여 맹위를 떨치던 진나라는 헌공 5년에 여융족을 토벌하게 되었는데, 그때 헌공은 미모가 매우 뛰어난 여희라는 여자를 손에 넣게 되었다. 여희는 여융 수장의 딸이다. 동생 소희와 함께 진나라 헌공의 후궁이 되어 헌공의 총애를 독차지했다. 그런데 여희는 절세의 미인일 뿐 아니라 매우 총명하고 영리하여 헌공의 사랑을 독차지하게 되었다.

여희가 얼마나 미모가 뛰어났는가 하면, 물고기가 물속으로 숨고 기러기가 땅에 떨어질 만큼 아름다웠다고 한다. 여희의 아름다움에 압도되어 '물고기는 물속으로 깊이 숨어버리고 기러기는 넋을 잃고 바라보다가 대열에서 떨어졌다[침어낙안沈魚落雁]'고 하고, 또 '환한 달은 구름 뒤로 모습을 감추고 꽃은 부끄러워 시들었다[폐월수화閉月羞花]'고 그녀의 미모를 극찬하였다.

『장자』의 「제물론」에 가장 빼어난 아름다운 미모를 가진 여인으로 세상에 견줄 사람이 없는 여희와 모장이 나올 정도였다.

사람은 소와 돼지를 먹고, 사슴은 풀을 먹으며, 지네는 뱀을 달게 먹고, 솔개와 까마귀는 쥐를 즐겨 먹는다. 이것은 타고난 천성으로 어느 쪽이 과연 올바른 맛을 알고 있는지는 모른다. 원숭이는 편저라는 보기 싫은 다른 종류의 원숭이를 암컷으로 삼고, 큰 사슴은 작은 사슴인 노루와 짝짓기를 하며 미꾸라지는 다른 물고기와 어울려 노닌다. 모장과 여희는 사람들이 다 좋아하는 절세미인(絶世美人, 이 세상에 나오는 것이 끊어진, 세상에 견줄 사람이 없는 뛰어난 미인)이다. 그런데 물고기는 그녀들을 보면 물속으로 깊게 숨어버리고, 새들은 높이 날아가 버리며 사슴과 노루는 죽자고 도망가 버린다.

절세미인인 여희는 자신의 영욕을 채우기 위해 진헌공을 곤경에 처하게 하고 의붓아들을 음해하여 진나라의 기강을 해이하게 만든다. 헌공에게는 다섯 아들이 있었다. 먼저 정실부인인 제강이 낳은 태자 신생과 융족을 멸망시키고 데려온 두 첩이 각각 낳은 중이와 이오가 있었다. 또 여융을 정벌하고 나서 얻은 여희가 낳은 해제와 여희의 동생이 낳은 탁자가 있었다. 본래 자신의 분수보다 지나치게 탐내거나 누리고자 하는 욕심이 컸던 여희는 해제를 태자로 삼기 위해 이미 태자로 책봉되어 있던 큰아들 신생과 둘째 아들 중이, 그리고 셋째 아들 이오를 명목상 국경 수비의 책임을 맡기면서 변방으로 내쫓았다. 이렇게 공자들을 차례로 도읍에서 몰아내어 그들의 힘을 분산시키고 서로 돕지 못하게 했다. 그래서 헌공 곁에는 해제와 탁자만이 남게 되었다.

좋은 냄새 나는 풀과 고약한 냄새 나는 풀을 같이 놓으면 악취만 난다. 선은 쉽게 잊히고 악은 오래도록 전해지는 것을 비유하는 말이 일훈일유(一薰一蕕, 향초 하나와 누린내 나는 풀 하나)이다.

헌공이 여희를 정실부인으로 삼으려고 거북점을 쳤는데 불길하다고 나왔다. 헌공이 다시 서초로 점을 쳤더니 길하다고 나왔다. 헌공이 서초점을 따르겠다고 말하자 거북점을 치는 점쟁이가 말했다.

"서초점은 영험하지 않고 거북점이 영험합니다. 더 영험한 점을 따르는 것이 낫습니다. 거북점의 점괘에 '총애를 과분하게 하면 변란이 일어나 왕의 검은 암양을 빼앗는다. 향초와 누린내 풀을 같이 놔두면 10년이 지나도 악취가 난다'고 나와 있습니다. 절대로 그렇게 하면 안 됩니다."

헌공은 점쟁이의 말을 듣지 않고 여희를 정실부인으로 세웠다. 여희에게는 아들 해제가 있었고, 함께 시집왔던 여동생에게는 아들 탁자가 있었다. 거북점의 점괘를 믿지 않고 서초점을 신뢰한 헌공은 죽은 뒤에 해제는 군주의 자리에 오르지 못하고 대신들에게 살해당하였고, 여희는 자살하고 말았다. 거북점의 점괘대로 진나라는 조용한 날이 없는 불길한 한 시대를 보냈던 것이다.

여희는 미모가 뛰어나 헌공의 총애를 받아 왕비의 자리를 차지하였다. 그리고 자신의 자식인 해제를 태자로 삼으려고 양오·동관오·여이생·극예 등 간신들의 도움을 얻어 죄 없는 태자인 신생을 비롯해 중이, 이오 등을 모함하여 차례로 죽이려 하였다.

그런데 여희는 헌공에게 결코 자기 아들을 태자로 삼자고 하지 않았을 뿐 아니라 헌공이 신생 대신 자신의 아들 해제를 태자로 삼자고 말했을 때도 눈물을 흘리며 간청까지 할 정도로 영악하고 영리한 여자였다.

"당치도 않은 말씀이옵니다. 태자 신생이 이 나라의 후계자라는 것은 온 천하가 다 아는 사실이며 또한 그는 장군으로서도 많은 공적을 세워 백성들의 존경을 받고 있습니다. 저 같은 천한 여자를 위해 제 아들을 태자로 세우시려 한다면 차라리 스스로 목숨을 끊겠습니다.”

헌공은 이 말에 감동하지 않을 수 없었다. 태자 신생을 생각하는 갸륵한 여희의 마음에 그만큼 여희를 끔찍이 사랑하고 신뢰할 수밖에 없었다. 그러나 여희의 본심은 따로 있었다.

여희는 태자를 해치기 위해 꿀벌의 계책을 세웠다. 미리 자신의 머리에 벌꿀을 잔뜩 바르고 신생을 화원으로 이끌었다. 잠시 후 꿀벌들이 그녀의 머리 위로 날아오자 여희는 신생에게 벌들을 쫓아 달라고 부탁하고는 자신은 이리저리 몸을 피하며 연신 비명을 질렀다. 여희의 계책에 따라 먼 곳에서 이를 보고 있던 늙은 헌공의 침침한 눈에는 그 광경이 영락없이 신생이 여희를 희롱하는 것으로 비쳤다. 헌공은 대로했고, 신생은 그의 눈 밖에 나고 말았다.

또 어느 날 여희가 이번에도 신생을 생각하는 척하면서 음모를 꾸몄다.

“어젯밤 꿈에 태자의 어머님께서 나타나셨어요. 어서 제사를 모시고 아버님께 제물을 올리도록 하세요.”

당시 태자 신생의 어머니는 고인이 된 지 오래였는데 그 당시에는 꿈에 고인이 나타나면 그 자식이 제사를 지내고 그 제물을 생존해 계신 부모에게 올리는 풍습이 있었다. 그러한 여희 말에 태자는 아무 의심 없이 즉시 제사를 모시고 술과 음식을 아버지인 헌공에게 바쳤다.

때마침 헌공은 사냥을 나갔는데 여희는 그 술과 음식에 아무도 모르게 독약을 집어넣었다. 다음 날 사냥에서 돌아온 헌공이 태자가 올린 음식을 막 입에 대려는 순간, 여희가 만류했다.

“한번 시험해 보시고 드시는 것이 어떨까요?”

“그럴까.”

그러면서 술병을 땅에 부으니 땅이 갑자기 부풀어 올랐고 음식을 개와 어린 시녀에게 먹이자 음식을 먹은 개와 어린 시녀가 금방 죽어버렸다. 그러자 여희가 큰 소리로 울음을 터뜨렸다.

"아니, 아버지께서 사시면 얼마나 더 사신다고 뭐가 그렇게 급해 이런 짓을 할까. 이 노릇을 어떻게 해야 하나요?"

한참을 통곡하던 여희가 울음을 그치더니 정색하며 말했다.

"태자가 이런 짓을 하는 것은 오로지 소첩과 소첩의 아들 해제 두 사람 때문입니다. 그러니 우리 두 모자가 타국 땅으로 도망가는 수밖에 없을 듯하옵니다. 그렇지 않으면 더 이상 수모를 겪지 않도록 스스로 죽게 해주십시오. 그것이 태자 신생의 손에 죽는 것보다 백번 좋을 것 같습니다. 대왕께서 전에 태자를 바꾸시겠다고 말씀하셨을 때 소첩이 그렇게 하시지 말라고 한 적이 있었는데 지금 생각해 보니 소첩이 어리석었습니다."

이에 헌공은 격분하여 태자 신생을 잡아들이라고 엄명을 내렸다. 그러나 태자는 이미 도망친 후였고, 대신 태자의 시종만 잡혀 들어와 즉시 사형에 처해졌다.

한편 몸을 피한 태자 신생에게 주위 사람이 탄식하며 말했다.

"아니, 그 독약 사건은 여희가 꾸며낸 일 아닙니까? 왜 변명을 안 하시는 것입니까?"

그러자 마음이 여린 신생이 침통한 표정으로 대답했다.

"아버님께서는 이미 기력이 없고 쇠하시었소. 더욱이 여희가 없으면 식사조차 제대로 하시지 못하실 정도입니다. 내가 사실을 말씀드려 아버님께서 여희에게 배신감을 느끼신다면 그 충격이 얼마나 크겠소?"

공자의 제자 중에 덕행이 뛰어나 칭찬을 받았던 제자로는 안연·민자

건·염백우·중궁 등이 있었다. 또 제자 증자의 효성에 대해서는 이미 정평이 있지만, 민자건도 그에 못지않은 효자였다. 민자건은 『이십사효』에 등장할 만큼 소문난 효자이면서 정직하고 절개가 있는 선비로도 유명하다. 공자는 이런 민자건에 대해 칭찬을 아끼지 않았다.

"민자건은 좀처럼 말을 하지 않는 사람이지만 한번 말을 하면 반드시 이치에 맞는 말만 한다."

그는 일찍 어머니를 잃어 아버지가 계모를 맞아 다시 이복동생 둘을 낳았다. 그는 계모와 이복동생들한테 갖은 학대와 구박을 받았지만, 그런 와중에도 단지 계모의 뜻을 어기지 않으려고 노력했고, 분노하거나 한을 품거나 앙심을 품을 생각조차 하지 않았다. 어느 해 추운 겨울 계모는 두 이복동생에게는 솜으로 따뜻하게 옷을 해 입혔지만 민자건은 몹시 미워하여 갈대꽃을 솜 대신 넣어 입혔다.

어느 날, 부친이 민자건으로 하여금 수레를 몰게 하였는데 민자건은 추위에 몸을 부들부들 떨다가 그만 채찍을 놓치고 말았다. 그의 아버지가 민자건을 잘 살펴보고서야 그 까닭을 알아채고 계모를 내쫓을 작정이었다. 그러자 민자건은 울면서 이렇게 말했다.

"어머니가 계시면 나 한 사람만 춥지만 어머니가 나가면 우리 형제 모두가 헐벗고 춥게 됩니다. 저 혼자 홑옷을 입으면 어떻습니까? 다른 형제들이 추위에 떨지 않으니 얼마나 다행입니까?"

민자건의 아버지는 할 말을 잃었다. 쫓겨나게 된 계모가 민자건의 읍소를 엿들었던 모양이다. 그날로 뉘우쳐 전처의 아들이란 생각을 버리고 따뜻한 어머니 노릇을 하게 되었다.

그런데 태자 신생은 부친 헌공에 대한 지극한 효성은 헌공에게 감동을 주기는커녕 오히려 모함을 받아 사지에 몰리게 되었다. 태자 신생에게 다른 나라로 망명을 권유하는 사람도 있었다. 그러자 신생은 체념한 듯이 말했다.

"그럴 수는 없소. 설사 다른 나라로 간다고 해도 이런 누명을 뒤집어쓰고서 어떻게 살 수 있겠소. 내가 할 수 있는 길이란 결국 죽음밖에 없는 듯하오."

이렇게 말하고는 신생은 곧 스스로 목숨을 끊었다.

그러나 여희는 흉악한 여자였다. 이에 만족하지 않고 또다시 일을 꾸몄다. 바로 '독약 사건은 중이와 이오도 공모했었습니다' 하며 헌공에게 거짓말로 설득하였던 것이다.

화가 머리끝까지 오른 헌공은 즉시 군사를 보내 자신의 두 아들인 중이와 이오를 체포하도록 했다. 그러나 셋째 아들 이오는 아버지가 보낸 군대에 맞서 치열한 전투를 벌여 체포되지 않았다. 그런데 둘째 아들 중이는 저항하지 않으면서도 자결하라는 사신의 말을 거부하고 도망을 쳤다. 사신은 칼을 빼어 그의 뒤를 쫓았는데 중이가 담장을 뛰어넘으려 하자 칼로 내리쳤으나 옷자락만 베었을 뿐이었다. 중이는 어머니 고향 나라인 적나라로 피신하게 되었으며 이때 중이의 나이는 이미 43세였다.

이렇게 헌공은 자신의 두 아들을 공격하는 상황까지 벌어지면서 진나라의 정치는 큰 혼란에 빠졌다. 중이와 이오는 도망하여 진나라를 탈출하고, 이 사건으로 진의 국력은 크게 쇠퇴하였다. 이를 세상 사람들은 '여희의 난'이라 부른다.

이런 와중에 여희는 그녀의 둘째 아들 도자를 낳았다.

헌공 26년 여름에 헌공이 병이 위독해졌다. 헌공은 해제의 스승인 순식을 불러 후사를 간곡히 당부했다.

"내 뒤를 해제가 계승할 것인데 아직 어리기 때문에 대신들이 잘 따르지 않을 것이며 또 반란이 일어날 수도 있다. 그대는 해제를 받들고 정사를 잘 보존할 자신이 있는가?"

순식은 머리를 조아리며 대답했다.

"신은 고굉의 힘을 다한 그 위에 충성과 정절을 더할 것입니다. 일이 이루어진다면 이것은(지하에 계시는) 주군의 영령의 도움일 것입니다. 만약 이루어지지 않으면 뒤따라 죽겠습니다."

헌공이 죽자 한 달 후인 10월에 대부 이극과 비정 두 사람은 반란을 일으켜 헌공의 장례가 채 끝나지도 않은 궁전으로 쳐들어가 열한 살의 해제를 죽였다.

순식은 여희의 동생이 낳은 탁자를 후계자로 옹립했으나, 이번에도 이극이 군사를 이끌고 궁전에 침입해 도자를 살해해 버렸다. 그러자 순식도 어쩔 수 없이 자결하고 말았다. 그래서 여희가 공들인 계획은 완전히 수포로, 돌아갔다. 결국 여희도 스스로 목숨을 끊었다.

헌공의 다섯 아들 가운데 세 명이 죽고 두 명이 달아나는 바람에 진나라는 주인 없는 나라가 되고 말았다.

제7장

남편 셋, 임금, 아들을 죽이게 하고,
한 나라와 두 정승 집을 망친 여자

1.
빼어난 미모에
방중술까지 습득한
하희

하희는 춘추시대 정나라 목공(穆公, BC 649~606)의 딸로, 처음에 자만에게 시집갔는데 자만이 일찍 죽자 진陳나라의 대부 하어숙에게 시집갔다. 하어숙의 아버지는 공자 소서이며, 소서의 아버지는 진정공이다. 그러므로 하어숙은 공손이다. 그는 공족 대부로서 사마벼슬을 지냈다. 하희夏姬라는 이름은 하씨의 부인 희씨라는 뜻이다. 성과 성이 합쳐져 또 하나의 이름이 된 경우다.

하희라는 이름이 유명세를 타게 된 이유는 그녀와 잠자리를 같이 한 사내들이 하나같이 유명을 달리하였거나 끝이 좋지 않았다는 사실이다. 배다른 오빠인 공자 만, 정나라 대부로 만과 삼각관계인 자공, 남편인 하어숙, 남편의 동료이자 대부인 공녕과 의행보, 임금인 진영공, 대신 급인 연윤이자 두 번째 남편인 양로, 양로의 아들, 즉 하희의 의붓아들인 흑요, 장군이자 세 번째 남편인 굴무(屈巫, 나중에 무신巫臣으로 개명), 왕인 진경공晉景公 등이다. 그래서 남편 셋, 임금 하나, 아들 하나를 죽이고, 한 나라와 두 정승 집을 망쳤다[殺三夫一君一子 亡一國兩卿]는 말이 나오게 되었다.

하희는 미모가 뛰어났을 뿐만 아니라 요염하고 음탕했다. 남자들이 하희를 한 번 보기만 하면 요염한 자태에 넋을 잃을 정도였다. 그녀가 그런 음색淫色을 풍길 만한 데에는 그럴 만한 이유가 있었다. 천하일색으로 태어난 하희가 요부가 된 사연은 후대에서 소설로 많이 등장한다. 대표적인 청나라 때의 『주림야사株林野史』에 흥미진진하게 나온다. 그녀가 아직 시집가기 전, 그러니까 열다섯 살 때의 일이었다.

어느 날 밤 그녀는 꿈을 꾸게 된다. 한 헌헌장부가 나타나 그녀를 품에 안았다. 그 사나이는 하희와 서로 잠자리를 하며 온갖 잠자리 기술과 남자의 정력을 흡수하는 방중술을 가르쳐 주었다.

"지금부터 너를 위해 신선들의 방중 비술을 가르쳐 줄 것이다. 이는 남성의 양기를 흡입하여 여성의 음기를 보강하는 것으로 그 효과가 너무나 강렬하다. 그러니 보양술을 모르는 남성은 혼이 빠져나갈 만큼 황홀함을 느끼게 되어 지속적으로 상대하면 수명이 단축되고, 죽을 때까지 그 여성의 성적 노리개가 될 수 있다. 그래서 색혼술色魂術이라고 불리는 이유다. 이를 잘 배워 수시로 행하면 운우지락雲雨之樂*의 도취경을 맛볼 수 있고, 양기를 취해서 음기를 보충하면 죽을 때까지 늙지 않고 젊음과 아름다움을 보존할 수 있을 것이다. 이제부터 내가 하는 말을 머릿속에 깊이 새기

---

* 운우지락(雲雨之樂): 『문선(文選)』에 수록된 송옥(宋玉)의 「고당부(高唐賦)」 서문에 따르면, 옛날 초나라 양왕이 송옥과 함께 운몽대(雲夢臺)에 놀러 가서 유독 고당관(高唐觀)에만 구름이 자욱한 것을 보고 그 이유를 묻자, 송옥은 그것이 '조운(朝雲)'이라고 하면서 그 유래를 들려주었다. 예전에 초나라 왕이 고당관에서 낮잠을 잘 때 꿈에 자칭 무산(巫山)의 선녀라는 여인과 만나 잠자리를 같이 했는데, 헤어지면서 그 선녀가 자신은 무산의 남쪽 산꼭대기 근처에 있으면서 아침이면 구름이 되고 저녁이면 비가 되어 아침저녁으로 양대(陽臺)로 내려오겠다고 말했다고 한다. 이후로 '운우(雲雨)'는 남녀가 만나 육체적 사랑을 나누는 것을 비유하는 말로 쓰이게 되었다.

고 행동을 기억해 두었다가 밤낮으로 비법을 닦고 연마하여라." 그 남자의 손가락과 입술은 마치 신들린 듯 하희의 온몸 구석구석을 어르고 달래며 탐닉하기 시작했다.

"사람의 몸에는 눈에 보이지는 않지만 정精·기氣·신神이 있다. 이것이 육체와 합일하여 생명을 이루는 근원이다. 이것이 다시 이성과 감성, 욕망의 뿌리를 이루는데, 바로 이 세 가지를 잘 다스려 원기로 바꾸게 되면 정신과 육체가 강해지고, 모든 병마도 없고 불로장생을 할 수 있다. 이 세 가지를 다스리는 방법은 여러 가지가 있는데, 신선이나 도인들은 호흡을 통한 기의 수련으로 그 경지에 이르지만 그들은 남녀 교접을 하지 않고 수련하기 때문에 시일이 많이 소요된다. 남녀 교접을 통한 수련은 서로의 기를 주고받으면서 보완할 수 있어서 훨씬 더 빠르고 효과적이다. 방중술의 묘미가 바로 여기에 있다."

"으음… 아아!"

드디어 하희는 온몸을 떨며 신음을 토했다. 그의 손길과 입술이 닿은 곳에서 정염의 불길이 걷잡을 수 없이 일어났다. 온몸의 세포가 한꺼번에 일어나 한 곳으로 치닫고, 심장에서 발원한 뜨거운 피는 전신의 실핏줄을 타고 아우성을 치면서 휘돌아 치고 있었다.

"방중술은 상대의 양기를 최대한으로 받아들여 이를 자기의 음기를 보양하는 것이다. 그러기 위해서는 상대의 몸에 퍼져 있는 양기를 아래쪽 한 곳으로 끌어모아서 흡입하는 게 최고인데, 처음에 한 곳으로 모으기 어려우면 양쪽으로 갈라서 양쪽에서 흡입하면 된다. 여자는 흡입할 수 있는 게 아래와 위쪽에 두 곳이니 이를 잘 활용해야 한다. 사내는 본능적으로 매우 충동적이고, 급히 발산하려는 성질이 강하여 잘못 다루면 제대로 흡입하기 전에 안개가 걷히듯 흩어져 사라질 수도 있으니 상대의 반응에 주의를 기울여야 할 것이다. 그 충동적이고 왕성한 활동력은 좋은 기운이므로, 상대의 본능에 기름을 붓고 불을 잘 지펴서, 오래도록 자극해서 극도의 폭발력이 될 때를 기다려서 흡입하는 것이 최고다. 굶주린 호랑이처럼 너를 물고, 뜯고, 죽이고 싶어서 눈에 시퍼렇게 불을 켜고 날뛰도록 최대한 자극해라. 하지만 급히 발산하면 아무 소용이 없으니 적절히 운용하다가 다시 속도를 높이고 이렇게 수차례 반복하면 그야말로 최고조의 환희가 된다. 이제 상대가 견딜 수 없는 지경에 이르면 비로소 문을 깊이 열어주고 포획의 단계를 준비하는 것이다."

남자는 하희를 끝 모를 황홀경으로 몰고 갔다. 허벅지를 쓰다듬는 듯, 둔덕을 어루만지고, 목덜미가 후끈거리는데, 젖무덤이 아련해 오고, 귓바퀴가 몽롱해지면 고개가 아득히 넘어가길 반복이었다. 두 다리는 허공을 휘저어 사내를 받아 안는데, 온몸은 구름 위에 포근히 떠 있다가, 천 길의 나락으로 추락하면서 아찔한 현기증으로 온몸이 떨려오고, 머리끝부터 발끝까지 그의 손길과 숨결에 하희는 녹아내렸다. 그의 입술과 이빨이 강아지처럼 가슴을 핥고 젖꼭지를 잘근잘근 깨물자 그녀는 더 이상 못 참아 음란한 육욕인지 타는 목마름인지 자기도 모르게 방자하게 온몸을 들썩이며 그를 맞이하려 했다.

"어허… 교접이 시작되면, 너 스스로 급해서 경박하게 온몸을 들썩여 상대보다 앞질러 가는 일이 절대 없도록 해야 한다. 그렇게 되면 오히려 너의 정기를 상대에게 빼앗기게 되고, 자주 그렇게 되면 기혈이 고갈되어 생명의 원천이 점점 허약해져 온갖 병마를 부르게 된다. 종래에 네 몸은 말라버린 우물처럼 될 것이다. 몸을 뜨겁게 달구어 사내를 받아들이되, 이

성은 항상 차갑게 식혀 두고, 상대가 진입하면 숨을 깊이 들이마셔 아랫배인 단전에 이르게 하고, 상대가 나가면 천천히 내뱉어라. 그렇게 위의 입을 통한 기氣의 들숨과 날숨을 반복하면서 사내의 양기를 천천히 받아들여 네 것으로 만들어야 한다."

하희의 머릿속은 난잡한 환상들로 가득 채워졌다. 빨리 사내를 끌어안고 그 건장한 상징의 힘을 맘껏 소유하고 싶은 갈망에 절로 몸부림쳤다. 그녀의 내면 깊숙한 곳에 잠재하고 있던 요녀의 뜨거운 애욕이 서서히 불길로 변해 무섭게 번져 갔다. 그러면서도 그녀는 이성을 잃지 말라는 남자의 말을 머리에 떠올리며 입술을 지그시 깨물며 참고, 마음에 새겨 두려 애를 썼다.

"자, 이제 아랫입술이 양기를 흡입하는 방법에 대하여 이론을 실습해 보자. 아래 입도 위의 입이 말하거나 음식을 먹을 때처럼 자유자재로 수축 이완이 되면 모든 것이 합일된다. 남녀 교접을 하지 않더라도, 음부 수축 훈련을 매일 아침저녁으로 1년 정도 하면 마음대로 음문陰門을 움직일 수 있게 된다. 그리되면 아무리 교접을 즐겨도 절대 피로하지 않게 될 수 있다. 남자의 양물이 들어오려고 하면 음문에 음액을 흐르게 하여 조금 느슨하게 양물이 절로 찾아 들어오게 해라. 기다렸다가 완전히 들어오면 강하게 수축시키고, 수축상태를 유지한 채 조금씩 기운을 흡입해야 한다. 그러다가 양물이 더욱 팽창하면서 밀려오는 느낌이 생겨나면 도리어 밀어내어 나갈 수 있도록 놓아준다. 한 번 들어오면 한 번 붙잡고, 한 번 빨아들였다가 밀어내고 이러기를 계속하면 남자의 쾌감은 극도에 이르러 천국의 환희를 깨닫게 된다. 다음에는 포화상태에 이른 양기를 취해 양기를 기르는 양음養陰의 단계에 들어야 한다. 남자가 사정하려는 순간, 양물의 귀두를 작은 꽃잎과 음도陰道의 앞부분으로 붙잡아 양물을 더 이상 움직이지 못하게 한 다음, 양물의 구멍과 화심花心을 수직으로 맞추고, 연습한 대로 사정없이 정액과 정기를 빨아들여야 한다. 상대로부터 좋은 양기를 흡입하기 위해서는 무엇보다 평소 훌륭한 그릇, 즉 명기名器를 만들어 두어야 한다. 좋은 악기에서 천상의 묘음妙音을 연주할 수 있듯이, 그릇이 좋아야 양질의 양기를 마음먹은 대로 담을 수 있기 때문이다. 명기라 함은 열린 듯 닫혀 있고, 빨아들이는 듯 밀어내고, 조이는 듯 매끄럽고, 아득한 심연처럼 깊은 듯하나 꽉 차게 느껴지고, 화끈거리면서 시원하게 녹여주고, 아녀자의 손으로 빨랫감을 조물조물하듯이 한시도 쉬지 않고 굴속에 들어온 상대를 어루만져 주는 느낌이 드는 것이 좋은 악기이다. 그러면 상대는 황홀경에 빠져 미친 듯 날뛰고 발광하게 될 것이니 이때 양기를 마음껏 흡입해도 그는 모르고 기를 빼앗길 뿐이다."

하희는 남자의 이론과 실습으로 불끈 치솟은 건장한 힘에 정복당했다. 그것은 태어나 처음으로 겪는 신선한 충격이었으며, 이젠 성숙한 여자라는 징표를 가슴에 새긴 환희와 절정이었다. 하희는 그 남자의 온몸을 끌어안고 앓는 사람처럼 자기도 모르게 앓는 소리를 연신 냈다. 아무도 가르쳐 주지 않았지만 온몸이 먼저 반응했고, 이젠 그야말로 온몸의 모든 세포들이 귀를 열고 천상의 소리를 듣고, 모든 땀구멍이 열려 향기로운 체취를 마구 토해 내고 있었다. 이게 지옥인지 천국인지 구별도 없고, 꿈인지 생시인지 알 필요도 없었다. 오직 한 몸 되어 열락의 바다를 떠돌다가 구름을 타기도 하고 빗물을 뿌리기도 하였다. 그래서 이것은 운우지정이라고 하는 생각이 들었다.

"이제 몇 가지 금기 사항을 알려 주겠다. 모든 기술을 자유자재로 행할 수 있을 때까지는 이 금기 사항을 꼭 지키기 바란다. 교합을 할 때 눈을 뜨고 상대를 서로 바라보거나, 불을 밝게 켜놓고 잠자리를 하면 정기 흡입에 방해가 되어 잘못될 수도 있으니 삼가야 한다. 너무 춥거나 덥고, 바람이 세차게 불거나 큰비가 내리는 시간이나 장소에서는 자연의 정기가 바르지 못하니 피하는 게 좋다. 술에 많이 취했거나 음식을 많이 먹은 다음에 바로 하지 말며, 근심이나 분노, 우울감 등 심각한 감정 상황은 피해서 안정된 상태에서 해야 한다. 사찰이나 무덤, 화장실 등의 장소를 피하고, 병으로 기의 순환이 원활치 못할 때는 음양이 조화를 이룰 수 없으므로 피함이 당연하다.”

하희는 아무 대답도 하지 못하고 온몸을 부르르 떨며, 고개로 도리질만 쳤다. 머릿속이 하얗게 된 것 같았다. 아무런 생각이 없이 그저 허공이 보일 뿐이었다.

“다시 한번 더 말하지만, 많은 양기를 얻기 위해서는 상대가 네 몸 안에서 용감무쌍하고 지칠 줄 모르는 투사가 되어 마구 흉포하게 날뛰도록 만들수록 좋다. 들어오면 부드러운 비단으로 감싸 옥죄고, 나갈 때는 아쉬운 듯 움츠려라. 큰 바위가 바닷물에 잠기는 것처럼 네 몸 안으로 깊이 들어오도록 이끌면 필시 상대는 하루도 너를 멀리하지 못할 것이다.”

하희는 닭이 홰를 치고 먼동이 훤해질 때까지 남자에게 온몸을 내맡기고 무아지경에서 방정 비술을 배우고 익혔다. 다양한 체위에서부터 회춘법과 도인술에 이르기까지 모두 습득한 것이다.

“아주 훌륭하구나. 이렇게 빠르게 익히다니. 앞으로 내가 가르쳐 준 대로 남자와 교접을 맺게 되면 너 또한 서왕모西王母*처럼 영원히 늙지 않고,

---

* 서왕모(西王母): 중국의 신화, 전설 등에 등장하는 여신. 서극(西極)의 땅에 산다고 하며, 기록에 나타

쾌락의 묘미를 맛보며 인생을 즐길 수 있을 것이다. 이 모든 것은 네가 아름답고 선택받은 여자이기에 주는 것이다."

남자는 그 말을 남기고 연기처럼 사라져 버렸다. 날이 밝아오자 하희의 기쁨은 이루 형언할 수 없었다. 온몸이 얼얼하고 땀이 흥건했지만 용이 여의주를 얻은 것처럼 황홀한 기분에 오래도록 취해 있었다. 영원히 늙지 않고 아름다움을 간직할 수 있다니 어찌 기쁘고 즐겁지 않으랴. 꿈결 같고 감미롭고 뜨거운 회오리가 휩쓸고 간 그날 밤 이후, 하희는 지난날의 하희가 아니라 성숙하고 농익은 희대의 요부로 변해 있었다.

꿈에서 깨어난 후로 그녀의 잠자리 기교는 대단했다. 그녀는 남자와 정을 통할 때마다 남자의 양기를 흡수하여 자신의 음기를 보충했다. 남자의 양기를 흡수하여 자신의 음기를 채우면서 하희의 얼굴은 점점 광채가 더해 갔다. 이런 그녀의 모습을 지켜본 배다른 오빠 중에 공자 만이 있었다. 공자 만은 하희의 요염한 미모에 끌려 그녀를 유혹하여 오누이가 넘어선 안 될 선을 넘고 말았다. 그 이후 둘은 밤마다 사람의 도리를 어겨 자신들의 욕정을 취했다.

아니 땐 굴뚝에 연기 날까. 어떤 일이나 소문이 전혀 근거 없이 생기지 않는다. 어느 날 하희는 부왕한테 불려 갔다.

"더 미루다간 큰일이 나겠다! 마침 진陳나라에 네 혼처가 생겼으니 그

난 것은 전국시대에 들어온 이후이다. 『이아(爾雅)』에 서황(西荒)의 하나로서 서왕모를 든 것에서 서방의 이역의 지명 · 국명에 유래한다고도 하며 『장자』에는 이미 도를 얻은 신인으로서 서왕모의 이름이 보인다. 전한시대 말년에 서왕모 신앙이 폭발적으로 유행했다는 것이 『한서』에 기록되고, 아마 그 이후 서왕모는 널리 민중의 신앙을 모으는 신이 되었을 것이다. 서왕모의 화상이 화상석이나 거울의 문양, 명문 위에 출현하게 된 것도 이 무렵으로, 서왕모와 쌍을 이루고 동방의 남성 신, 동왕공도 후한 시대에 등장한다.

리로 시집가서 잘 살아라!"

하희에게 큰일이라고 말한 목공의 질책은 다름이 아니었다. 이복오빠 공자 만과 대부 자공이 색욕의 대상으로 하희를 놓고 싸우다가 자공이 질투로 공자 만을 살해한 사건 때문이었다. 태어날 때부터 유달리 색욕이 강했는데 도인으로부터 방중술을 쥐도 새도 모르게 받았으니 남아나는 남자가 없었다. 하희는 단 하룻밤이라도 남자 없이는 잠을 이룰 수가 없었다. 빼어난 미모도 미모였지만, 이상하게도 그녀를 바라보는 순간 세상 남자들 모두가 색욕의 화신으로 변해 그녀를 차지하겠다는 욕망에 사로잡힌다는 사실이다. 이런 이유로 살인사건의 원인 제공을 한 장본인 하희는 16살에 진나라 대부 하씨에게 시집을 갔다. 하씨 집안은 채읍采邑익 주림株林에 식읍을 받은 대부이다. 정목공 입장에서는 좋지 못한 소문이 퍼지면 나라 망신이고, 하희 혼삿길도 막히니 혼처가 나선 김에 빨리 시집보내는 것이 상책이었다. 그렇게 해서 하희는 진나라로 시집을 가게 되었다.

하희가 시집온 첫날 밤이 지나 해가 중천에 떠 있었다.

'아직도 일어날 기미가 없네, 아무리 초야를 거하게 치렀다지만 이토록 늦은 기상은 새색시인 공주의 신분으로선 너무한 일이네!'

몸종은 혼자 중얼거리며 신방 앞에서 서성거리다가 급기야 헛기침을 했다. 조금 지나고 나서 안으로부터 부산스러운 움직임이 느껴지더니, 갑자기 왈칵 문이 열리면서 속곳 바람의 하희가 얼굴이 파랗게 질려서 달려나왔다. 몸종이 더욱 놀라 무슨 일이냐고 물었다.

하희는 몇 번 가쁜 숨을 내쉰 뒤 간신히 한마디 내뱉었다.

"무서워 죽겠구나! 신랑이 숨을 쉬지 않는구나!"

"숨을 쉬지 않는다고요? 그럼 신랑님이 밤새 돌아가셨다는 말씀입니까?"

"들어가 보아라! 우선 들어가 확인부터 해보아라!"

하는 수 없이 몸종이 방 안으로 들어가 침상 쪽을 들여다보았다. 신랑은 벌거벗은 채로 누워 있었다. 몸종은 신랑 옆으로 다가갔다. 가만히 코밑으로 귀를 대 보았다. 역시 숨을 쉬고 있지 않았다. 심장 쪽으로 손바닥을 얹어 보았다. 아무런 움직임이 없었다. 섬뜩한 냉기가 느껴졌다. 그제야 몸종은 소리를 지르며 밖으로 달려 나왔다.

"정말 젊은 주인님께서 돌아가셨습니다!"

하희의 공식적인 첫 남편이 애석하게도 신혼 첫날밤에 세상을 뜨고 말았다. 신랑이 죽고 난 후 보름쯤 지난 뒤였다. 하희의 시집온 집으로 진나라 대부인 하어숙의 집안 어른이라는 노인이 찾아와서 시어머니에게 말했다.

"젊은 여인을 과부로 평생 늙도록 할 수야 없지 않소?"

"팔자 사나운 년을 집에 둘 수도 없고, 그렇다고 해서 저런 년을 누가 데리고 가겠답니까?"

"내 조카 어숙이 장례식 날 그녀를 본 이후로 지금까지 상사병을 앓고 있소이다."

"어숙 대부께서요?"

"어떻습니까? 저희 집으로 보내시지요. 대신 그에 합당한 예물을 부인께 보내 드리겠습니다."

혼담이 쉽게 결론이 났다. 아들을 결딴낸 재수 옴 붙은 며느리를 그냥 데리고 있고 싶지 않았다. 예물이고 뭐고 얼굴도 보기 싫고 진절머리를 내면서 달랑 몸종 하나만 딸려 하어숙의 집으로 보냈다.

한편 하어숙은 하희가 온다는 소식을 듣고는 흥분에 들떠 있었다. 그는 장례식 때 소복 차림의 미망인 하희를 본 순간 완전히 혼이 나가고 말았다. 더구나 그녀가 살짝 눈을 들어 이쪽으로 바라보는 순간 거의 정신이 혼미할 지경이었다.

첫눈에 반해 버린 하어숙이 과연 하희가 어떤 여자인지 알 까닭이 없었다. 하희는 새 남편 하어숙과 초야를 치르면서부터 드디어 본색을 드러내기 시작했다. 매일 밤 수십 차례나 형식을 바꿔가며 수개월 동안이나 잠자리를 계속했으니 하어숙의 몸이 온전할 리가 없었다. 하어숙이 시름시름 앓기 시작하더니 하희와의 잠자리도 이제는 무서워져 결국 불능상태가 되었다.

'이토록 색이 강한 여자인 줄 몰랐다! 나로서는 하희를 감당할 수가 없구나. 차라리 이럴 바에야 누군가와 바람이 나서 하희가 도망이라도 쳐버리면 좋겠다.'

하어숙의 생각은 진심이었다. 하희는 젊은 데다 왕성하고, 자신은 이제 성 불능상태로까지 전락한 것이다. 하희는 하희대로 그런 쓸모없는 남편 때문에 신경질을 내고 있었다. 하희의 불만을 눈치챈 남편은 한 가지 묘한 계책을 궁리하기에 이르렀다. 하어숙은 진나라의 왕 영공이나 의행보, 공녕 등에게 자기 아내 하희와 상대하도록 하여 하희의 음욕을 채우도록 하는 것이었다.

그 당시 진나라 군주는 진영공이었다. 진영공은 임금이 된 지 10년이 넘었으나 군주다운 위엄과 풍모는 찾아볼 수 없었다. 밤낮 술과 여자에 빠져 국사를 등한시했다. 이런 임금의 배후에는 반드시 아부하는 간신배가 있기 마련인데, 바로 진영공의 총애를 받은 공영과 의행보라는 대부가 있었다. 그들도 주색잡기를 좋아하여 진영공과 마찬가지로 언제나 뜻이 맞고 행동이 같았다. 한 임금과 두 대부는 늘 새로운 먹잇감을 찾는 데 혈안이었다. 공영과 의행보는 하어숙이 살아 있을 때 함께 관직 생활을 하였기 때문에 서로 친한 사이였다. 가끔 집에도 놀러 갔는데, 그때마다 두 사람은 하희의 아름답고 요염한 자태에 넋을 빼앗긴 채 침을 흘리곤 했다.

하희는 결혼 9개월 만에 아들 하징서를 낳았다. 남편 하어숙은 그로부터 한 해를 넘기지 못하고 시름시름 앓다가 죽고 말았다. 하어숙은 대부였고, 왕인 진영공과는 5촌 당숙질 간이라서 왕도 문상을 갔다. 상복을 입고 있는 고혹적인 하희를 보는 진영공은 남달랐다.

2.

진영공과 두 대부를
파멸로 이끈
끝없는 욕망

어느덧 세월이 흘러 스무 해가 지났다. 하희는 워낙 어린 나이로 시집 왔기 때문에 아직도 나이는 30대에 불과했다. 여전히 아름다웠고 자태가 농염했다. 겉으로는 정숙해 보였지만 몸에는 뜨거운 성적인 욕망이 용솟음쳤다. 하희의 아들 하징서가 스무 살이 되어 부친 하어숙의 관작을 이어 대부가 되었다.

어느 날, 공영은 하징서에게 활 쏘는 법을 가르쳐준다며 주림 근처의 교외로 나가 사냥을 했다. 날이 저물자 공영은 하징서를 꼬드겼다.

"이미 성문이 닫혀 도성 안으로 들어갈 수 없으니, 오늘 밤은 천상 너희 어머니 집에서 자야겠구나."

공영과 하징서는 수레를 돌려 주림으로 가 그곳에서 하룻밤을 묵게 되었다. 이때 하희의 시녀로 하화가 있었다. 하화는 눈치가 빠르고 영리했으며, 마님인 하희를 위해 남자를 끌어들이는 데 이골이 난 여자였다.

하화가 저녁 밥상을 들고 들어왔을 때 공영은 아무도 모르게 재빨리 그녀의 손에 옥 귀고리 한 쌍을 쥐여주었다. 하화는 이내 공영의 마음을 짐작하고 은밀한 웃음을 지었다. 삼경이 못 돼 창문 두드리는 소리가 났다. 시녀 하화였다.

"마님께 말씀드려 놓았습니다. 제가 내실로 안내할 테니 다른 사람들이 눈치채지 않도록 조용히 따라오십시오."

공영은 기쁨을 감추지 못했다. 내실로 들어가자 하희는 이미 얇은 잠옷을 걸치고 침상에서 기다리고 있었다. 건들면 터질 듯 풍만한 육체였다. 하희는 그동안 남자와 잠자리를 하지 못해 달아올라 있었다. 온갖 자세로써 기교를 부리며 공영과 밤새 함께 어울렸다. 그날 밤, 공영은 생전 처음으로 황홀한 시간을 보냈다. 그는 속으로 '과연 놀랍다'고 감탄했다.

새벽녘에 그는 하희가 벗어놓은 비단 속옷을 몰래 훔쳐 자기 방으로 돌아왔다. 다음 날 하징서와 함께 도성으로 돌아온 공영은 그 길로 의행보에게 갔다. 하희의 비단 속옷을 보이며 자랑했다.

"하하하, 어떤가, 나의 솜씨가?"

의행보는 부러움을 이기지 못하고 입맛만 다셨다. 며칠 후, 이번에는 의행보가 주림 땅에 나타났다. 그 역시 하화에게 많은 장식품을 주고 자기가 온 뜻을 밝혔다. 하화는 곧 내실로 달려가 의행보의 뜻을 전했다. 하희로서는 거절할 이유가 없었다. 오히려 그녀는 그동안 의행보를 관심 있게 보아온 터였다. 몸이 탄탄하고 유달리 코가 컸기 때문이었다. 그녀는 '다른 사내들보다 훨씬 나을 거야'라고 생각했다.

그날 밤, 그는 하희를 만족시키려고 온 힘을 다해 기교를 부렸다. 하희도 그에게 질세라 자신의 잠자리 기술을 마음껏 발휘했다. 두 사람은 새벽녘이 될 때까지 쉼 없이 서로의 욕정을 갈구했다. 하희는 공영 때보다 몇 배 더 만족했다. 이윽고 하희는 의행보 곁에 나란히 누우며 긴 숨을 토했다.

이때 의행보가 엉뚱한 말을 했다.

"공영에겐 비단 속옷을 주셨더군요. 나에게도 기념될 만한 것을 주기 바라오."

하희가 소리 없이 웃었다.

"그것 때문에 질투하시나요? 하지만 안심하십시오. 그 속옷은 공대부가 몰래 훔쳐 간 것이지, 결코 제가 준 것이 아닙니다."

"그렇다 하더라도 나도 당신의 기념품을 갖고 싶소."

"그것이 무슨 어려운 일이겠습니까? 대부께서 원하신다면 얼마든지 드리겠습니다."

하희는 침상에서 일어나 속저고리를 꺼내어 의행보에게 주었다. 의행보는 그것을 받아 마치 보물이라도 되는 양 간직했다. 그 뒤로 의행보는 하희에게 자주 갔다. 하희 또한 의행보를 반가이 맞이하여 그들만의 쾌락을 온전히 즐겼다. 이로 인해 공영은 자연 하희와 사이가 멀어지게 되었다.

공영은 샘이 나기도 했고, 마음이 아프기도 했다. 하희와 의행보를 떼놓을 계책을 강구하기 시작했다. 며칠간의 궁리 끝에 그는 마침내 한 가지 묘책을 생각해 냈다. 바로 진영공에게 하희를 소개시켜 자신의 입지를 탄탄히 다지려 했다. 진영공이 하희와 잠자리를 갖게 되면 의행보로서는 함부로 하희를 찾아갈 수 없을 것이다. 물론 그러한 사정은 공영도 마찬가지겠으나, 어차피 하희와 소원하게 된 그로서는 밑질 것이 없었다. 공영이 알기로 진영공은 호취 체질이다. 호취란 겨드랑이에서 나는 노린내를 말한다. 그 냄새를 맡으면 몹시 불쾌하다. 하희가 그 냄새를 좋아할 리 없다. 그러면 하희와 진영공과의 관계는 오래가지 못할 것이다. 그럴 때를 기다려

다시 접근해 보자는 것이 공영의 계책이었다.

어느 날, 공영은 혼자서 진영공을 찾아가 이런저런 얘기를 나누는 척하다가 화제를 딴 곳으로 돌렸다.

"하희는 천하절색입니다."

"나도 일전에 그녀를 본 적이 있었지만, 이미 나이가 마흔에 가깝지 않은가. 시든 도화桃花가 무슨 매력이 있겠는가?"

"주공께서는 잘못 알고 계십니다. 하희는 방사술을 잘 알고 있는 여인입니다. 그래서 교정交情하면 할수록 젊어집니다. 지금도 그녀는 18세의 처녀로 보입니다. 또 하희가 교접하는 방법은 보통 여자와 전혀 다릅니다. 한 번 잡으면 결코 놓아주지 않습니다. 주공께서는 한 번 시험해 보지 않으시렵니까? 저절로 몸이 녹아내릴 것입니다."

원래 음탕한 기질이 다분한 진영공은 마음이 동했다.

"그대가 무슨 수로 나를 하희와 만나게 해준단 말인가?"

공영은 속으로 쾌재를 부르며 대답했다.

"그 점은 염려하지 마십시오. 하희는 늘 주림에 있습니다. 그곳은 대나무가 무성해 야유野遊를 하기에 적합합니다. 내일 아침 일찍이 주공께서는 주림으로 행차하신다고 명하십시오. 하희는 필시 음식을 장만하여 주공을 대접할 것입니다. 하희에게는 하화라는 시녀가 있는데, 남녀를 연결해 주는 데는 일가견을 가지고 있습니다. 신이 미리 하화를 통하여 착오가 없도록 모든 조치를 취해 놓겠습니다."

진영공의 입이 크게 찢어졌다. 이튿날 아침, 진영공은 미복 차림으로 수레를 타고 주림으로 갔다. 심부름할 시종과 대부들 중에서는 공영만 대동했다. 주림 대나무 숲에 당도한 진영공은 주변 풍광을 둘러보았다. 하지만 그의 속셈은 오로지 하희를 품속에 안을 일만 상상했다.

이윽고 황혼 무렵이 되었다. 공영은 미리 사람을 보내 하희에게 통보해 두었다. 그는 수레꾼에게 하희의 집으로 수레를 몰게 했다. 비록 미복 차림이라고는 하지만 임금의 행차였다. 하희의 집은 영접 준비로 부산했다. 하희는 깨끗이 손질한 예복을 입고 문밖까지 나와 진영공을 맞아들였다. 그 옆으로 그녀의 아들 하징서가 공손히 서 있었다.

"이 아이가 첩의 아들 하징서입니다. 이제 열여덟 살로, 출사하기 위해 도성을 오가며 공부하고 있는 중입니다. 오늘은 특별히 군후를 위해 집에 머물러 있습니다."

하지만 진영공은 하징서에게는 관심이 없었다. 그는 슬며시 하희의 지태를 굽어보았다. 일전에 보았던 그대로 천하일색이었다. 또한 공영의 장담대로 전혀 30대 후반의 중년 여인으로 보이지 않았다. 기껏해야 20대 초반의 모습이었다. 진영공은 하희의 눈동자 속에 은은히 흐르는 요염한 빛을 보고 자신도 모르게 침을 삼켰다.

"과인은 이곳에 놀러 왔다가 우연히 들른 것뿐이니, 부인께서는 괴이하게 생각지 마시오."

그러고는 다시 하징서를 향해 말했다.

"활을 잘 쏜다고 들었다. 자주 궁에 들어오너라. 내 조만간 그대를 사마로 삼으리라."

하희가 감격하여 옷깃을 여기며 대답했다.

"더없는 광영입니다. 누추하지만 술과 음식을 장만해 두었습니다. 잠시 안으로 드시어 피곤한 몸을 푸십시오."

"공연히 폐를 끼치게 되었소. 이미 음식을 장만했다고 하니, 무정하게 물리칠 수도 없구려. 그러나 예법에 맞추어 자리를 마련하지는 마오. 듣건대, 그대 집의 후원 정자가 아름답다고 하니 구경이나 시켜주오."

"남편이 세상을 떠난 후로 후원을 청소하지 않아 누추할까 두렵습니다."

하희의 대답하는 태도가 여간 은근한 게 아니었다. 진영공은 더욱 가슴이 뛰었다.

"오늘 나는 임금의 신분으로 나온 게 아니니 아무 걱정 마오. 그 예복도 부담스럽소. 평상복으로 갈아입고 안내하기 바라오."

진영공이 대청마루에 앉아 기다리는 동안 하희는 내실로 들어가 살결이 은은히 비치는 얇은 비단옷으로 갈아입고 다시 나왔다. 그 자태를 보는 순간, 진영공은 황홀했다. 달 아래 이화도, 한겨울 설중매도 이보다 더 아름답고 우아할 수는 없을 것 같았다.

후원은 단아하고 정갈했다. 소나무와 잣나무와 기이한 바위들이 기묘한 조화를 이루고 있었다. 연못 한쪽으로 그림에서나 볼 수 있는 아름다운 정자가 여러 채 서 있었다. 그중 처마가 높고 붉은 난간과 수놓은 장막이 드리워진 정자가 유달리 눈길을 끌었다. 그곳이 바로 진영공에게 주연을 베풀 장소였다.

후원 한편에 마구간이 있었고, 그 서쪽 공터로 활을 쏠 수 있는 사정射亭이 세워져 있었다. 아들 하징서를 위해 꾸며놓은 것이 분명했다. 진영공이 후원을 한 바퀴 둘러보고 있을 때 정자에는 주연상이 차려졌다.

진영공을 중심으로 공영은 오른편, 하희는 왼편에 앉았다. 하징서는 어머니의 귀띔을 받았는지 모습을 드러내지 않았다. 이내 술잔이 오가기 시작했다. 술을 마시는 동안에도 진영공의 시선은 한시도 하희에게서 떠나지 않았다. 하희 또한 은근한 눈길로 진영공에게 추파를 던졌다. 취해 오르는 술기운과 더불어 진영공은 점점 욕정을 참기 힘들었다.

그런데 진영공은 술이 별로 세지 않았다. 점차 눈빛이 풀리더니 이윽고 그 자리에 쓰러져 코를 골기 시작했다. 진영공의 습성을 잘 아는 공영이 하희에게 말했다.

"주공께선 이러다가 곧 깨어나실 것이오. 나머지 일은 부인에게 맡길 터이니, 잘 알아서 접대하기 바라오."

하희는 미소 지으며 고개를 끄덕였다. 공영은 정자를 나와 자신이 묵을 객사로 들어갔다. 하희 또한 내실로 들어가 향탕香湯에 몸을 담그고 목욕하기 시작했다. 이제 정자에는 진영공 혼자만이 남아 곯아떨어진 채 누워 있었다. 한 시가쯤 지났을까. 문득 진영공이 잠에서 깨어나 몸을 일으켰다. 게슴츠레한 눈으로 빈방 안을 둘러보는데 문이 열리며 한 시녀가 들어왔다.

"너는 누구냐?"

"천비는 하화라 하옵니다. 마님의 분부를 받고 군후께서 기침하시기를 기다리고 있었습니다."

진영공은 하화라는 이름을 기억하고 있었다. 공영의 말에 의하면 하희의 은밀한 심부름을 하는 시녀가 바로 하화라고 했다. '옳지, 이 아이를 잘 구슬려야겠구나.' 이렇게 생각한 진영공은 수작을 붙였다.

"목이 마르구나."

"매탕梅湯을 끓여놓았습니다."

매탕은 매화를 달여 만든 탕으로, 술 깨는 데는 직효였다. 진영공은 하화가 가져다준 매탕을 마시고 나서 다시 입을 열었다.

"이 매탕은 누가 만들었느냐?"

"천비가 만들었습니다."

"네가 매탕을 잘 끓이니 중매도 잘하겠구나."

하화는 일부러 아무것도 모르는 것처럼 대답했다.

"천비가 중매에는 익숙지 못하나 부지런히 돌아다닐 줄은 압니다. 군후께선 어떤 사람을 생각하십니까?"

"나는 이 집 주인 때문에 마음이 몹시 산란하구나. 네가 능히 나를 위해 힘써두면 그 공을 잊지 않으리라."

"이 집 주인은 과부입니다. 군후께 합당치 않을까 두렵습니다만, 군후께서 버리시지 않겠다면 천비가 지금 곧 내실로 안내해 드리겠습니다."

하화의 시원스러운 대답에 진영공은 몹시 기뻤다. 하화가 초롱불을 밝히고 진영공을 내실로 안내했다. 후원의 정자와 내실은 긴 복도로 연결되어 있었다. 하화는 한동안 이리저리 구부러진 고샅길을 걸어가더니 마침내 내실의 한 방 앞에 멈췄다. 눈짓으로 이 방이 하희가 자는 방이라고 가르쳐주고 이내 어디론가 사라졌다. 진영공은 조심스레 방문을 두드렸다. 안에서 하희의 음성이 들려왔다.

"누구냐?"

진영공은 대답 대신 문을 열고 안으로 들어섰다. 속살이 내비치는 잠자리 옷을 입은 하희가 놀라는 시늉을 하였다.

"군후께서 이 방에 어인 일이십니까?"

진영공은 아무 대답하지 않고 가까이 다가가더니 하희의 가는 허리를 덥석 껴안았다. 기다렸다는 듯이 하희도 진영공 품에 안기며 매달렸다. 이제 두 사람은 아무 말이 필요 없었다. 다투듯 옷을 벗었고, 침상에 누워 서로 엉켰다.

하희의 살결은 사람의 것이라고 할 수 없을 정도로 매끄럽고 부드러웠다. 진영공은 그녀의 살결을 더듬는 것만으로도 황홀경에 빠졌다. 그러나 그것은 시작에 불과했다. 진영공의 뿌리가 하희의 몸속으로 들어갔을 때 그는 기절할 듯 놀랐다. 억센 조임이 뿌리에 가해졌고, 그 전율은 삽시간에 몸 전체로 번졌기 때문이었다. 진영공의 입에서는 저절로 신음 소리가 흘러나왔다.

"으음, 그대의 그곳은 완전히 처녀 같구나."

하희는 음부에 더욱 힘을 가하며 대답했다.

"첩은 속으로 빨아들이는 법을 익혔습니다."

"천상의 선녀도 이보다는 못하리라."

진영공은 재삼 감탄하며 기를 쓰고 하회의 몸속으로 파고들었다. 히희는 그러한 진영공을 한껏 받아들였다. 그의 뿌리는 공영이나 의행보에 비해 부실했다. 더욱이 겨드랑이에서는 노린내가 심했다. 코로 숨쉬기가 곤란할 정도였다. 하지만 상대는 한 나라의 임금이었다. 감히 내색할 수가 없었다. 그녀는 코로 숨 쉬는 대신 입을 벌려 숨을 쉬었다. 헉헉거리는 소리가 연신 진영공의 귓전을 간지럽혔다. 그것이 진영공에게는 또 하나의 쾌감이었다.

그녀는 또 겨드랑이 냄새를 맡지 않기 위해 정상적인 자세를 취하지 않았다. 가능한 한 코를 겨드랑이에서 멀리하기 위해 허리를 뒤틀어가며 다른 자세를 취했다. 이 또한 진영공에게는 기이한 체험이었다. 진영공은 천추에 보기 드문 인연을 만났다고 감격하면서 깊은 잠에 빠져들었다.

새벽닭이 울었다. 공공연한 일도 아니므로 아들 눈에 뜨이면 난처했다. 하희는 진영공을 깨웠다. 진영공은 아쉬움이 많았다. 이대로 나갔다간 두 번 다시 하희를 보지 못할 것 같았다.

그는 하희를 품에 안으며 속삭였다.

"내가 그대를 알고 나니 궁중에 있는 여인들은 썩은 지푸라기 같도다. 그런데 그대가 진실로 나를 사랑하는지 궁금하구나."

진영공의 말에 하희는 지레 속이 찔렸다. 진영공은 자신이 공영, 의행보와 이미 관계했음을 알고 있다고 생각했다.

"군후는 천첩을 용서하여 주십시오. 지난날 남편이 세상을 떠난 후 저는 외로움을 이기지 못해 다른 사람과 관계가 없지 않았습니다. 하지만 이제 군후를 모신 몸입니다. 앞으로는 일절 다른 사람과의 관계를 끊겠습니다."

진영공은 또 다른 흥미가 일었다.

"그대는 지난날 관계했던 남자들을 다 말해 보라. 추궁하려는 것이 아니라 과인 스스로 신경 쓰지 않기 위해서다."

"공영, 의행보 두 대부가 첩의 자식을 여러모로 보살펴주어 고마운 마음에 몇 차례 관계를 맺은 일이 있습니다. 이 두 사람 외에는 결코 없습니다."

하희의 대답에 진영공은 웃음을 터뜨렸다.

"그러면 그렇지. 공영이 그대의 방중술이 매우 묘하다는 걸 여러 번 얘기하기에 이상하다고 생각했었다. 그가 직접 경험하지 않았다면 어찌 그렇게 소상히 알 수 있으리오."

"다 지난날의 일입니다. 앞으로는 절대 그런 일이 없을 것입니다."

"아니오, 공영은 과인에게 그대를 천거한 사람이오. 나는 지금 그에게 고마움을 느끼고 있소. 그대는 의심하지 마오. 다만, 나는 그대와 계속 만나 사랑을 이어가고 싶은 마음뿐이오. 이것만 이루어진다면 그 외의 일은 속박하고 싶지 않소. 그대는 그대 하고 싶은 대로 하오."

"군후께서 첩을 보기 위해 오신다는데, 거절할 리가 있겠습니까. 언제든지 오십시오."

진영공은 흡족했다. 옷을 입기 위해 자리에서 일어났을 때였다. 하희가 자신의 속적삼을 진영공에게 입혀주며 말했다.

"군후께서는 이 속적삼을 보실 때마다 첩을 생각하십시오."

진영공은 후원 정자로 나와 다시 깊은 잠에 빠졌다. 진영공은 궁성으로 돌아왔다. 조정 신하들 사이에 진영공이 외박하고 들어왔다는 소문이 파다하게 퍼졌다. 의행보도 그 소문을 들었다. 그는 느지막이 나타난 공영의 소매를 붙잡고 물었다.

"주공께서는 간밤에 어디서 주무셨는가?"

공영은 애초 의행보를 의식하고 이번 일을 벌였기 때문에 굳이 숨길 이유가 없었다. 신바람이 나서 전날의 일을 사실대로 들려주었다. 공영의 말을 듣고 난 의행보는 발을 구르며 아쉬워했다. 그러나 그가 아쉬워한 것은 하희를 빼앗겨서가 아니라 진영공에게 선심 쓸 기회를 놓쳐서였기 때문이었다.

"그대는 의리가 없군. 그런 좋은 인심을 쓰려면 함께 써야지. 어찌 혼자만 생색을 냈는가? 그대 때문에 나만 주공에게 인정 없는 놈이 되지 않았는가?"

"주공께서 이번에 완전히 반해 버렸으니, 다음에는 그대가 주선하여 생색을 내면 되지 않는가?"

두 사람은 유쾌히 웃고 헤어졌다. 다음 날 아침이었다. 진영공은 조례를 마친 후 공영을 내궁으로 불러 말했다.

"그대 덕분에 좋은 인연을 만났소. 그대 공로에 감사하오."

그러고는 다시 의행보를 불러놓고 두 사람을 향해 짐짓 질책했다.

"그대들은 그 좋은 일을 어찌하여 진작에 고하지 않고 두 사람만 재미를 봤는가? 그것이 과연 군주를 섬기는 도리인가."

공영과 의행보는 시치미를 떼며 대답했다.

"신들은 하희와 잠자리를 한 적이 없습니다."

"내가 당사자에게 직접 들었는데도 나를 속이려 하는가."

비로소 공영은 얼굴을 붉히며 사실대로 대답했다.

"음식도 신하가 먼저 맛을 봐야 하는 법입니다. 맛이 없는 음식을 권하는 것은 군주를 모시는 사람의 도리가 아닙니다. 여자도 마찬가지 아니겠습니까? 신들은 주공을 위해 먼저 그 맛을 보았을 뿐, 다른 뜻은 없었습니다."

진영공이 크게 웃은 후 다시 말했다.

"그렇지 않다. 여자만은 곰 발바닥 같아서 임금이 먼저 핥아도 무방하다."

그 말에 공영과 의행보는 무릎까지 쳐가며 함께 웃었다. 갑자기 진영공이 겉옷을 치켜들며 자랑했다.

"이것은 하희가 나를 위해 준 것이다. 그대들은 이런 것이 있는가?"

두 사람이 보니, 여자가 입는 속적삼이 아닌가. 공영이 웃음을 참지 못하고 대답했다.

"신도 하희에게서 속옷을 받았습니다."

공영이 관복 자락을 헤치고 비단 속옷을 보여주었다.

"그렇다면 의행보도 받았겠구나. 그대는 어떤 것을 받았는가?"

의행보도 관복을 젖히고 속저고리를 내보였다. 진영공은 또 한 번 크게 웃었다.

"우리 세 사람이 모두 하나씩 몸에 증거물을 입고 있었구나. 다음번에는 셋이 함께 주림으로 나가 하희를 놓고 대회를 여는 것이 어떠한가?"

"좋은 생각이십니다."

이날 이후로 조정에서는 진영공과 두 간신이 서로 희학질한다는 소문이 공공연히 퍼졌다. 설야라는 대부가 있었다. 설야는 충직하고 엄격하여 늘 진영공에게 군주의 도리를 간언했다. 그래서 진영공도, 공영도, 의행보도 모두 설야를 멀리하고 미워했다. 진영공이 두 대부와 더불어 한 과부를 놓고 번갈아 간통한다는 소문이 퍼지자 설야는 분통을 참을 수가 없었다.

'조정의 기강이 이렇듯 문란하니, 장차 우리 진나라는 망하겠구나. 내어찌 앉아서 망국을 보리오!'

이렇게 작정하고는 그 길로 궁중으로 달려갔다. 진영공은 설야가 들어오는 중이라는 보고를 받고 얼른 몸을 피하려 했다. 그러나 설야가 옷자락을 휘날리며 먼저 들어왔다. 설야는 자리에서 일어나려는 진영공을 앉혀 놓고 목이 터져라 외쳐대기 시작했다.

"군주와 신하는 서로 공경해야 하며, 남자와 여자는 서로 유별한 법입니다. 그런데 주공께서는 요즘 신하와 더불어 절개가 없는 과부를 서로 관계하고 있을 뿐 아니라, 조정에서조차 음탕한 희학질을 하고 있으니 이 무슨 해괴한 일입니까? 주공께서는 공영과 의행보를 멀리하고, 덕행을 쌓아이 나라를 보존하십시오."

진영공은 차마 그 말을 들을 수가 없었다. 손으로 귀를 막는 시늉을 하며 말했다.

"그대는 그만하라. 과인은 지난날을 후회한다. 앞으론 절대로 주림으로 나가지 않겠다."

진영공의 약속을 받아내고 나서야 설야는 자리에서 일어났다. 그가 조정에서 나왔을 때 공영과 의행보는 조정 밖에서 안을 기웃거리고 있었다. 그들은 설야를 보자 얼른 사람들 틈에 숨었다. 그러나 설야가 먼저 그들을 보았다. 그는 노기등등하게 두 사람 앞으로 가서 야단치기 시작했다.

"군주가 선행을 하면 신하는 그 일을 널리 선전해야 하고, 군주가 악행을 하면 신하는 그것을 만류하며 덮어주어야 하오. 그런데 그대들 스스로 먼저 악행을 저지르고, 그것도 모자라 주공께 권했으니 그러고서 어찌 국록을 먹는 신하라 할 수 있소?"

공영과 의행보는 많은 사람들이 보는 앞에서 창피를 당했다. 그러나 저지른 일이 있는지라 한마디 변명도 못 하고 고스란히 설야의 질타를 듣기만 하였다. 두 사람은 진영공에게로 달려갔다.

"신들은 방금 전 설야로부터 책망을 들었습니다. 주공께서는 두 번 다시 주림으로 나가지 마십시오."

"그대들은 어찌할 작정인가?"

"설야는 주공께 간하는 말을 한 것입니다. 신들과는 아무 상관도 없습니다. 신들이 주림에 못 갈 이유는 없습니다."

두 사람의 대답에 진영공은 얼굴빛이 크게 흔들렸다.

"차라리 설야에게 질책당할지언정, 나도 그 재미를 버리지 않겠다."

"주공께서 또 하희에게 가시면 설야가 가만히 있지 않을 것인데, 그 잔소리를 어찌 감당하시렵니까?"

"무슨 묘책이 없겠는가?"

공영이 지나가는 말처럼 대답했다.

"그가 입을 열지 못하도록 하면 더 이상 잔소리를 듣지 않겠지요."

"제 입 가지고 제가 말하는데, 어떻게 입을 열지 못하게 한단 말인가?"

의행보가 한 걸음 다가앉으며 말했다.

"공영의 말을 신은 알아듣겠습니다."

"설명해 보라."

"사람이란 죽으면 입을 닫게 마련입니다. 주공께서는 어찌하여 설야를 죽이라는 명을 내리시지 않습니까? 설야만 죽인다면 주공의 일생은 즐거움으로 가득 찰 것입니다."

"나는 차마 설야를 죽일 수 없다."

"다른 사람을 시켜 죽일 수도 있는 일입니다."

"나는 모르겠다. 그대들이 알아서 하라."

내전을 나온 공영과 의행보는 조용한 곳으로 가 머리를 맞대고 상의했다. 며칠 후, 설야는 궁을 나와 집으로 돌아가는 도중에 자객의 습격을 받았다. 칼은 정확하게 설야의 심장을 찔렀다. 설야는 즉사했다. 형조에서는 설야에 대한 죽음을 조사했으나, 범인을 잡아내지 못했다.

설야가 죽은 후로 진영공과 두 대부는 거칠 것이 없었다. 그들은 아침저녁으로 주림 땅으로 나가 하희와 온갖 음란한 짓을 서슴지 않았다. 때로는 번갈아 하희를 탐하기도 하고, 때로는 셋이서 한 침상에 올라 함께 하희의 알몸을 탐하기도 하였다.

이러한 진영공의 소행은 일반 백성들 사이에까지 널리 퍼졌다. 언제부터인가 진나라 도성 안에 한 노래가 유행하였다. 이 노래는 『시경』의 「진풍(陳風)」편에 기록되어 전해 오고 있다.

무슨 일로 주림에 가는가.
그야 하희를 만나러 가지.

하지만 임금은 대답하네.
주림에 가는 것은 하남夏南을 따라간 것이라고.

네 필 말이 끄는 수레를 타고 가
주림에서 누워 자네
수레 타고 간 우리 임금
주림에서 아침밥 먹네.

하남이란 하희의 아들 하징서의 자다. 아마도 진영공은 늘 하희의 아들 하징서를 핑계 대고 주림을 들락거렸던 모양이다.

진영공과 두 대부의 음행이 날로 심해지면서 가장 고통을 당한 사람은 하희의 아들 하징서였다. 그는 도성 안 백성들이 부르는 진영공과 어머니의 음탕한 소행을 조롱하는 노랫소리를 들을 때마다 가슴이 찢어지는 듯 아팠다. 길을 가다가 귀를 틀어막고 그 자리를 피한 적이 한두 번이 아니었다.

그러나 상대는 일국의 군주였다. 자신이 만류한다고 해서 해결될 일이 아니었다. 그가 할 수 있는 일이라곤 고작 진영공과 두 신하가 주림에 올 때마다 사냥을 핑계로 집을 나가 추잡한 광경을 보지 않는 것뿐이었다. 이러한 하징서의 행동을 진영공은 오히려 기특하게 여겼다. 공영과 의행보도 하징서의 마음을 달래기 위해 진영공에게 청했다.

"하징서도 이제 능히 군사 일을 볼 만한 나이가 되었습니다. 벼슬을 내리는 것이 어떻겠습니까?"

진영공은 두 사람의 청을 받아들여 체격이 건장해진 하징서에게 사마 벼슬을 내렸다. 사마는 군사 일을 보는 주요 직책이었다.

하징서의 벼슬에 나가는 것을 누구보다 기뻐한 것은 어머니 하희였다. 과부의 몸으로 외동아들을 기른 그녀로서는 소원을 이룬 것이나 마찬가지였다.

아들을 불러 특별히 당부했다.

"이는 모두 주공의 은혜다. 너는 사마 직분을 충실히 수행할 뿐, 집안 걱정은 조금도 하지 마라."

하징서는 하징서대로 주림에 머물며 음란한 광경을 보지 않아도 되었으므로, 그것만이 기뻐 사마 벼슬을 받고 도성에만 머물렀다.

그러던 어느 날, 진영공은 또 주림에 놀러 갈 적당한 핑곗거리를 만들었다. 하희의 아들이 사마가 되었는데, 축하연이라도 열어주어야 한다는 것이었다. 공영과 의행보는 진영공의 마음을 짐작하고 하징서를 불러 말했다.

"주공께서 이번에 자네를 위해 축하연을 베풀 작정이네. 함께 주림으로 가 하룻밤 즐거이 놀아보세."

하징서는 주림이라는 말에 마음이 내키지 않았으나 진영공의 명이니만큼 어쩔 도리가 없었다. 곧 어머니에게 통보하여 주안상을 마련케 했다.

며칠 후, 진영공과 공영, 의행보 등은 하징서와 함께 주림으로 갔다. 하징서는 사마였기 때문에 군주의 경호까지 책임져야 했다. 그는 사마부 소속의 군사들에게 진영공을 호위할 임무를 맡겼다. 주림 땅의 하희 집에서는 또 한 번 질탕한 잔치 자리가 벌어졌다.

그날 자리에는 하징서가 앉아 있었으므로 하희는 차마 나오지 못하고 내실에만 들어앉아 있었다. 술잔이 몇 순배 돌자 진영공과 두 대부는 얼큰히 취했다. 그들이 노는 모양은 한 나라의 군주와 대신들의 그것이 아니었다. 서로 일어나 손짓발짓을 해가며 괴상한 춤을 추어댔다. 하징서만이 멀쩡한 정신으로 앉아 그들의 난잡한 행동을 구경했다.

그는 더 이상 그 꼴을 보기가 역겨웠다. 슬며시 자리에서 일어나 방 밖으로 나갔다. 한참을 춤추며 놀던 진영공이 숨을 돌리기 위해 자리에 앉았다. 하징서가 보이지 않자 찾는 시늉을 하다가 난데없이 의행보를 돌아보며 말했다.

"하징서는 몸이 크고 힘이 센 것이 꼭 그대를 닮았도다. 혹 그대 자식이 아닌지 모르겠다."

의행보가 껄껄껄 웃으며 응수했다.

"하징서의 번뜩거리는 눈이 주공을 그대로 빼닮았습니다. 신이 보기엔, 주공의 소생이 아닌가 합니다."

여기에 공영까지 끼어들었다.

"하징서는 아마 잡종이 분명합니다."

"어째서 그런가?"

"하 부인과 관계를 맺은 사내가 너무 많아 하 부인조차 하징서가 누구의 자식인지 알지 못할 것이기 때문입니다."

세 사람은 손뼉을 쳐가며 한바탕 웃어 젖혔다.

그때 하징서는 방문 밖에 서 있었다. 그는 그들의 말을 듣지 않으려 했으나 듣지 않을 수 없었다. 수치와 증오와 분노가 동시에 가슴속에서 치밀어 올랐다. 자신도 모르게 호흡이 거칠어지고 얼굴이 벌개졌다. 마음 같아서는 당장에라도 방문을 부수고 들어가 두들겨 패주고 싶었으나, 이를 악물고 참았다.

하징서는 몸을 돌려 내당으로 들어가 내실로 통하는 중문을 바깥에서 걸어 잠갔다. 이어 밖으로 나가 집을 경호하고 있던 사마부 소속의 군사들을 불러 모았다.

"추잡한 음행을 저지르는 군주는 더 이상 군주 자격이 없다. 너희들은 임금과 공영, 의행보가 달아나지 못하도록 잘 지켜라. 내가 직접 임금을 잡아 죽여 이 나라의 평안을 도모하리라!"

하징서의 명이 떨어지자 군사들은 일제히 집을 포위했다. 하징서는 어깨에 활을 메고 손에는 칼을 뽑아 들었다. 따로 심복 부하 서너 명을 거느리고 대문 안으로 뛰어들었다. 궁중에서 데리고 나온 내관들이 놀란 표정으로 하징서 앞을 가로막았다.

하징서가 그들을 향해 외쳤다.

"죽고 싶지 않거든 비켜라. 나는 음탕한 도적놈을 처단할 것이다."

그러고는 칼을 휘둘러 맨 앞에 서 있던 내관의 목을 후려쳤다. 이때 진영공은 술에 취한 채 음담패설을 지껄이느라 바깥의 소리를 듣지 못했다. 공영만이 밖의 소란한 기색을 눈치챘다.

"주공께선 잠시만 조용하시고 귀를 기울이십시오. 수상한 소리가 들려왔습니다."

진영공이 놀라서 물었다.

"수상한 소리라니?"

"하징서의 외침 소리와 사람 죽는 비명 소리가 들려온 것 같았습니다."

아니나 다를까. 복도를 울리는 요란한 발소리와 함께 내관들의 떠들썩하게 울려 지르는 소리가 여실히 들려왔다.

의행보가 재빨리 소리쳤다.

"변란입니다. 앞문은 이미 막혔을 것입니다. 주공께선 속히 뒷문으로 달아나십시오."

세 사람은 하희의 집 구조를 잘 알고 있었다. 얼떨결에 진영공은 하희가 있는 내실 쪽으로 뛰었다.

그러나 내실로 통하는 중문에는 이미 큰 자물쇠가 잠겨 있었다. 당황한 그는 후원 쪽으로 달아나면서 좌우를 둘러보았다. 공영과 의행보는 어디로 갔는지 보이지 않았다. 진영공 혼자였다. 뒤편에서 하징서가 칼을 빼어든 채 쫓아오고 있었다. 어둠 속 저편으로 마구간이 보였다. 경황 중에도 마구간 울타리가 낮다는 생각이 들었다. 잘하면 그 울타리를 뛰어넘어 달아날 수 있을 것 같았다. 곧장 마구간을 향해 달리기 시작했다. 여전히 뒤에서는 하징서가 쫓아오고 있었다.

"무도한 임금은 내 화살을 받아라."

그러나 어둠 속인 데다가 거리가 너무 멀었다. 화살은 빗나갔다. 진영공은 일단 하징서의 시선에서 벗어나기 위해 마구간 안으로 뛰어들었다. 그 바람에 말들이 크게 놀라 마구 날뛰기 시작했다. 진영공은 말들의 뒷발질을 피해 다시 밖으로 나왔다. 하징서의 눈에 그 모습이 또렷이 보였다. 그는 이번에는 정확히 겨냥하여 화살을 날렸다. 온 힘을 다해 쏜 화살인 만큼 빠르고 강했다. 화살은 허공을 가르며 날아가 정확히 진영공의 왼편 가슴에 가서 꽂혔다.

"아악!"

진영공은 긴 비명 소리를 남기고 마구간 앞에 쓰러져 사지를 바들바들 떨었다. 일국의 군주치고는 여간 볼썽사나운 죽음이 아니었다.

한편, 공영과 의행보는 진영공이 후원 마구간 쪽으로 달아난 것을 알고 반대편을 향해 뛰었다. 하징서가 진영공의 뒤를 쫓을 것을 알고 있었기 때문이었다. 그들의 예측은 맞았다.

하징서가 진영공을 쫓아가 활로 쏘아 죽이는 동안, 그들은 서쪽 활터로 가 개구멍을 통해 겨우 바깥으로 빠져나왔다. 그들은 도성으로 돌아가는 대신 길을 남쪽으로 잡아 초나라를 바라보고 달아났다.

BC 599년, 즉 진영공 15년 5월 9일에 일어난 일이었다. 이해는 초장왕이 진晉, 정 연합군과 유분에서 싸워 패한 해이기도 했다.

한순간의 분노를 이기지 못하고 진영공을 활로 쏘아 죽인 하징서는 뒤늦게 자신이 엄청난 일을 저질렀음을 깨달았다. 이대로 도성으로 갔다가는 영락없이 군주를 죽인 죄로 주살당할 것이었다. 그럴 바엔 차라리 자신이 임금이 되기로 했다.

하징서의 몸에도 공신의 피가 흐르고 있다. 그의 증조부가 진정공이 아닌가. 더욱이 그는 군사에 관한 사무를 맡아보는 사마직에 있었다. 그는 그 길로 사마부의 군사들을 몰아 도성으로 들어갔다. 한밤의 쿠데타였다. 그는 병권을 장악하는 데 성공했고, 다음 날 아침 진영공의 죽음을 선포했다.

"주공께서는 급살 병으로 죽었소. 주공은 숨을 거두기 전 공손인 나에게 군위를 계승하라고 유언하였소."

이렇게 외치고는 스스로 군위에 올랐다.

3.
처음 그 자리로
돌아가는 인생

초의 장왕, 그는 특이한 인물이었다. 그는 즉위한 뒤 삼 년이 지나도록 정령 하나 내놓지 않고, 밤낮으로 잔치판을 벌이며 주색에 빠져 지냈다.

"감히 과인에게 간하러 오는 자가 있으면 가차 없이 목을 베겠다!"

이것이 그가 내린 유일한 훈령이었다. 참다못한 대부 오거(伍擧, 오자서의 조부)가 목숨을 내걸고 간하기 위해 궁으로 들어갔다. 마침 장왕은 잔칫상 앞에서 악사들이 연주하는 소리를 들으며, 왼팔에는 정나라 여자를 오른팔에는 월나라 여자를 낀 채 그녀들의 가슴을 떡 주무르듯 하고 있었다.

"무슨 일이오?"

"수수께끼 하나를 들려 드리려고 왔습니다."

"수수께끼라?"

"큰 새 한 마리가 언덕에 앉아 있습니다. 그렇지만 그 새는 삼 년 동안 날지도 않고 울지도 않았습니다. 이것은 무슨 새이겠습니까?"

오거가 낸 수수께끼에 골몰해 있던 장왕은 한참 만에야 고개를 끄덕였다.

"삼 년 동안 날지를 않았으니 한 번 날기를 시작하면 하늘을 찌를 것이고, 삼 년 동안 울지를 않았으니 한 번 울었다 하면 천하가 놀라지 않겠소."

"그렇다면 다행입니다."

"오거여, 과인은 오래전부터 그대의 수수께끼를 풀고 있으니, 걱정하지 말고 돌아가시게나!"

"그 말씀 믿고 물러가겠습니다."

선문답 같은 대화(對話)를 끝낸 오거는 물러갈 수밖에 없었다. 그로부터 수개월이 다시 지났다. 그러나 장왕의 음락(淫樂)은 더욱 심해지기만 했다. 이번에는 대부 소종이 입궐했다.

"대왕, 칩거 기간이 너무 오래이십니다. 나오셔서 정사를 보셔야요!"

"그대는 과인이 어떤 훈령을 내려놓고 있는가를 듣지 못했소?"

"왜 모르겠습니까. 이 몸을 희생해 대왕의 잘못을 깨닫게만 해드린다면 저는 죽어도 여한이 없습니다."

"알았소! 이젠 끝났소!"

장왕은 그 순간부터 연회를 그만두고 조정에 나와 정무를 돌보기 시작했다. 태만하고 아부만 일삼던 관리 수백 명을 주살하고, 유능한 인재 수백인을 등용했다. 장왕은 특히 중요한 나랏일은 오거와 소종에게 맡겼다. 모든 백성이 기뻐했다. 결국 장왕은 충신과 간신을 선별하기 위해 삼 년 동안 주색을 가까이하면서 신하들을 살폈다. 그런 장왕이 어떻게 하면 진(陳)나라를 정벌할 수 있을까 궁리하고 있었는데, 마침 진나라로부터 대부 공녕과 의행보가 도망쳐 와 나라의 변고를 알리는 것이 아닌가. 초장왕은 내색할 수는 없어서 명분을 세우는 답변을 했다.

"무어요? 하징서가 제 어미의 잘못을 덮어주려고 대신 왕을 시해했단 말이오? 그런 발칙한 놈을 그냥 둘 수 없지. 좋소. 하늘을 대신해 과인이 직접 나서서 그를 벌해 주겠소!"

초장왕은 직접 군사를 이끌고 진나라로 출발했다. 왕이 시해당한 진나라는 큰 혼란을 겪고 있었다. 파도처럼 밀려오는 강력한 초나라 군사를 진나라는 당할 재간이 없었다. 진나라는 힘 한번 쓰지 못하고 무너졌으며 하징서는 체포돼 죽음을 면치 못하였다.

"자, 이번에는 나라를 난장판으로 만든 장본인 하희를 끌어내어 목을 베어라!"

하희가 초장왕 앞으로 끌려 나와 목을 치라는 명령을 막 내리려는 순간이었다. 죽음의 순간을 목전에 둔 하희의 고혹적인 눈길을 보았다. 초장왕은 하마터면 비명을 지를 뻔했다. 회한과 우수를 촉촉이 담고 있는 눈에, 요염하면서도 아름다운 얼굴. 사내의 애간장을 순식간에 녹여 버릴 듯한 수려한 미모였다. 하희의 자태에 녹아 있던 장왕은, 요녀이지만 하희의 미모는 가히 천하일색이기 때문에 살려서 자신이 데리고 살겠다고 했다. 그리고 진나라를 없애고 초나라의 지방 행정 구역으로 만들겠다고 공표했다.

그 순간에 함께 원정 왔던 장군 무신이 얼른 나섰다.

"아니 되십니다. 하희는 이번에 진나라를 난장판으로 만들어 나라를 망치게 한 원흉입니다. 전대미문의 탕녀라는 사실 하나만으로도 그녀는 벌을 받아 마땅한데, 대왕께서는 그런 계집을 거두어 첩으로 삼으려 하십니까? 이는 결국 계집 하나 때문에 전쟁을 일으킨 꼴이 되어 천하의 웃음거리가 될 게 뻔합니다. 만일 대왕께서 천하를 얻을 야심을 가지고 계신다면 설사 하희를 죽이지는 않더라도 첩으로 삼겠다는 일은 단념해 주십시오. 이것이 천하에 떳떳하게 내걸 수 있는 이번 전쟁의 명분입니다."

역시 함께 원정 왔던 초의 장군이며 공자인 자반이 이런 틈새를 노리고 있었다는 듯이 불쑥 나섰다.

"대왕, 그러시다면 하희를 저에게 주십시오!"

자반 역시 하희를 보는 순간 그녀에 눈이 멀었기 때문에 그녀를 달라는 요구는 당연한 일이었다. 그러나 무신이 다시 반대하고 나섰다.

"자반 장군! 그 무슨 불길한 말씀을 하시는 거요! 하희가 있는 곳에는 반드시 불상사가 일어나고, 그녀와 관계했던 자들은 하나같이 불행한 죽음을 당하지 않았겠소! 모든 불행의 근본이 되는 여자를 그토록 얻고 싶어하는 건 정말 장군답지 않은 일이오!"

자반이 머쓱해하고 있는 동안 역시 하희에 깊이 빠져 있던 홀아비 장수 양로가 쏜살같이 나섰다.

"하희는 결국 내가 차지해야 되겠소이다. 여기서 홀아비 신세로 처량하게 살고 있는 사내는 어차피 내가 아니겠소!"

무신이 저지하려고 앞으로 다시 나서려는 순간 장왕은 얼른 손을 내저었다.

"모두 그만들 하시오! 양로의 말이 맞소. 그는 홀아비요. 이번 전투에서 공도 가장 크니 하희는 양로의 첩으로 삼도록 하시오."

이번에는 극구 말리던 무신이 머쓱해질 수밖에 없었다. 홀아비임을 핑계 삼아 하희를 차지하게 된 양로도 하희가 천하의 색녀임을 그로서는 알 까닭이 없었다. 그런 색녀인 줄도 모르고 하희를 얻게 된 양로는 며칠 동안은 신선 부럽지 않았지만, 날이 갈수록 하희의 그칠 줄 모르는 욕정에 고개를 떨구고 말았다. 과연 하희에 대한 세상 사람들의 말이 헛소문이 아니었다는 사실을 알았다. 이러다간 자신도 색에 곯고 곯아서 말라비틀어져 죽게 되는 게 아닌가 하는 생각이 들자 덜컥 겁이 났다.

때마침 진晉나라가 침공해 왔다. 양로는 하희의 품으로부터 도망치는 절호의 기회라 생각하고 몸소 장왕 앞으로 달려갔다.

"대왕, 제가 적을 쳐부수고 오겠습니다! 저를 장수로 기용해 주십시오!"

"왜 그렇소? 신혼 재미가 신통찮았기 때문이오?"

"용맹한 장수란 나랏일부터 먼저 걱정하는 법입니다."

"가상하오. 소원이 그렇다면 출진을 허락하겠소."

결론적으로 말한다면 이번 전투에서 목숨을 돌보지 않고 용감무쌍하게 선두에 서서 싸운 양로의 공으로 초나라 군대가 대승을 거두었다. 그러나 양로는 너무나 비참하게 죽었다. 그나마 시체를 적들이 가져가 버렸으므로 초나라에서는 그의 장례식도 치를 수가 없었다. 세상 사람들이 말했다.

"무신의 말을 듣지 않고 불길한 여자를 아내로 맞더니 결국은?"

양로에게는 전처와의 사이에 장성한 아들 흑요가 있었다. 아버지가 전쟁에 나가자 하희와 둘 사이가 심상치 않았다.

무신은 추적추적 내리는 빗줄기를 그냥 맞으면서 밤늦게 하희의 집으로 갔다. 자칫 어물어물하는 사이에 세상 온갖 잡놈들이 하희를 겁탈하지 않았을까 하는 노파심에서이다. 무신은 이미 그 소문을 듣고 있었다. 하희의 남편 양로가 비참하게 전사를 한 뒤, 그의 아들 흑요가 하희와 정을 통했다는 사실이었다. 때마침 하희와 흑요가 함께 있었다.

"두 사람 내 앞에 꿇어앉으시오!"

무신은 허리에 찬 장검의 손잡이에 손을 대며 소리쳤다. 흑요와 하희의 얼굴은 동시에 하얗게 질려버렸다. 무신은 흑요에게 먼저 물었다.

"조정에서는 벌써 다 알고 벌을 내릴 조처를 취했다. 그 처벌을 내 손에 맡긴 것이다. 흑요에게 묻겠는데, 너는 네 어미를 겁탈하지 아니했는가? 친어미가 아니라지만 어차피 네 새 어미인 것만은 분명하다. 아비는 나라를 위해 전쟁터에서 싸우다 죽는 동안, 네놈은 명색이 어미인데 아비의 여자와 정을 통하고 있었으니, 그 죄 죽어 마땅하지 않겠는가! 네놈에게는 인륜과 도의도 없더란 말이냐! 그래도 죄를 빌지 않고 변명하려고만 드니 살려둘 수가 없다!"

흑요는 살려달라고 애걸하였다. 무신이 살려둘 수 없다고 히지, 집을 나가서 두 번 다시 이곳으로 돌아오지 않겠다고 했다. 그렇게 해서 흑요는 그날 밤 어두운 빗속을 뚫고 줄행랑을 쳤다. 하희는 여전히 고개를 수그린 채 앉아 있었다. 무신은 그녀를 내려다보면서 한숨을 쉬었다. 정욕만 있고, 머릿속이 빈 여자지만 지극히 아름답고 사랑스럽다. 속마음을 이제까지 감추며 언젠가는 하희를 차지하고 말리라 결심하면서, 또 완벽한 내 여자로 만들기 위해 무신은 계획을 얼마나 오랫동안 치밀하게 세웠는지 모른다. 드디어 때가 왔다고 판단한 것이다.

"자, 이제는 내 품에 안기시오!"

무신이 말하자 하희는 순순히 응했다. 무신의 생각처럼 하희는 정욕만 있고 머리는 정말 없는 여자처럼 보였다. 하희는 남자 없이 지내야 하는 무서운 밤에 느닷없이 찾아온 무신이 그토록 반가울 수가 없었다.

시간이 흐르자 무신은 하희에게 친정인 정나라로 돌아가기를 원했다. 실상 하희는 고향으로 돌아가고 싶어 했다. 권력도 명예도 부유함도 그녀에게는 큰 의미가 없었다. 이미 그런 것들은 모두 누려 보았지만 공허했다. 진나라 사람이든 초나라 사람이든 자신과 관계를 맺었다 하면 유명을 달리하거나 도망쳐야 하는 남성들을 겪으면서 하희도 많이 지쳐 있었다. 떠날 수만 있다면 고향으로 돌아가 창기를 두고 영업하는 집 한 채 열어 즐기고 싶은 생각뿐이었다. 그것은 오로지 넘쳐나는 음욕을 주체하기 위해서였다.

"보내 주십시오."

"가거든 조용히 근신하고 있으시오. 내가 그쪽으로 가서 그대를 아내로 맞이하리다."

"예에? 정말이십니까?"

"모든 계략은 이미 다 꾸며 놓았소. 진陳나라에 부탁해 당신의 남편 양로의 시체를 정나라로 돌려주도록 할 터이니, 당신도 대왕께 그렇게 간청하면 왕께서도 당신의 귀국을 허락할 것이오."

무신의 계략대로 하희는 무사히 친정인 정나라로 돌아갔다. 무신 역시 하희를 따라가 그녀를 아내로 맞아들였다. 권력과 부와 명성을 모두 가졌지만 그게 다 무슨 소용이랴. 모든 것을 버려도 하희만은 버릴 수가 없었다. 이것이 무신의 진짜 속마음이었다. 정나라에서도 무신의 요구를 받아들여 하희를 아내로 삼도록 허락하였다.

한편 초나라에서는 장왕이 죽고 공왕이 섰다. 그 점은 무신에게는 행운이었으며 전날 하희를 차지하려 했던 자반에게는 불행이었다. 무신이 하희를 차지했다는 소식을 접한 자반은 누구보다도 더욱 펄펄 뛰었다.

'무신 그놈은 전날 내가 하희를 아내로 삼고자 했을 때 '하희는 불길한 여자요, 공자 만을 요절하게 만들고, 다음 남편 하어숙도 죽게 했으며, 진나라 영공을 죽도록 만들었고, 그녀의 아들 하징서도 죽게 했으며, 진나라 대부 공녕과 의행보를 도망치게 한 데다, 나라까지 망해 버리게 한 여자라'며, 방해를 놓더니 결국 양로도 죽자 제 놈이 하희를 차지했어!'

자반은 분을 못 이겨 무신의 일족을 모조리 도륙하고 말았다. 하희와 관계를 맺었던 흑요까지 홧김에 잡아 죽였다. 하희의 손을 잡고 진晉나라로 망명해 대부가 되었다는 무신의 소식을 접한 자반은 진왕에게 큰 예물을 보내며 무신의 벼슬길을 막고자 했으나 초의 공왕은 이를 말렸다.

"무신은 자기 한 몸은 과오를 범했으나, 돌아가신 선왕을 위해서는 충성스러웠소. 충성은 국가의 초석이 되는 것이며, 그 죄를 보상하고도 남음이 있소. 더구나 그가 진나라에서 필요한 인물이라면 그대가 아무리 방해를 놓아도 진나라에서는 들어주지 않을 것이며, 무익한 인물이라면 그냥 두어도 그는 버림을 받을 것이오. 구태여 그의 벼슬길을 막을 필요는 없을 것이오."

하희는 한 나라와 세 명의 대부와 두 명의 군주와 두 명의 대신과 한 명의 자식까지 멸망케 한 중국 역사상 희대의 요부였다. 하지만 그녀에게는 특이한 점이 있다. 역사에 나오는 요부의 일생은 마지막에 비참하고 참혹하게 끝나는 게 대부분인데, 하희만큼은 비참한 기록도 없고, 어떻게 되었다는 결말의 기록은 아무 데도 없다. 또 하나는 모든 요부는 일생을 살아가면서 같은 처지의 다른 여인들과 치열한 경쟁을 하면서, 그들을 잔혹한 술수로 제거하거나 욕을 보이면서 본인은 살아남는다. 그러나 하희는 일생 동안 다른 여자와 경쟁하거나 다른 여자를 제거하거나 모함하지 않고 자신의 염원을 이루었다. 워낙 미모와 방중술이 뛰어나서 모든 것이 자동으로 이루어진 것처럼 말이다.

제8장

초나라와 관련된
여인들의 술수

1.
갓끈을 끊고 즐기는 연회,
남을 속이는 무서운 음모

초나라 장왕은 즉위한 지 삼 년이 되도록 아무 명령을 내린 적도 없고 어떠한 정치개혁도 하지 않았다. 문무백관들은 그가 무슨 생각을 품고 있는지 도무지 헤아릴 길이 없었다. 곁에서 모시고 있던 우사마가 왕에게 조심스럽게 물었다.

"남산에 큰 새가 한 마리 살고 있다고 합니다. 3년 동안 날갯짓도 하지 않고 날지도 않으며 울지도 않고 깃을 다듬지도 않았는데, 그 새의 이름을 아는 사람도 없다고 합니다. 왜 그랬을까요?"

왕이 대답했다.

"3년 동안 날갯짓을 하지 않은 것은 장차 날갯짓을 크게 하고자 함이요, 날지 않고 울지도 않은 것은 장차 백성들을 살피려는 것이다. 지금은 비록 날지 않아도 한번 날면 반드시 하늘을 가를 것이며, 비록 울지 않았어도 한번 울면 반드시 사람들을 놀라게 할 것이오. 그대의 말뜻을 알겠소."

사실 장왕은 어린 나이에 즉위한 뒤 그의 스승인 두극과 공자 섭이 막

대한 권력을 휘둘렀다. 이들은 서로 한통속이 되어 온갖 악행을 일삼았다. 그러던 중 그들은 거짓 왕명을 꾸며 영윤 자공과 태사 반송을 전쟁터로 내몬 다음 두 집안의 재산을 빼앗아 나누어 갖고, 이것도 모자라 자객을 동원하여 자공을 암살했다. 이 같은 음모가 발각되자 이들은 장왕을 인질로 삼아 도망쳤고, 장왕은 여 땅에서 구출된 후에야 비로소 정치에 참여할 수 있었다. 이런 상황 속에서 장왕은 자신을 지키고자 날갯짓도 하지 않고 날지도 울지도 않는 새로 가장할 수밖에 없었다.

장왕은 다른 사람이 보기에는 어리석고 음란하여 정사를 게을리하는 것처럼 보였지만, 사실은 조정 안팎의 상황을 속속들이 파악하며 높이 비상할 때를 위해 힘을 비축하고 있었다.

반년이 지나자 장왕은 힘써 나라의 정사를 돌보았는데, 단번에 열 가지 불합리한 법률을 뜯어고치고 아홉 가지 새로운 법률을 제정하고 백성의 원성이 자자한 대신 다섯을 죽이고 재능 있는 선비 여섯을 뽑아 요직에 맡겼다. 그리하여 초나라가 크게 다스려졌다. 그리고 병사를 일으켜 제나라를 공격해 서주에서 격파시켰으며, 황하와 형옹 사이에서 진나라와 싸워 승리하고, 제후들을 송나라로 불러 모아 마침내 천하의 패자가 되었다.

장왕은 작은 일에 연연하지 않았으므로 위대한 명성을 이룰 수 있었고, 능력을 다른 사람에게 곧바로 보이지 않았으므로 큰 공을 세울 수 있었다. 그래서 이렇게 말했다.

"큰 그릇은 늦게 이루어지며, 음성은 잘 들리지 않는다."

초나라 장왕은 춘추오패의 한 사람으로 그 이름에 부끄럽지 않을 정도로 정치를 잘했다. 그가 쓸데없는 말을 하지 않고 실상이 없는 정령을 펴지 않기 때문에 정치를 한 지 3년이 되도록 '아무것도 하지 않는 듯' 했지만 그는 결코 아무것도 하지 않은 것이 아니다. 신중하게 조사하고 연구하여 백성들의 사정을 자세히 살펴 방침을 세우고 역량을 쌓은 것이다. 그래서 정치를 하자마자 곧 백성들의 복리를 증진시키고 폐해를 제거하며 거침없이 일을 처리하여 초나라를 잘 다스렸으니 '한번 날아 하늘을 찌르고', '한번 울어 사람을 놀라게' 했던 것이다. 요즘에는 '한번 울어 사람을 놀라게 한다'는 말이 착실하게 힘써 사물이나 사태를 살피지 않고 주제넘게 나서기 좋아하고 단번에 이름을 날리려는 사람들을 비꼬는 뜻으로 쓰이고 있다.

장왕이 아직 주색에 빠져 있을 때였다. 어느 날 밤 신하들을 모아놓고 연회를 베풀었다. 그때 총애하는 후궁 중에 허희라는 애첩이 있었다. 취기가 얼큰히 오른 초장왕은 허희를 불러 분부했다.

"너는 모든 대부에게 술을 따르라."

허희가 대부들에게 술을 따르며 반쯤 돌았을 때였다. 열린 창으로 난데없이 바람이 불어와 촛불을 일시에 꺼뜨렸다. 삽시간에 실내는 암흑으로 변했다. 궁중 내관들이 아직 불씨를 가져오기 전이었다.

누군가 알 수 없는 한 대부의 억센 손이 허희의 허리를 끌어안았다. 허희는 당황하지 않고 재치 있게 그 순간을 슬기롭게 대처할 수 있는 여인이었다. 그녀는 놀란 와중에서도 손을 뻗어 재빨리 그 대부의 관 끈을 잡아 끊었다. 그 대부는 놀라 얼른 허희의 허리를 감았던 손을 풀었다.

허희는 초장왕 앞으로 가서 귀에 대고 속삭였다.

"첩은 왕의 분부를 받고 대부들에게 술을 따랐으나, 대부들 가운데 무례한 사람이 있어 첩의 몸에 손을 대었습니다. 첩은 그 사람의 관의 끈을 끊어놓았으니, 왕께서는 속히 불을 밝히어 그 무례한 대부가 누구인지를 살피십시오."

초희의 말을 듣자마자 초장왕이 큰 소리로 명했다.

"아직 불을 밝히지 마라. 과인이 오늘 잔치를 베푼 것은 모든 신하들과 함께 기뻐하기 위해서다. 그대들은 우선 거추장스러운 관 끈부터 끊어버려라. 만일 관 끈을 끊지 않는 자가 있다면 그는 과인과 더불어 즐기기를 거역하는 자로 여길 것이다."

문무백관은 영문을 알지 못하고 초장왕이 시키는 대로 일제히 관 끈을 끊었다. 다시 불이 밝혀졌으나 허희의 허리를 안은 대부가 누구인지는 끝내 밝혀지지 않았다. 잔치가 끝나고 내궁으로 들어서자 허희가 초장왕에게 따지고 들었다.

"왕께서는 어찌하여 첩에게 손을 댄 무례한 자를 잡아내지 않으셨습니까. 이러고서야 어떻게 군신 간의 예의를 밝히며, 남녀의 구별을 바로잡겠습니까?"

초장왕이 웃으며 대답했다.

"무릇 임금과 신하가 한자리에서 술을 마실 때는 석 잔 이상 마시지 못하는 법이다. 그리고 낮에만 마실 뿐 밤에는 함께 술을 마실 수 없다. 그런데 나는 오늘 모든 신하와 함께 취하도록 마셨고, 또 촛불까지 밝혀가면서 마셨다. 누구나 취하면 실수하게 마련이다. 만일 내가 그 대부를 찾아내어 처벌한다면, 내가 잔치를 차린 명목이 없어지고 마는 것 아니냐?"

허희는 초장왕의 도량에 탄복하고 조용히 물러났다. 후세 사람들도 이때의 일을 칭찬하며 그 잔치를 '절영지연(絶纓之宴)'이라고 일컬었다.

이로부터 3년 후 초나라는 진나라와 치열한 전투를 벌이게 되었다. 그런데 그 전쟁에서 초나라 장왕이 진나라에 완전히 포위되어 죽을 위기에 처했다. 초나라 장수들이 모두 겁을 먹고 머뭇거리고 있었는데, 이때 장웅이라는 장수가 나타나 목숨을 걸고 싸워 장왕을 위기에서 구하여 무사히 포위망에서 벗어나 생명을 건졌다. 장웅이 죽음을 불사하고 그 전투의 선봉에 나서서, 피투성이가 되면서까지 싸워 크게 적을 무찌른 것이다.

"그대처럼 용감한 장수가 있었다는 사실을 미처 몰랐다. 과인은 당신을 그렇게 아낀 기억이 없는 것 같은데, 무슨 연유로 목숨도 아까워하지 않고 그리도 용감히 싸워 이렇게 나를 구하고, 나라를 구하는 큰 공을 세웠는가?"

그러자 장웅은 예전 연회에서 있었던 일을 실토했다. 즉, 3년 전의 연회에서 술에 너무 취해 왕의 애첩을 희롱했던 남자는 바로 자기였으며 그때 장왕의 은혜가 아니었다면 자기는 이미 죽은 목숨이었기에 그 이후로는 목숨을 바쳐 은혜에 보답하려 했다는 말을 남기면서 숨을 거둔 것이다. 부하의 실수를 용서한 덕분에 부하는 그 은혜에 감동하여 더 큰 충성으로 헌신한 것이다.

그 뒤 약 200년이 지나 초나라에는 희왕이 즉위하였다. 희왕과 정수 부인은 여러 가지 일화를 남기고 있다. 어느 날 취나라에서 초나라 희왕에게 아름다운 미녀를 보냈다. 그리하여 호색한이었던 희왕은 그녀를 총애하게 되어 아예 품에 안고 살았다.

부인 정수는 왕이 그녀를 사랑하는 것을 알게 되자 자신도 역시 그녀를 왕보다 더욱 사랑하는 체하며 옷이나 노리개 따위를 가지고 싶은 대로 갖도록 했다. 왕이 이런 사실을 모르고 부인 정수를 진심으로 칭찬하였다.

"부인은 내가 새로 온 사람을 좋아한다는 것을 알고 과인보다 더 아끼고 있으니, 이것은 효자가 부모를 봉양하고 충신이 군주를 섬기는 것과 다를 바가 없으니 참으로 기특하도다."

정수는 이렇게 자기가 질투하지 않는다는 왕의 인정을 받았으므로 새로 온 사람에게 이렇게 말했다.

"왕께서는 매우 당신을 사랑하오. 그러나 어찌 된 일인지 당신의 코만은 싫어하시는 모양이니, 앞으로 당신이 왕을 뵐 때에는 소매로 항상 코를 가리도록 하오. 그러면 언제까지나 변함없이 왕의 총애를 받을 수 있을 것이오."

그래서 새로 온 미녀는 이 말대로 왕을 볼 때마다 항상 소매로 코를 가렸다. 그 뒤 왕은 미인의 행동을 이상하게 여겨 부인인 정수에게 물었다.

"새로 온 사람이 과인을 볼 때마다 항상 소매로 코를 가리는데, 그 이유를 알고 있소?"

부인이 대답했다.

"저도 잘 모릅니다."

왕이 다그쳐 묻자, 이렇게 대답했다.

"지난번에 그녀가 왕의 겨드랑이에서 나는 악취가 싫다고 말한 일이 있었습니다."

왕은 노여워하며 말했다.

"건방진 계집이구나. 당장 코를 베어라."

부인은 이보다 앞서 왕을 가까이 모시는 자에게 말해 두었다.

"왕이 만일 어떤 분부를 내리면 반드시 명령대로 즉시 시행하라."

왕을 가까이 모시는 자가 그래서 지체 없이 칼을 뽑아 미인의 코를 베어 버렸다.

2.
초나라 멸망을 자초한
춘신군

　춘신군이 초나라의 재상이 되었을 무렵에 전국 네 공자라 하여 제나라 에는 맹상군이 있었고, 조나라에는 평원군이 있었으며, 위나라에는 신릉군 이 있어서 바야흐로 앞을 다투어 선비들을 예우하여 식객으로 삼았다. 그 리하여 남을 기울게 하고 자신의 나라를 돕고 권력을 유지하려고 했다.

　춘신군에게는 여라는 엉큼하고 음흉한 애첩이 있었다. 춘신군의 정실 소생으로 갑이라는 장성한 아들이 있었다. 애첩 여는 춘신군이 정실부인 을 내쫓게 하려고 스스로 몸에 상처를 내고는 춘신군에게 보이면서 눈물 을 흘리며 말했다.

　"당신을 만나 섬길 수 있게 된 것은 소첩으로서는 매우 큰 행운입니다. 그렇지만 정실부인의 뜻을 좇고자 하면 당신을 섬길 수 없고, 당신의 뜻을 따르면 정실부인을 욕보이게 됩니다. 소첩이 어리석은 까닭에 두 주인을 섬기기에는 역량이 부족한 듯합니다. 이런 상황이 두 분을 모두 섬길 수 없고, 정실부인에게 죽임을 당하느니 사랑하는 당신 앞에서 죽는 것만 못

합니다. 만일 당신 곁에 총애받는 여인이 다시 있게 된다면, 바라옵건대 당신은 이 일을 잘 살피시어 사람들에게 조롱당하는 일이 없도록 하십시오."

어리석은 춘신군은 확인도 하지 않고 애첩 여가 꾸며낸 말만을 믿고서 정실부인을 내쳤다. 애첩 여는 여기에 그치지 않고 눈엣가시인 적자 갑을 없애고 자기 아들로 대를 이르려고 생각했다. 그리하여 어느 날 자신의 속옷을 찢어서 춘신군에게 내보이고 눈물을 흘리며 말했다.

"소첩이 당신의 총애를 받아온 지 오래된 사실을 갑이 모를 리 없을 텐데, 오늘 소첩을 강제로 희롱하려고 해서 그와 다투다가 옷이 이 지경으로 찢어졌습니다. 자식 된 자로서 이보다 더 큰 불효가 어디 있겠습니까?"

이번에도 춘신군은 자초지종을 따지지 않고 화가 나서 그만 갑을 죽였다. 정실부인은 첩 음흉한 여의 농간 때문에 버림을 받았고, 그의 아들은 억울한 죽음을 당했다. 이로써 보면 여인에게 눈이 멀면 아비의 자식에 대한 혈연의 사랑도 여인의 모함하는 말 때문에 해를 입을 수 있다. 군주와 신하 사이는 아비와 아들만큼 친하지 않으며, 여러 신하의 모함은 단지 한 명의 첩의 입에서 나오는 정도에 불과하니 현인이나 성인이 모함으로 죽음을 당하는 일은 그리 괴이한 일이 아니다.

초나라 고열왕은 아들을 낳지 못하는 사람이었다. 춘신군이 이를 걱정하여 아들을 낳을 만한 여인을 구하여 왕에게 바쳤으나 끝내 실패하였다. 그때 조나라 사람 이원이 누이동생을 왕에게 바치려고 하였다. 그런데 왕이 아이를 낳을 수 없다는 말을 듣고 오래도록 사랑을 받지 못할까 걱정하였다.

그리하여 이원은 우선 세도가인 춘신군을 섬기어 그의 가신이 되었다. 얼마 후에 그가 귀국을 하였다가 고의로 돌아오는 기일을 늦추었다. 춘신군이 늦게 온 사정을 물었다. 그러자 이원은 이렇게 답하였다.

"제나라 왕이 사자를 보내어 신의 누이동생에게 구혼하여 그 사자와 술을 마시느라고 좀 늦게 되었습니다."

이에 춘신군이 이원의 누이동생을 제나라에 보내기로 했는지, 미인인지 궁금해하였다. 그러자 이원이 누이동생을 제나라로 아직 보내지 않았고, 누이동생을 볼 수 있도록 하겠다고 약속했다. 곧 그의 누이동생을 데리고 와서 춘신군에게 바쳤다.

이원의 누이동생은 생각보다 절세미인이었고, 곧 춘신군의 사랑을 받게 되었다. 얼마 후 이원은 누이동생이 임신했다는 사실을 알고 누이동생과 계략을 짰다.

이원의 누이동생은 한가한 틈을 타서 춘신군에게 다음과 같이 말하였다.

"지금 왕이 나리를 대우하고 사랑하는 정도는 형제라 하더라도 그렇게 깊지는 못할 것입니다. 그런데 왕께서는 아들이 없어 돌아가시면 다른 형제들 가운데서 왕을 세우게 되면 나리 신세는 불 보듯 뻔한 일입니다."

"그럼 어떻게 해야 하는가? 나도 실은 그것이 걱정이었다."

"나리에게 처음으로 말씀드립니다. 첩은 나리의 아이를 가졌어요. 하지만 다른 사람은 전혀 이 사실을 알지 못합니다. 그래서 말씀드리는 것인데, 오해하지 마시고 들어보십시오. 황송하오나 첩을 이제 왕에게 바치면 어떨까요? 그리하여 첩이 하늘의 도움으로 아들을 얻게 된다면 이는 나리의 아들이 왕이 되는 것이고, 그러면 나라를 모두 얻을 수 있는 것입니다."

춘신군은 처음에 깜짝 놀랐으나 한참을 생각해 보니 이해가 되었다. 그래서 그는 곧바로 이원의 누이동생을 자기 집에서 내보내 근신하게 하고 왕에게 그녀에 대해서 이야기하였다. 마침내 왕은 그녀를 궁궐로 불러들여서 총애하였다. 그녀는 얼마 후에 아들을 낳았다. 왕은 그 아들을 태자로 삼고, 이원의 누이동생을 왕후로 삼았다. 그리고 왕은 이원을 가까이하여 막강한 권력을 행사할 수 있도록 큰 벼슬을 내렸다.

이원은 그의 누이동생을 왕실로 들여보내어 왕후로 만들고 그 아들을 태자로 세운 뒤, 춘신군이 그러한 사실을 누설하고 더욱 교만해질까 두려워하여 은밀하게 암살자를 양성하여 춘신군을 죽임으로써 그의 입을 막고자 하였다. 그러나 신하들 가운데 이러한 사실을 알고 있는 자가 상당수 있었다.

고열왕이 병이 들었다. 이에 주영이 춘신군에게 이렇게 말하였다.

"세상에는 '뜻밖에 찾아드는 복'이 있고, 또 '뜻밖에 찾아드는 화'도 있습니다. 지금 나리께서는 뜻밖의 일이 벌어지는 세상에 처하여 뜻밖의 일을 당할 왕을 섬기고 계시니 어찌 '뜻밖의 일을 할 수 있는 사람'이 없어서 되겠습니까?"

춘신군이 '뜻밖에 찾아드는 복'이란 무엇을 말하는지 물었다.

"나리께서 재상이 되신 지 20년 동안 나리의 위치는 사실은 초나라 왕이셨습니다. 지금 왕이 병이 들어서 곧 돌아가실 것입니다. 그럴 경우에 나리께서는 어린 군주를 모시게 되어 섭정을 하게 될 것입니다. 이때 만일 이윤이나 주공처럼 하신다면 왕이 장성한 뒤에 국정을 되돌려 주시겠지만, 그렇지 않을 경우에는 나라를 차지할 수 있습니다. 이것이 이른바 '뜻밖에 찾아든 복'입니다."

"그러면 '뜻밖의 화'란 무엇인가?"

"이원은 나라를 다스리지도 않은 사람으로서 나리의 원수입니다. 그는 군대를 맡고 있는 것도 아닌데 암살자를 양성하고 있은 지가 이미 오래되었습니다. 만약 왕이 돌아가신다면 이원은 반드시 먼저 궁궐로 들어가 정권을 잡고 나리를 죽임으로써 입을 막으려고 할 것입니다. 이것이 바로 '뜻밖의 화'입니다."

이에 춘신군이 다시 물었다.

"그렇다면 '뜻밖의 사람'이란 누구인가?"

"나리께서 신을 낭중의 자리에 임명하시면 왕이 돌아가신 뒤에 이원이 분명히 먼저 궁궐로 올 것입니다. 그러면 신이 나리를 위해서 이원을 죽이도록 하겠습니다. 이것이 바로 '뜻밖의 사람'입니다."

이 말을 듣고 춘신군은 이렇게 말하였다.

"선생은 이제 그만하시오. 이원은 나약한 사람이고 또 내가 그를 잘 대우하였는데 어떻게 그가 이러한 일까지 하겠소?"

주영은 자신의 계획이 받아들여지지 않음을 알고 화가 자기 자신에게까지 미칠까 두려워 도망하여 초나라를 떠났다.

이런 일이 있고 난 뒤 17일 만에 고열왕이 죽었다. 이원은 과연 먼저 궁궐에 들어가 자객을 잠복시켰다. 드디어 춘신군이 문상하기 위해 궁궐로 들어오자 이원의 자객이 춘신군 곁에서 부여잡고 그를 찔러 죽여버렸다. 이원은 병사를 시켜 춘신군의 집안을 완전히 멸족시켰다.

한편 이원의 누이동생이 왕궁에 들어가서 낳은 아들이 마침내 왕이 되었으니 이 사람이 바로 유왕이다. 유왕이 즉위한 지 10년 만에 죽고 그의 동생이 왕위에 올랐는데, 그가 애왕이다. 애왕은 또한 즉위한 지 두 달 만에 그의 이복형인 부추에게 죽음을 당했고, 부추가 왕위에 올랐다.

그러나 그가 왕위에 오른 지 4년 만에 진秦나라 장군 왕전과 몽무가 초

나라를 공격하여 부추를 사로잡고 초나라를 일개 군郡으로 강등하여 이로
써 초나라는 멸망하였다.

제9장

진시황과 얽힌
내밀한 가족사

1.
장사꾼 여불위의
물건을 보는 안목

전국시대는 치열하고 잔인한 제후국 전쟁의 연속이긴 하였지만 반면에 사회적, 문화적, 사상적, 정치적인 분야에 있어선 그다지 삭막하지는 않았다. 생존하기 위해서 오히려 더 활기차고 진취적인 면을 보여주었고, 그 이면에는 권모술수가 판을 쳤다. 동양 사상의 진수라고 할 수 있는 백가쟁명百家爭鳴*이 바로 그 증거라 할 수 있다.

---

* 백가쟁명(百家爭鳴): 백가쟁명은 다른 말로 제자백가(諸子百家)라고도 한다. 춘추전국시대(기원전 770~221)의 여러 사상가와 그 학파를 말한다. 주나라가 동으로 천도한 후의 동주(東周, 기원전 771~256) 시대에서는 종주권이 쇠약해짐에 따라 제후들이 세력을 추구하면서 약육강식이 잇달아 일어나자 중국 천하는 소란하게 되었다. 이 시기를 춘추전국시대라고 한다. 춘추전국시대는 선진시대(先秦時代)라고도 불리는데, 이는 기원전 221년의 진나라에 의한 중국 통일 이전의 시기를 뜻한다. 이 시대는 중국 사상의 개화 결실의 시기였다. 이 시대의 사상가들을 제자(諸子)라 하며 그 학파들을 백가(百家)라 부른다. 춘추전국시대는 사회·경제·정치상의 일대 변혁기였다. 이는 씨족제적인 사회의 해체기이며, 주나라의 봉건제도와 그에 따르는 질서가 붕괴하는 시기이며, 또한 경제적, 군사적 실력주의의 대두기였다. 구체적으로는 주 왕조의 권위 실추에 따르는 제후의 독립과 대립 항쟁의 시대였다. 이와 같은 배경 속에서 중국의 사상계는 최초로 활발해졌다. 이들은 크게 유가(儒家)·묵가(墨家)·도가(道家)·음양가(陰陽家)·명가(名家)·종횡가(縱橫家)·법가(法家)·잡가(雜家)·농가(農家)의 9 유파(流派)로 나뉘었는데, 바야흐로 백가쟁명의 중국 사상의 황금시대를 맞이하였다.

전국시대에는 상인들이 각국을 왕래하면서 상업을 경영하는 사람이 많았다. 생활이 향상되고 수요가 증가함에 따라 상업이 활발해지고 규모도 점점 확대되어 전국시대 말기에 이르러서는 거부가 탄생하기에 이르렀다. 소위 장사꾼이라고 불리는 사람들은 한곳에 머물면서 장사하지 않았다. 그들은 많은 이익을 남기기 위해 누구보다도 바쁘게 움직였다.

전국시대 말기로 접어들면서 상인들이 가장 많이 모여드는 곳으로는 두 곳이 있다. 하나는 진나라 수도 함양이요, 다른 하나는 조나라 도읍인 한단이었다. 특히 한단은 중원 북방 한복판에 위치해 있어 전까지 중원 제일 도시인 임치성을 능가할 정도로 번창했다. 미녀들이 들끓었고, 거리마다 음식점과 술집 간판이 즐비했으며, 도시 중심가에 이르면 없는 물건이 없을 정도로 천하 물건의 집산지 역할을 담당했다.

양책 출신의 여불위는 대상인으로 여러 나라를 왕래하면서 값이 쌀 때 물건을 사놓았다가 시기를 보아 비쌀 때 비싼 값으로 파는 사재기 방법으로 천금의 재산을 모았다. 여러 나라를 왕래하였기 때문에 그의 식견은 남다른 데가 있었고, 또한 모든 일에 가치나 진위를 감정하여 식별하는 안목이 뛰어났다.

여불위가 어느 날 상업 관계로 조나라 수도 한단에 왔다가 우연한 기회에 진秦나라에서 인질로 와 있는 진왕의 손자 자초와 만나게 되었다. 자초를 만나본 여불위는 자초를 보는 순간 '이것이 기화奇貨*'라는 느낌이 들어 구해 놓고 보자 생각했다.

---

* 기화(奇貨): 기화란 진귀한 상품, 즉 뜻하지 않게 찾아낸 물건을 의미한다. 보통 사람은 그다지 중시하지 않지만 전문가의 눈에는 매우 가치 있는 것이 있다. 그것은 비록 지금은 값어치가 없어 보이지만 시간이 지나면 높은 가치를 지니게 된다. 여불위는 자초를 점찍고 키워냄으로써 권력을 장악할 수 있었으며, 천하 통일을 이룬 진시황도 여불위가 없었다면 역사상 인물로 기록되지 못했을 것이다.

진나라는 소양왕 40년에 태자가 죽고 2년 후에 차남인 안국군이 태자가 되었다. 안국군에게는 20여 명의 아들이 있었지만 총애를 받고 있었던 화양 부인에게는 아들이 없었다. 그 20여 명의 아들 가운데 자초라는 왕자가 있었다. 자초의 생모인 하희는 안국군의 사랑을 받지 못했기 때문에 자초는 별 볼 일 없는 존재로 취급되어 조나라에 인질로 보내졌다.

자초는 사랑받지 못하는 첩의 자식인 데다 인질의 몸이었기에 매우 곤궁한 생활을 해야만 했다. 더구나 진나라가 조나라를 자주 공격하였으므로 인질로 가게 된 자초는 갈수록 조나라의 냉대를 받아야 하는 처지가 되었다.

그럴 즈음 여불위가 장사 일로 조나라 수도 한단에 가게 되었다. 그곳에서 우연히 인질로 보내어진 자초를 만난 것이다. 여러 나라를 여행하여 여러 가지 정보를 수집하고 있던 여불위는 진나라의 속사정을 잘 알고 있었다. 진나라 태자 안국군의 정부인은 화양 부인으로 태자의 사랑을 받고 있고, 화양 부인에게는 아들이 없다는 정보이다. 하지만 어떤 사람을 후계자로 세우느냐 하는 문제에 결정적인 권한을 행사할 수 있는 사람이 화양 부인이라는 사실이었다. 화양 부인이 '이 사람이 가합하다'고 지명하는 사람이 태자의 후계자로서 장차 왕위를 잇게 된다는 것을 여불위는 알았다.

이런 후계자 지명권을 가진 화양 부인에 대해서 여불위는 모든 정보를 가지고 있었다. 그녀에게 가장 영향력을 행사할 수 있는 사람은 그녀의 언니라는 사실까지 알고 있었으며 화양 부인의 성격과 무엇을 좋아하고, 그녀의 언니는 어떤 사람인가 등등을 낱낱이 알고 있었기 때문에 화양 부인에게 접근해서 공작을 펴는 일에도 그는 자신이 있었다.

여불위는 자초에게 바싹 다가서며 다음과 같이 말하였다.

"제가 왕자님의 문호를 크게 만들어 드리겠습니다."

자초가 웃으며 말하였다.

"먼저 당신 자신의 문호를 크게 만드시오. 그러면 나의 문호도 크게 될 것이 아니오?"

"그것은 왕자님이 모르는 말씀이오. 나의 문호는 왕자님의 문호가 커지는 걸 기다려서 커질 것입니다."

그제야 자초는 여불위의 말뜻을 알아듣고 놀라움을 금치 못했다. 그는 자기도 모르게 사방을 둘러보았다.

"쉿! 여기는 나를 감시하는 조나라 사람들이 많소. 후일 조용할 때 다시 찾아오시오."

여불위는 자초가 장차 일에 마음이 있음을 알고 속으로 기뻐하며 황금 1백 금을 그의 앞에 내밀었다.

"이것으로 공자를 감시하고 있는 주변 사람들의 마음을 사십시오. 저는 내일 밤 다시 찾아오겠습니다."

첫날의 대면은 이렇게 끝났다. 집으로 돌아오자 여불위의 아버지가 험악한 표정으로 기다리고 있었다. 금고에 놔두었던 돈 중 1백 금이 사라진 것을 알았기 때문이었다. 아버지는 대뜸 여불위의 멱살을 틀어잡고 다그쳤다.

"이놈, 장사한다는 놈이 돈 아까운 줄 모르다니! 대체 1백 금을 어디다 쓰고 왔느냐?"

여불위가 겨우 아버지를 진정시키고는 물었다.

"아버지께서는 가축을 길러 내다 팔면 몇 배의 이익을 볼 수 있다고 생각하십니까?"

"그야 열 배 정도의 이익을 보겠지."

"그렇다면 보화나 진귀한 골동품을 싸게 사서 대도시에 내다 팔면 몇 배의 이익을 봅니까?"

"적어도 백 배의 이익은 봐야 하지 않겠느냐."

여불위가 고개를 끄덕인 후 다시 물었다.

"만일 사람 하나를 사서 일국의 왕으로 세운 후 그 나라 재상에 오른다면 그 이익은 얼마나 될 수 있다고 생각하십니까?"

아버지는 주춤하는가 싶더니 곧 대답했다.

"그렇게만 된다면야 그 이익은 가히 수를 헤아릴 수 없을 것이다."

이에 여불위가 진지하게 아버지에게 말했다.

"바로 그것입니다. 장차 나라의 대권을 잡을 왕을 키워주면 그 혜택은 두고두고 남을 것입니다. 지금 조나라에는 진나라의 왕자가 인질로 와 있습니다. 저는 이 기화를 사놓겠습니다."

여불위는 아버지의 승낙을 받고 자초에게 조용히 앞으로 계획을 말하기 시작했다.

"왕자님은 가난한 데다 인질의 몸이 되어 외출할 때 수레를 타는 것조차 자유롭지 못하니 빈객과 사귈 돈이 없을 것입니다. 내가 비록 가난하나 당신을 위하여 천금을 갖고 서쪽으로 가서 안국군과 화양 부인을 섬겨서 당신을 후계자로 삼게 하겠습니다."

자초는 이에 머리를 조아리며 말하였다.

"반드시 당신의 계책대로 된다면 진나라를 그대와 함께 가지도록 하겠소."

여불위는 이에 오백 금을 자초에게 주어 빈객들과 사귀어 친교를 맺게 하고 다시 오백 금을 가지고 조나라의 진기한 물건과 보기 좋은 물품들을 사서 서쪽의 진나라로 떠났다. 먼저 화양 부인의 언니에게 뵙기를 청하고 그 물건을 모두 화양 부인께 바치며 말하였다.

"지금 조나라에 계신 자초 왕자님은 어질고 지혜가 있습니다. 제후들의 빈객과 친교를 맺어서 그의 빈객은 천하에 두루 퍼져 있습니다. 항상 말하기를 '자초는 화양 부인을 하늘처럼 여기고 밤낮으로 울면서 태자와 부인을 사모하고 있노라'고 합니다."

화양 부인은 매우 기뻐하였다. 여불위는 이어 그의 언니를 시켜서 다음과 같이 화양 부인에게 말씀드리라고 일러두었다.

"제가 듣기에 '색色으로 남을 섬기는 자는 색이 쇠하면 사랑도 잃는다'고 합니다. 지금 화양 부인은 태자의 사랑을 한 몸에 받고 있지만 애석하게도 후사가 없습니다. 지금부터라도 총명하고 효심이 두터운 분을 골라 후계자로 정하고 그를 양자로 삼아야 할 것입니다. 그렇게 해야 태자가 살아계실 때는 물론이고 태자에게 만일의 일이 생겨도 양자가 왕위에 오르기 때문에 화양 부인은 권세를 잃지 않고 살아갈 수 있는 것입니다. 이런 것을 두고 영원한 이로움을 얻는다고 합니다. 젊었을 때 발판을 튼튼히 해 둬야 합니다. 색향이 쇠하고 총애를 잃은 뒤에는 이미 늦습니다. 자초는 총명한 분입니다. 그는 형제들 순서로 보아도 그렇고 생모의 순위로 보더라도 후계자가 되리라고는 전혀 생각하지 않을 것이므로 화양 부인을 끝까지 섬길 것입니다."

화양 부인의 마음을 움직이게 한 것은 오백 금에 해당하는 선물보다도 '나이가 들어 얼굴빛이 노쇠하여 임금의 사랑이 끊기면 한마디 말도 할 수 없다'는 자신의 장래 문제에 대해 의표를 찌른 그의 언니의 말이었다. 자신이 직접 후계자를 지명한다면 그 은혜는 상대방에게 평생토록 깊은 감사의 뜻을 불어넣는 것이 될 것이다.

화양 부인은 고개를 끄덕였다. 그의 언니의 말이 옳다고 생각하였다. 그래서 태자의 한가한 틈을 엿보아 조용히 입을 열었다.

"조나라에 인질로 가 있는 자초는 현명하다는 소문이 사방으로 퍼져 이곳을 내왕하는 사람들이 모두 다 칭찬합니다."

그러고는 눈물을 흘리며 말하였다.

"첩이 외람되이 태자마마의 사랑을 받고 있사오나 불행히도 아들이 없습니다. 원하옵건대 자초를 후계자로 삼아서 첩의 몸을 의탁하게 해주십시오."

안국군은 쾌히 허락하고 부인과 함께 옥부玉符를 새겨 자초를 후계자로 할 것을 약속하였다. 이어 자초에게 후한 예물을 보내기로 하고 여불위에게 그것을 전달하게 하였다. 이로써 자초는 더욱 여유 있는 생활을 할 수 있게 되었고 빈객과의 친교도 활발해졌다.

조나라의 수도 한단은 예로부터 미인의 고을로 잘 알려져 있던 풍류의 도시였다. '더없는 꿈'을 가리키는 '한단지몽邯鄲之夢'이라는 고사성어도

---

* 한단지몽(邯鄲之夢): 당나라 현종(玄宗) 때의 일이다. 도사 여옹은 한단으로 가는 도중 주막에서 쉬다가 노생이라는 젊은이를 만났다. 그는 산동에 사는데, 아무리 애를 써봐도 가난을 면치 못하고 산다며 신세 한탄을 하고는 졸기 시작했다. 여옹이 보따리 속에서 양쪽으로 구멍이 뚫린 도자기 베개를 꺼내 주자 노생은 그것을 베고 잠이 들었다. 노생이 꿈속에서 점점 커지는 베개 구멍 속으로 들어가 보니, 고래 등 같은 집이 있었다. 노생은 최씨 명문가인 그 집 딸과 결혼하고 과거에 급제한 뒤 벼슬길에 나아가 순조롭게 승진하여 마침내 재상이 되었다. 그 후 10년간 명재상으로 이름이 높았으나, 어느 날 갑자기 역적으로 몰려 잡혀가게 되었다. 노생은 포박당하며 "내 고향 산동에서 농사나 지으면서 살았으면 이런 억울한 누명은 쓰지 않았을 텐데, 무엇 때문에 벼슬길에 나갔던가. 그 옛날 누더기를 걸치고 한단의 거리를 거닐던 때가 그립구나"라고 말하며 자결하려 했으나, 아내와 아들의 만류로 이루지 못했다. 다행히 사형은 면하고 변방으로 유배되었다가 수년 후 모함이었음이 밝혀져 다시 재상의 자리에 오르게 되었다. 그 후 노생은 모두 고관이 된 아들 다섯과 열 명의 손자를 거느리고 행복하게 살

한단을 배경으로 할 만큼 이름난 색향이었다. 이 꿈의 도시에서 부호가 된 여불위는 돈의 위력으로 뛰어나게 예쁘고 춤을 잘 추는 무희들을 들여놓고 있었다.

해가 바뀌어 BC 260년(진소양왕 47년) 3월이 되었다. 이때는 진나라 장수 백기가 장평 전투에서 조나라 군사 40만 명을 생매장하기 불과 4개월 전이었다. 이 무렵, 늘 함께 다니던 자초와 여불위 두 사람 사이에 큰 다툼이 일어났다. 자초가 여불위의 자존심을 크게 상하게 하는 사건이 발생했다. 여불위에게는 비밀리에 사귀는 조희라는 아름다운 여인이 있었다. 한단성에 사는 조나라 상인의 딸이었다. 두 남녀는 몰래 만나 함께 잠자리도 스스럼없이 하는 사이였다.

그녀가 아이를 갖자 여불위는 아예 그녀를 자신의 집으로 데려다 살림을 차렸다. 그런 중에 자초가 여불위의 집으로 놀러 왔다. 밤늦게까지 함께 술을 마시며 놀았다. 기루에서 기녀 10여 명을 불러다 춤을 추고 노래를 부르게 했다. 흥이 난 여불위는 자신의 애첩인 조희까지 불러내어 춤을 추게 했다. 다툼이 발생한 것은 바로 이때부터였다.

"아! 정말로 아름답구나!"

자초의 입에서 자신도 모르게 경탄의 소리가 터져 나왔다. 그것으로 끝났으면 별문제가 없었을 것인데, 자초가 여불위를 돌아보며 말했다.

다가 80세의 나이로 세상을 마쳤다. 그런데 노생이 기지개를 켜며 깨어 보니 꿈이었다. 옆에는 노옹이 앉아 있었고, 주막집 주인이 메조 밥을 짓고 있었는데, 아직 뜸이 들지 않았을 정도의 짧은 동안의 꿈이었다. 노생을 바라보고 있던 여옹은 "인생은 다 그런 것이라네"라고 웃으며 말했다. 노생은 한바탕 꿈으로 온갖 영욕과 부귀와 죽음까지도 다 겪게 해서 부질없는 욕망을 막아준 여옹의 가르침에 머리 숙여 감사하고 한단을 떠났다. 이 이야기에서 '한단지몽'이란 말이 비롯되었으며, 인간의 부귀영화나 인생의 영고성쇠가 다 꿈같이 부질없음을 비유하는 말로 사용된다.

"나는 조나라에 볼모로 온 후로 너무나 외로운 밤을 보내왔소. 그대에게 처음이자 마지막으로 부탁하건대, 저 여인을 나에게 줄 수 없겠오."

조희는 자신이 사랑하는 애첩이다. 자초도 그것을 알고 있음에도 불구하고 조희를 자기에게 달라고 하는 무례를 저질렀다. 순간 여불위는 취기가 가셨다. 자리를 박차고 일어나 자초의 얼굴을 무섭게 쏘아보았다. 말도 안 되는 소리에 분노가 치솟았다.

그러나 상대는 자초다. 여불위는 격분한 가운데서도 마음을 추스르고 조용히 말했다.

"너무 많이 취하셨나 봅니다. 이제 그만 돌아가시지요."

그런데 사태가 여기서 끝났으면 큰 문제가 일어나지 않았을 것이다. 자초는 애원하듯이 여불위에게 매달렸다.

"술기운에 하는 소리가 아니오. 나는 진심으로 저 여인과 결혼하기를 바라고 있소. 그대는 부디 내 소원을 들어주시오."

아무리 자초라고 하지만 이 말에는 여불위도 참을 수가 없었다. 술상을 뒤엎으며 소리쳤다.

"공자! 공자는 나를 도대체 무엇으로 보시는 겁니까? 나는 지금까지 호의로써 공자를 대해 왔습니다. 그런데 공자는 제가 가장 사랑하는 애첩을 빼앗을 작정이십니까? 그것이 저에 대한 보답입니까?"

여불위의 화난 모습에 자초는 그제야 자신이 너무 결례되는 행동을 했음을 알아차렸다. 황망히 허리를 숙여 사죄했다.

"그대는 진정하십시오. 내가 그동안 너무 외롭고 쓸쓸하여 그대의 은혜만 믿고 못 할 말을 했나 봅니다. 오늘 일은 내가 취중에 한 소리라 여기고 그만 노여움을 푸십시오."

그날의 일은 이렇게 끝이 났다. 착잡한 마음으로 자초는 집으로 돌아갔고, 여불위는 여불위대로 화를 삭이기 위해 혼자 술을 퍼마시다가 잠이 들었다.

다음 날 한낮이 되어서야 여불위는 잠에서 깨어났다. 눈을 뜨는 순간 간밤의 일이 떠올랐다. 애첩 조희로 인해 자초에게 험한 소리를 한 것이 생각이 났다. 여불위는 '아차' 하고 후회했다. 자초가 누구인가. 후일 진나라 왕이 될 신분인데 그는 더할 나위 없는 상품인 것이다. 그런 그에게 상을 뒤집어엎으며 욕설을 퍼부어댔으니, 후회스러울 정도였다.

여불위는 마음이 불안하고 초조하여 어찌할 바를 몰랐다. 온갖 상념이 스쳐 지나갔다. 만일 그동안 내가 투자했던 것이 물거품이 되고 마는 것이 아닌가 하는 불길한 예감이 들었다. 여기까지 생각하던 여불위의 머릿속으로 장사꾼의 기질이 발휘되었다. 보물같이 취급한 상품을 물거품으로 만들 수 없는 일이었다. 미모를 자랑하는 애첩은 언제든지 돈으로 구할 수 있지만, 자초만큼은 포기할 수 없는 진귀한 상품이 아닌가.

그런데 문제는 조희의 배 속에 든 아이였다. 그 일을 어떻게 처리할 것인가. 자초는 후일 진나라 왕이 될 것이다. 자초가 왕이 되면 그 아들은 세자가 되어 또 왕의 자리에 오른다. 여기까지 생각한 여불위는 얼굴에 환한 미소가 번졌다. 곧 조희에게 달려가 차분하게 가라앉은 목소리로 조희를 향해 입을 열었다.

"네게 물어볼 말이 있다. 너는 진정 나를 사랑하느냐?"

"굳이 대답해야 합니까?"

"안다. 네가 나를 사랑하고 있다는 것을. 얼마만큼 사랑하는가를? 너는 나를 위해 죽을 수 있느냐?"

그제야 조희는 여불위 표정이 여느 때와 다름을 알고 진지한 표정이 되었다. 잠시 후 조용히 고개를 끄덕였다.

"나를 위해 죽을 수 있다고? 그만큼 사랑한다는 뜻이겠지. 좋다. 그렇다면 굳이 돌려서 말하지 않겠다. 너는 나를 위해 내 부탁을 들어주어야겠다."

"무엇이든 들어 드리겠습니다."

"좋다. 길게 말하지 않겠다. 어젯밤에 본 진왕의 손자인 자초 공자께서 너를 몹시 사랑한다고 하더구나. 그래서 너를 아내로 삼고 싶다고 하셨다. 너도 알다시피 그 때문에 나는 자초 공자와 심한 말다툼 끝에 큰 실수를 했다. 어느 것이 너를 위하고, 또 나를 위한 것인지 이제 나는 확연히 깨닫게 되었다. 자초 공자를 위해 나는 많은 돈을 투자했는데 이제 물거품이 될 일만 남았다. 네가 자초 공자에게 가지 않으면 나는 투자한 거액을 모두 포기해야 하고 앞으로 희망도 없다."

조희는 놀라는 표정을 감추지 못했다. 전혀 생각지도 않은 말을 들었기 때문이었다. 하지만 조희는 침착했다. 아니, 명석하고 영리했다. 여불위의 말을 금방 알아들었다. 잠시 생각에 잠기더니 이내 고개를 들었다.

"대인의 뜻을 알겠습니다. 다만 한 가지 마음에 걸리는 것이 있습니다. 대인께서도 아시다시피 소첩은 임신한 몸입니다. 어찌 대인의 핏줄을 잉태한 몸으로 자초 공자에게로 갈 수 있겠습니까?"

여불위는 고개를 끄덕이다가 낮은 소리로 대답했다.

"바로 그 때문에 네가 자초 공자에게로 시집가야 한다는 것이다. 네가 나를 섬겨보았자 너는 한낱 장사꾼의 아내밖에 되지 않는다. 그러나 네가 자초 공자와 혼인하면 너는 언젠가는 왕후의 몸이 된다. 그리고 네 배 속에 들어 있는 자식이 아들이라면 너는 장차 왕의 어머니가 되는 것이다. 아울러 나 역시 왕의 아버지가 된다. 이것이 우리가 영원토록 부귀영화를 누릴 수 있는 비결이 아니고 무엇이겠느냐?"

비로소 조희는 여불위가 그리는 그림이 무엇인지를 짐작했다. 맑은 눈에 이슬을 머금으며 대답했다.

"소첩이 어찌 대인의 마음을 알지 못하겠습니까? 저는 대인의 뜻에 따르겠습니다."

여불위의 커다란 손이 조희의 작은 어깨를 감쌌다.

"고맙구나. 후일 진나라를 얻으면 우리는 다시 부부가 되어 함께 영화를 누리도록 하자. 그때까지는 결코 배 속에 든 아이에 대해 절대로 말해서는 안 된다. 아니, 이 세상을 떠날 때까지 그 일은 우리 둘만의 비밀이어야 한다. 알겠느냐?"

"그 일은 염려하지 마십시오."

두 사람은 함께 침상으로 올라갔다. 언제 다시 만나 회포를 풀 수 있을지 모를 마지막 거사를 밤이 깊은 줄 모르고 이어갔다.

다음 날 저녁, 여불위는 조희를 곱게 단장시켜 수레에 태워 자초의 저택으로 향했다. 자초는 여불위로부터 호된 꾸짖음을 받고 집으로 돌아오긴 했으나 눈앞에 아른거리는 그녀의 모습을 지울 수가 없었다. 이런저런 생각으로 안절부절못하고 있는데 갑자기 여불위가 왔다는 통보였다. 자초는 깜짝 놀라지 않을 수 없었다. 여불위 때문이 아니었다. 그 뒤를 따르는 조희의 모습을 보았기 때문이었다.

어리둥절하는 사이에 여불위가 들어와 자초 앞에 무릎을 꿇었다.

"소생이 공자를 위해 중매를 설까 합니다. 소인의 중매를 받아 주시겠습니까?"

자초는 이내 모든 사태를 파악했다. 얼른 여불위의 손을 잡아 일으켰다.

"고맙소. 결코 그대의 은혜는 잊지 않겠소이다."

그날 저녁, 자초의 저택에서는 커다란 잔치가 벌어졌다. 혼례 잔치였다. 여불위는 만취하여 집으로 돌아왔다. 그의 기분은 어떠했는지 짐작이 가지 않는다.

자초가 조희를 사랑하고 아끼는 마음은 끔찍했다. 한시도 조희의 곁에서 떨어지지 않았다.

한 달쯤 지나서였다. 조희가 얼굴을 붉히며 자초에게 속삭였다.

"소첩, 공자의 지극한 사랑을 받아 배 속에 아이가 들어선 모양입니다."

자초의 기쁨은 이루 헤아릴 수 없이 컸다. 그러나 그는 알지 못했다. 조희의 배 속에 든 아이가 이미 3개월째에 접어들고 있다는 사실을 말이다. 한때 소원했던 자초와 여불위의 관계도 실과 바늘처럼 사이가 좋아졌다. 두 사람은 함께 조희를 잘 보살폈다. 그러는 중에 자초에 대한 감시가 부쩍 엄해졌다. 조나라와 진나라 사이에 전쟁이 일어났기 때문이었다.

이 전쟁이 바로 '장평 전투'다. 40만 명에 달하는 조나라 군사가 진나라 장수 백기에 의해 생매장당했다는 소문이 퍼지면서 조나라 효성왕은 진나라 볼모인 자초에 대해 연금령을 내렸다.

자초는 문밖출입이 금지되었고, 여불위 또한 자초의 저택을 출입할 수 없게 되었다. 그러나 자초는 크게 걱정하지 않았다. 하루가 다르게 불러오는 조희의 배만 보면 행복했기 때문이다. 그러나 조희는 내심 초조했다. 그런데 하늘의 도움인가. 조희는 좀처럼 해산의 기미를 보이지 않았다. 마침내 두 달이 더 지나 조희는 산통을 느꼈다. 하룻밤의 산고 끝에 조희는 이윽고 아이를 낳았다.

"옥동자입니다."

자초의 입이 크게 벌어졌다. 방 안으로 뛰어 들어가 아이의 얼굴을 보았다. 시원하게 생긴 모습이 장군감이었다. 울음소리가 어쩌나 큰지 인근 동네까지 다 들렸다. BC 259년 정월 초하룻날 아침의 일이었다.

자초는 아이를 내려다보며 축원했다.

'아이의 골상을 보니 여간 비범하지 않다. 이 아이의 이름은 마땅히 정 政이다. 장차 천하를 다스릴 아이로 키우리라.'

이 아이가 곧 40여 년 후 6국을 멸망시키고 550년간 이어온 난세를 종식시킨 진시황이다. 그러나 그 기쁨도 잠시였다. 자초와 이제 막 태어난 아이 정은 커다란 위기에 직면했다. 진나라 소왕 50년에 진나라는 백기 장군이 장평에서 조나라의 40만 대군을 격파하고 뒤이어 조나라 수도 한단을 포위했다. 이때 자초는 목숨을 빼앗길 위기에 몰렸지만, 여불위는 자초와 모의하여 황금 6백 근을 감시하는 아전에게 뇌물로 주고 탈출하여 진나라 군중에 있다가 진나라로 돌아가게 되었다.

조나라는 자초의 처자를 죽이고자 하였으나 자초의 부인은 조나라 권문세도가의 딸이었으므로 어린 아들과 함께 무사히 살아날 수가 있었다. 자초의 처자가 무사할 수 있었던 이면에는 여불위의 사전 대비가 있었기 때문이었다. 여불위는 만일의 사태에 대비하여 미리 그들의 은신처를 마련해 놓았었고 그들을 호위할 인물까지도 물색해 놓는 등 만반의 준비를 해놓았다.

전국시대 550년을 마감한 것은 진시황이지만, 사실 그 이전에 이미 진나라는 천하 통일의 기반을 서서히 확고하게 굳혀가고 있었다. 이러한 기반을 닦아놓은 것은 두말할 나위 없이 진나라 소양왕이다.

진나라 소양왕 54년, 옹성의 남쪽 교외에 나가 상제께 제사를 올렸다. BC 253년. 진시황이 통일을 이루기 32년 전이다. 상제에게 제사를 드리는 행위는 천자만이 할 수 있다. 그만큼 진나라가 강성대국이었음을 각 제후국에게 보여주는 행사였다. 진나라 소양왕은 '나는 천자다'라고 생각했음에 틀림없다. 2년 후인 BC 251년 가을, 진나라 소양왕은 통일 기반만 만들어 놓은 채 안타깝게 세상을 떠났다.

세자 안국군이 그 뒤를 이어 진나라 왕위에 올랐다. 그가 진효문왕이다. 화양 부인은 왕후가 되었고, 한단에서 볼모 생활을 하다가 여불위에 의해 함양으로 돌아온 자초는 세자가 되었다.

여불위는 가장 먼저 한단성에 남겨두고 온 자초의 모자 귀환을 도모했다. 자초에 이어 또 하나의 기화가 아닌가. 어쩌면 자초보다 더 확실한 보물일지도 몰랐다. 여불위는 자초를 통할 것도 없이 왕후인 화양 부인을 찾아갔다.

"한단에 세자 자초의 아들과 그 아내 조희가 숨어 지내고 있습니다."

그날로 진효문왕은 조나라 효성왕에게 사자를 보냈다. 조나라 도읍인 한단성은 발칵 뒤집혔다. 조희 모자를 찾기 위해서였다. 조희의 아버지 조대인은 시대의 흐름을 읽을 줄 아는 사람이었다. 위험이 사라졌음을 직감하고 즉시 자신의 딸과 손자를 조나라 효성왕에게로 들여보냈고, 조효성왕은 극진한 예에 따라 그들을 함양성으로 호송했다. 마침내 아내 조희와 아들 정은 자초와 해후했다. 헤어진 지 6년 만이었다. 이때 정의 나이 9세였다.

자초의 아들 정을 함양으로 데려오는 데 성공한 여불위는 다음 작업에 착수했다. 진효문왕은 왕위에 오르긴 하였으나 아직 본격적으로 정사를 보살피지 못했다. 진소양왕에 대한 장례가 끝나지 않았기 때문이었다. 진효문왕은 매일 빈소에 나가 머물렀다. 그에 대한 수발을 여불위가 자청했다. 물 한 모금, 밥 한술 등 모두 여불위의 손을 거쳐야 했다. 진효문왕을 수발하는 여불위의 행동은 지극정성이었다. 그런데 누가 알았으랴. 그의 손을 거쳐 진효문왕에게 바쳐지는 모든 음식물에 미량의 독약이 들어 있을 줄이야. 진효문왕은 자신이 독물에 중독된 줄 모르고 하루하루를 보냈다.

이윽고 6개월이 지나 복상服喪을 마쳤다. 정식으로 즉위식을 거행했다. 그 3일 뒤였다. 저녁 식사를 마치고 내궁으로 든 진효문왕은 갑자기 피를 토했다.

"독물입니다."

어의의 이 같은 진단에 음식을 담당하며 수라상을 올리는 궁중 관리와 요리부들만 죄없이 잡혀 와 문초를 받은 후 처형을 당했다. 물론 여불위가 6개월에 걸쳐 음식에 독물을 넣었다는 사실을 눈치챈 사람은 아무도 없었다.

진효문왕은 끝내 그날 밤을 넘기지 못했다. 또 국상이 났다. 어수선한 가운데 세자인 자초가 왕위에 올랐다. 그가 진장양왕이다. 모든 것이 새롭게 바뀌었다. 왕후이던 화양 부인은 태후가 되었고, 자초의 아내인 조희는 왕후의 자리에 올랐다. 아울러 그 아들 정은 세자가 되었다.

여불위 또한 공식적으로 벼슬을 받았다. 왕을 보좌하고 가르치는 관직인 태부太傅의 벼슬을 받았다. 왕위에 오른 진장양왕은 '6국 통합론'을 선언했다. 서주는 이미 망하고 동주만이 남아 주왕실의 명맥을 유지하고 있었다. 주나라만 없어지면 다른 6국은 저절로 진나라에 흡수될 것이 뻔한 이치였다.

주나라를 치는 것은 어려운 일이 아니었다. 진장양왕은 채택에게 군사 10만 명을 내주어 동주 혜공이 다스리고 있는 공성을 향해 진격하게 했다. 애초부터 상대가 되지 않는 싸움이었다. 동주 혜공은 채택의 군대를 맞이하여 대항할 엄두를 내지 못했다. 성문을 열고 나가 남은 7개 고을의 지도를 바쳤다.

이로써 873년, 38대를 내려오던 주나라는 완전히 멸망하고 역사의 저편으로 사라져갔다. BC 249년(진장양왕 원년), 동주 혜공 7년의 일이었다. 주나라 문왕과 무왕이 어질고 덕이 있는 인물에게 선양을 했다고 한다면 이런 불상사는 일어나지 않았을 것이다. 진나라가 천하 통일이 되기 28년 전의 일이기도 하다.

채택이 주나라를 완전히 멸망시키고 돌아왔을 때 함양성 안에는 이상한 소문이 나돌고 있었다. '채택이 천하 주인의 자리를 노리고 있다'는 황당무계한 소문이었으니 채택으로서는 등골이 섬뜩할 수밖에 없었다. 그는 여불위의 술수임을 금방 직감했다. 채택은 진장양왕에게 일신상의 이유로 표를 올려 승상직을 사임했다. 그렇지 않으면 목숨을 부지할 수 없음을 안 것이다. 진장양왕은 채택의 사임을 수락하고 그를 강성군에 봉했다. 이어 그의 후임으로 은인인 여불위를 승상에 임명했다. 아울러 여불위를 문신후에 봉함과 동시에 낙양 10만 호를 식읍으로 내렸다.

진나라 승상 여불위는 자신이 그토록 원하던 소원을 이루었다. 더 이상 부러울 것이 없었다. 남은 것은 자신의 지위와 재산을 유지하는 일이었다. 여불위는 제나라 맹상군, 조나라 평원군, 위나라 신릉군, 초나라 춘신군 등 전국사군戰國四君의 명성을 가장 부러워하였다. 자신도 그와 같은 명성을 천지에 드날리고 싶었다. 이에 그는 자신의 집 옆에 커다란 빈관賓館을 짓고 천하에 유명하다는 사람들을 불러 모았다. 오지 않는 사람은 거금을 주고 데려왔다. 식객이 무려 3천 명에 달했다. 『사기』의 기록이다.

이 무렵 여불위가 돈을 주고 사 온 문객들 중에는 뛰어난 학자들도 많이 있었다. 여불위는 이 학자들에게 명했다. '자신이 알고 보고 듣고 한 바를 각기 글로 써서 바쳐라.' 이렇게 해서 모은 기록이 모두 20여만 자에 이르렀다. 이것을 다시 정리하고 편집하여 하나의 책으로 만드니, 이것이 곧 오늘날에 전해오는 『여씨춘추』라는 책이다.

천지 만물은 고금의 사물을 갖추지 않은 것이 없다. 모든 것을 갖추어 기록했다고 하니, 지금으로 치면 백과사전이다. 후일 이 책이 완성되었을 때 여불위는 자긍심이 대단했다. 함양성 성문에 책을 늘어놓고 만천하에 공고했다. '이 책에 한 자라도 가감할 수 있는 자가 있으면 천금의 상을 내리리라.' 그만큼 그가 자존심을 내걸고 심혈을 기울여 완성한 작품이었다. 오늘날 가감이 필요 없는 훌륭한 문장을 가리켜 '일자천금一字千金'이라고 하는 것은 바로 이 고사에서 비롯되었다.

호사다마랄까. 진장양왕이 왕위에 오른 지 3년이 지났다. 진장양왕은 시름시름 앓기 시작하더니 급기야는 병석에 누워 일어나지 못하게 되었다. 승상 여불위는 근심과 걱정을 이기지 못해 하루에 한 번씩 궁으로 들어가 병세를 살폈다. 기껏 키워온 기화가 3년 만에 죽으면 너무 아깝지 않은가. 전국에 명을 내려 명의란 명의는 다 불렀다. 하지만 진장양왕의 병세는 전혀 차도를 보이지 않았다.

그러던 어느 날이었다. 여불위는 진장양왕의 병실로 들어갔다가 우연히 왕후 조희를 보았다. 지난날 자신의 애첩이었던 여인이다. 새삼스레 한단성에서의 일이 떠올랐다. 은근한 눈빛을 보내 왕후 조희를 옆방으로 불러냈다.

"지낼 만하오?"

"승상께서는 어떠하십니까?"

"나는 그간 그대를 잊은 적이 한 번도 없소."

"저 또한 마찬가지입니다."

두 사람은 누가 먼저랄 것 없이 어느새 서로 부둥켜안고 있었다. 그동안 진장양왕은 오랜 볼모 생활에 몸이 허약해진 탓인지 기력이 쇠진했다. 진장양왕에 비해 조희는 한창 젊고 피어오른 꽃 같아 솟구치는 욕정을 억지로 참아 눌러왔다. 그녀는 오래간만에 옛 언인의 뜨거운 손길이 온몸을 어루만지자 단번에 뜨거운 불이 붙었다. 조희는 믿기 힘들 정도로 가뭄에 물을 만난 듯 허겁지겁 여불위가 뿜어내는 감로수를 빨아들이기 시작했다. 이제 두 사람은 그동안 참아왔던 정염에 불타는 한 여자와 한 남자였다.

그날 이후 여불위는 수시로 내궁을 출입했다. 때로는 한밤중에도 조희 생각이 나면 궁으로 달려가 서로의 욕망을 채웠다. 이 소문이 퍼져 모르는 사람은 병석에 누운 진장양왕과 그의 아들 세자 정뿐이었다. 하지만 천하 제일의 권세를 자랑하는 여불위였다. 어느 누구도 감히 나설 수가 없었다.

그로부터 한 달 후. 진장양왕은 골골하다가 결국 숨을 거두고 말았다. 천하 통일의 기반을 닦아놓았는가 싶더니 5년 동안 무려 세 명의 왕이 연이어 죽은 것이다. 진나라의 6국 통합이 늦어진 이유가 여기에 있다. 이제 진나라 왕의 자리는 당연히 세자인 정에게로 돌아갔다.

진나라 정의 원년은 기원전 246년으로 이때 그의 나이 13세의 어린 소년이었다. 여불위는 완전하게 진나라의 권력을 장악하여 승상보다 높은 상국에 올랐으며 또한 중부仲父*로 불리며 천하를 쥐락펴락하였다.

진장양왕 자초가 죽자 여불위는 이제 태후가 된 옛 연인의 거처를 수시로 찾아가 서로 채우지 못한 욕정을 마음껏 채웠다. 태후는 옛날보다 더욱 성적으로 농숙하고 한층 뜨거운 여자가 되어 있었다. 이제 기력이 바닥난 여불위는 태후와 정을 통하는 자체가 점점 두려워졌다.

진왕 정이 정사를 관장한 이후에도 두 사람 사이의 통정은 계속되었다. 태후는 나이가 들면서 더욱 음욕이 발동했다. 하루라도 여불위와 잠자리를 같이 하지 않으면 견디지 못할 정도였다. 낮이건 밤이건 때를 가리지 않고 승상부로 사람을 보내 빨리 들어오라고 재촉하기 일쑤였다. 이것이 여불위로서는 여간 큰 부담이 아니었다. 여불위는 그만 만나고 싶었지만 태후가 놓아 줄 리 만무했다. 더구나 진왕 정에게 태후와의 관계가 발각되어 화가 미칠 것이 두려워 적당한 기회에 태후와의 관계를 끊으려 하였으나 태후 쪽에서 그를 놓아주지 않았다.

---

* 중부(仲父): 아버지와 다름없는 사람이라는 뜻으로 제나라 환공이 관중을 예우해 부르던 명칭이다. 진시황도 제나라 환공이 관중을 예우했던 것처럼 여불위도 똑같이 대접하여 높여 부른 것이다.

2.
조태후와 노애의 만남,
진시황의 분노

진나라의 풍속에 농사가 끝난 가을이 되면 사람들은 저잣거리에 모여 3일 동안 마음껏 즐기고 노는데, 이때 백성 중에 특이한 재주를 가진 자들은 사람들이 많이 모인 자리에 나가 각기 자신의 장기를 자랑하기도 하였다. 진나라 수도 함양에 희대의 바람둥이로서 음탕한 여인들의 사랑을 독차지하는 노애라는 자가 있었다. 노애란 행실이 바르지 못한 사람을 가리키는 말이다. 그는 대단히 크고 단단한 음경을 가지고 있어 가끔 저자 사람들이 모인 자리에서 오동나무로 만든 수레바퀴를 뽑아 자기의 음경에다가 꽂고 빙글빙글 돌리어 자신의 것이 건장하고 큰 것을 자랑하였다.

함양의 과부는 물론 유부녀들까지 앞다투어 노애를 찾았고, 심지어는 먼저 그를 차지하려고 서로 싸우기까지 했다. 노애는 번화한 시장의 음탕한 여인들 사이에 인기가 좋았다. 그러던 어느 날, 노애가 한 관리의 아내와 통정하다가 남편에게 발각되어 간통죄로 잡혀 관청에 들어오게 되었다. 마침 승상 여불위가 이 문서를 접하게 되어, 불러서 문초한 결과 관계한 여인들의 수가 무려 백 명이 넘었다. 여불위의 머릿속에 한 생각이 스쳐 지나갔다.

곧 노애라는 자를 식객으로 들였다. 그리고 시장의 축제가 절정에 이를 무렵, 여불위는 미복 차림으로 노애를 데리고 거리로 나갔다. 그러고는 가장 번화한 거리 한복판에 서서 오동나무 수레바퀴를 가져오게 했다. 노애는 이미 자신이 할 일을 지시받고 있어 대뜸 바지춤을 내리고 그 수레바퀴를 자신의 음경에 매달았다. 수레바퀴는 꽤 무겁다. 그런데도 노애의 음경은 문제없이 버텼다. 버텼을 뿐만 아니라 허리를 움직여 수레바퀴를 빙글빙글 돌렸다. 때로는 걸음을 옮기면서 돌렸다. 여불위의 이 계책은 성공했다.

마침내 이 소문이 왕궁 안에 있는 조태후의 귀에까지 들어가게 되었다. 여불위가 내궁에 들렀을 때 조태후가 물었다.

"양물로 수레바퀴를 돌린 자가 있다던데 그게 사실이오?"

여불위가 뜸을 들이자, 꽤 관심이 깊은 표정을 지었다.

"사실입니다. 마침 저도 잘 아는 자인데, 그 방면으로 꽤 소문이 나 있는 모양입니다. 기회가 나면 제가 한 번 궁으로 데리고 들어오지요."

조태후는 살짝 미소 짓다가 다시 슬그머니 물었다.

"외인이 어찌 내궁을 자유로이 출입할 수 있겠습니까?"

"그 점이라면 염려하지 마십시오. 제가 그자를 잡아다 형 집행관을 매수하여 가짜로 궁형에 처해 거세당했다고 하면 아무 문제가 없을 것입니다. 그런 후에 궁으로 들여보내면 태후께서는 그를 내관에 임명하여 궁 안에서 일을 보게 하십시오. 그러면 날마다 그를 볼 수 있을 것입니다."

궁형이란 남자의 성기를 제거하여 성 기능 활동을 하지 못하게 하는 형벌을 말한다. 음란한 죄를 저지른 자에게 주로 많이 가했는데, 환관이 되기 전에 거쳐야 하는 절차이기도 하다. 여불위는 궁형을 집행하는 관리를 불러 1백 금을 내주며 비밀리 부탁했다.

그날 저녁, 함양성 거리에는 노애의 피 묻은 음경이 내걸렸다. 사람들은 그것을 쳐다보며 한결같이 혀를 찼다. 그러나 그들은 자신들이 보고 있는 거대한 음경이 당나귀의 그것인 줄을 알지 못했다. 노애는 턱수염과 눈썹을 뽑고 환관이 되어 조태후의 처소인 감천궁에서 시중을 들게 되었다.

조태후는 노애를 자신의 침실로 불러들여 그의 잠자리 기교를 시험해 보았다. 노애는 자신의 운명과 관계되는 일이라 평생 터득한 재주를 다 부렸다. 조태후는 수차례나 까무러쳤다. 지금까지 전혀 느끼지 못했던 기쁨을 온몸의 뼛속까지 시원하게 만족했다. 이때부터 조태후는 여불위를 일절 찾지 않게 되었다. 여불위로서는 위험한 호랑이 굴에서 벗어나는 순간이었다.

조태후는 새로운 세계를 경험하고 나서 새삼 세상이 신기해 보였다. 모든 것이 새롭게 보이는 삶을 살아가게 되었다. 날마다 노애를 끌어들여 이제까지 맛보지 못한 열락의 세계로 빠져들었다. 그렇게 몇 달을 노애와 밤낮없이 즐기는 사이, 생각지도 않은 일이 몸에서 나타났다. 조태후가 태기를 느낀 것이었다. 설마 하는 사이 배가 불러오기 시작했다. 조태후는 당황했다. 아무리 황제의 어머니라고는 하지만 이런 상황에서 아이를 낳을 수는 없는 일이었다. 겁을 먹은 조태후는 꾀병을 앓기 시작했다.

아들 진왕 정이 문병을 오자 기다렸다는 듯이 청했다.

"내가 점을 쳐보니 거처를 옮겨야 병이 나을 것이라고 하더이다. 효심이 깊은 왕은 이 어미를 위해 옹성에다 내 거처를 좀 마련해 주시오."

진왕 정은 어머니 병이 나을 수 있도록 조태후의 부탁을 승낙했다. 며칠 후 조태후는 함양성을 떠나 옹성으로 향했다. 그녀를 따라간 수행원 중에 당연히 노애가 끼어 있었다. 옹성은 진나라가 함양으로 천도하기 전의 도성이다. 왕궁이 있었기 때문에 새로이 궁을 짓지 않아도 되었다.

옹성으로 들어간 조태후는 지난날의 궁을 대정궁이라 이름 짓고 노애와 함께 이제는 여느 부부처럼 부부 생활을 즐기기 시작했다. 조태후는 언제든지 원하면 자신의 욕망을 채울 수 있는 노애가 곁에 있어 걱정할 필요가 없었다. 두 사람은 그야말로 신혼부부처럼 참기름을 짜는 단내나는 생활을 그곳에서 2년을 보냈다. 그러는 사이에 그들 슬하에 아들 둘이 생겼다. 조태후는 그 두 아들을 밀실에 감춰두고 궁녀들로 하여금 아무도 모르게 기르게 했다.

노애에게는 이렇게 속삭였다.

"지금의 왕이 죽거든 저 아이 중 하나를 왕위에 올리자."

그러나 노애는 아들의 일보다는 자신의 일이 더 절실했다.

"다른 내관 놈들이 나를 무척 홀대합니다. 저에게도 벼슬을 내려주십시오."

그날로 조태후는 함양으로 사람을 보내 진왕 정에게 청했다.

'노애가 나를 잘 모시고 있으니 그에게 걸맞은 관직과 토지를 하사하면 어미로서 바랄 나위가 없겠소.'

진왕 정은 어머니 조태후를 지극히 섬기는 편이었다. 여불위와 의논하여 노애에게 관직과 식읍을 내려주었다.

'노애를 장신후에 봉하고 산양 땅을 내리노라.'

하루아침에 노애는 환관에서 고관대작의 신분이 되어 왕이 부럽지 않은 생활을 하게 되었다.

이때의 상황을 『사기』는 다음과 같이 기록하고 있다.

모든 일이 노애에 의해 결정되었고, 가신은 수천 명에 달했으며, 벼슬을 얻기 위해 노애의 빈객이 된 자가 천여 명에 이르렀다. 이쯤이면 여불위의 권세를 능가하는 정도라 할 수 있었다.

그러나 음란한 남녀의 즐거움은 여기까지였다. 세상의 일이란 너무 정도를 지나치면 오히려 미치지 못함과 같다는 말이 있다. 마침내 그들에게도 예기치 않은 불행이 찾아왔다.

BC 238년(진시황 9년)이었다. 초나라에서 춘신군 황헐이 이원에 의해 피살된 바로 그해다.

이때 진왕 정의 나이는 22세였지만 아직 관례를 올리지 않고 있었다. 관례는 남자가 상투를 틀고, 여자는 쪽을 찌어 성인이 되었다고 인정하는 행사이다. 보통 결혼 전에 하는 예식으로, 15~20세 때 행하는 것이 원칙이나 부모가 기년(朞年, 1년) 이상의 상복喪服이 없어야 행할 수 있다. 옛날 사람들은 이 관례를 혼례보다 더 중요하게 생각하였으며, 미혼이더라도 관례를 마치면 완전한 성인으로서의 대우를 받았다. 일종의 성년식으로 20세에 하는 것이 보통이지만 왕의 경우는 15세에 하는 경우도 있었다. 하지만 늦는 경우는 드물었다. 아마도 2년 전에 진왕 정의 아버지인 진장양왕의 생모 하태후가 죽었기 때문에 그 상을 치르느라 미루어진 것이 아닌가 짐작된다.

그해 4월에 진왕 정은 관례를 올렸다. 선조의 사당이 있는 옹성으로 나가 예식을 거행했다. 관례식을 마치고 비로소 허리에 칼을 찼다. 허리에 칼을 찬 것은 왕의 권위를 나타내기 위해서다. 이를 기념하기 위한 잔치가 옹성 왕궁에서 베풀어졌다. 잔치는 닷새 동안 계속되었다. 모두 술을 마시고, 노래를 부르고 춤을 추고, 투전과 도박도 하고 놀이를 즐겼다.

조태후의 정부이자 장신후에 오른 노애도 그 잔치 분위기에 젖었다. 그는 도박을 좋아했으므로 도박을 좋아하는 사람들과 노름에 여념이 없었다. 잔치가 시작된 지 나흘째 되는 날이었다. 그날도 노애는 중대부 안설 등과 함께 육박六博* 노름에 빠져 있었다. 육박은 일종의 주사위 놀이다.

그런데 재수가 없었는지 하는 족족 노애는 돈을 잃었다. 그러자 노애는 돈을 잃은 홧김에 술을 마구 마셔댔고, 안설은 안설대로 돈을 따서 연신 술잔을 기울였다. 그런 와중에 노애가 이번에도 또 돈을 잃었다. 그는 바짝 약이 올라 그만 판을 뒤집으며 말했다.

"이번 판은 무효다. 다시 하자."

안설이 순순히 응할 리가 만무했다.

"그렇게 할 수는 없소."

그러자 화가 치민 노애가 안설을 향해 욕설을 퍼부었다.

"이놈, 네가 감히 나의 명을 거역하려는 것이냐?"

동시에 손을 들어 안설의 뺨을 세차게 후려갈겼다. 안설도 화가 나서 노애의 관 끈을 낚아채 끊어버렸다. 노애가 두 눈을 부라렸다.

"이놈이 정말 눈에 뵈는 것이 없는 모양이로구나. 내가 누군 줄 알고 함부로 손찌검을 하는 것이냐! 내가 진왕의 아버지뻘 되는 사람이거늘 감히 나의 몸에 손을 대? 너는 이제 죽은 목숨이나 마찬가지다!"

노애는 금방이라도 잡아먹을 듯 흉악한 표정이 되었다. 비로소 정신을

---

* 육박(六博): 일종의 주사위를 던지고 장기를 두는 도박놀이로, 상고 때 오조가 발명하였다고 한다. 두 사람이 말판을 향해 마주 앉아 승부를 겨뤄 이기는 쪽이 돈을 따먹는다. 말판에 12갈래의 길이 있으며, 말은 흑백 각각 6개이다.

차린 안설은 더럭 겁이 났다. 몸을 돌려 재빨리 방 밖으로 달아났다. 정신 없이 뜰을 달리는 중에 안설은 마침 조태후의 처소를 다녀오는 진왕 정의 행차와 마주쳤다.

안설은 대뜸 땅바닥에 엎드려 울면서 청했다.

"신을 살려주십시오. 장신후 노애가 저를 죽이려 합니다."

영문을 알 수 없는 진왕 정이 물었다.

"장신후 노애가 무엇 때문에 너를 죽이려 한다는 것이냐? 자세히 고하라."

안설이 쭈뼛쭈뼛하자 진왕 정이 눈치채고 명했다.

"이 자를 기년궁으로 끌고 가라."

기년궁은 옹성 왕궁 중 하나로 풍년을 기원한다는 뜻에서 그런 이름을 붙였다. 진왕 정의 거처이기도 했다. 기년궁으로 들어서자 진왕 정은 중대부 안설을 따로 불러 물었다.

"자, 이제 마음 놓고 말해 보아라."

그제야 안설은 잔치 중에 내내 도박을 한 일이며, 노애에게 뺨 맞은 일이며, 노애가 자기는 진왕의 아버지뻘이라고 했던 말을 고스란히 일러바쳤다. 그것으로 끝났다면 두 사람 다 곤장 몇 대 맞는 것으로 끝났을지도 모르겠다.

그런데 그다음 안설의 입에서 튀어나온 말이 진왕 정의 눈꼬리를 잡아당겼다.

"사실대로 말하면 노애는 환관이 아닙니다. 그가 거세당했다는 것은 거짓입니다. 노애는 일부러 환관이 되어 태후와 관계를 맺어 아들을 둘씩이나 낳았습니다. 지금 대정궁 밀실에서 몰래 키우고 있습니다. 그들은 장차 그 아이로 하여금 왕위를 이어받게 하려는 역모까지 꾸미고 있습니다."

진왕 정으로서는 청천벽력과도 같은 말이었다. 어머니 조태후가 그러했단 말인가. 아니, 모두 알고 있는 이 사실을 나만 모르고 있었단 말인가. 진왕 정은 안설을 문초하는 대신 기년궁의 다른 환관을 불러 다그쳤다.

"사실인가?"

환관들은 몸을 부들부들 떨며 입을 열었다.

"사실입니다."

배신감이 진왕 정의 전신을 휘감았다. 몸속의 피가 역류하고 있음을 느꼈다. 입술을 바들바들 떨던 진왕 정은 별안간 차분한 표정으로 돌아가더니 옆의 신하에게 차갑게 명했다.

"기산에 주둔하고 있는 환의 장군에게 이 호부虎符*를 전한 뒤 군사를 이끌고 옹성으로 달려오라 전하라!"

그러고는 자신의 방으로 들어가 조용히 눈을 감았다. 그런 그의 얼굴은 얼음장보다도 더 차가웠다. 왕의 곁에는 늘 내사內史가 따르게 마련이다. 내사란 국가의 기밀을 관장, 기록하는 관직이다. 사관과는 다소 다르며, 작책作冊이라고도 한다.

이때도 진왕 정의 곁에는 내사가 따르고 있었다. 당시 내사는 사라는 사람이었다. 그런데 이 내사 사는 정기적으로 노애의 뇌물을 받아 온 사람이었다. 그는 진왕 정이 노애를 잡아 죽일 마음이 있음을 알고 재빨리 좌익 갈과 함께 대정궁으로 달려갔다. 좌익이란 왕의 사냥을 관장하는 부서의

---

* 호부(虎符): 군사를 발병할 때 사용하던 병부(兵符). 한 면에는 발병(發兵)이라 쓰고 다른 면에는 모도 관찰사(某道觀察使), 또는 모도수륙절제사(某道水陸節制使)라고 쓰고, 그 한가운데를 쪼개어 우부(右符)는 그 책임자에게 주고, 좌부(左符)는 중앙의 상서사(尙瑞司)에 두었다가, 임금이 발병할 때 이 좌부를 내려보내어 우부와 맞추어 본 뒤 동원령을 내렸다.

부책임자다. 갈 역시 노애에게 매수당한 자였다. 그들은 노애의 처소로 들자마자 외쳤다.

"큰일 났소. 중대부 안설이 태후와의 비밀을 모두 진왕 정에게 고해바쳤소. 왕이 지금 그대를 죽이려 하니 빨리 대책을 마련하시오."

노애는 술에 취해 있다가 정신이 번쩍 들었다. 하지만 그에게 별다른 대책이 있을 리 없었다. 어찌할 줄 모르고 있는데 좌익 갈이 의견을 내었다.

"이참에 진왕을 몰아내고 그대의 아들을 왕위에 올리시오. 지금 진왕이 환의에게 출동 명령을 내리긴 했지만, 그들이 이곳에 당도하려면 내일 아침이나 되어야 할 것이오. 그러니 오늘 밤 안으로 이곳 대정궁을 지키는 위병과 그대의 식객들을 총동원하여 기년궁을 공격하면 능히 대사를 이룰 수 있소."

아직 술에 덜 깬 노애는 좌익 갈의 말에 고개를 끄덕였다. 그는 조태후의 처소로 들어 인장을 빌려 대정궁 내의 위병을 불러 모았다. 여기에 자신의 처소에 머물고 있는 식객과 사인舍人 수백 명까지 총동원한 후 외쳤다.

"기년궁에 난이 일어난 모양이다. 모든 군사와 사인들은 지금 곧 기년궁으로 가 도적들을 해치워라!"

모든 준비를 마쳤을 때는 저녁 무렵이었다. 노애와 내사 사와 좌익 갈은 군사를 거느리고 진왕 정이 머물고 있는 기년궁을 에워쌌다. 진왕 정은 노애가 반란을 일으켰다는 소식을 듣자 불같이 노했다. 그러나 역시 그는 냉철했다. 기년궁 안에 있는 군사와 환관들만으로는 싸워 이기기가 힘들다는 것을 알고 얼른 대臺 위로 올라가 밖을 포위하고 있는 대정궁 위병들을 향해 외쳤다.

"너희들은 무슨 일로 이곳에 왔는가?"

위병들이 대답했다.

"장신후 노애가 기년궁에 난이 일었다기에 대왕을 보호하러 왔습니다."

진왕 정은 기다렸다는 듯이 다시 외쳤다.

"난을 일으킨 자는 바로 노애다! 이제 사실을 알았다면 속히 노애를 쳐라."

그제야 노애에게 속은 사실을 안 대정궁 위병들은 말머리를 돌려 노애를 공격하기 시작했다.

다만 노애의 사인들만이 노애를 보호하며 공격해 오는 위병들과 맞서 싸웠다. 사태는 이상하게 변하여 기년궁 밖에서 한바탕 전투가 벌어졌다.

이를 본 진왕 정이 다시 외쳤다.

"노애를 사로잡아 바치는 자에게는 1백만 전을 줄 것이요, 노애의 목을 끊어 바치는 자에게는 50만 전을 줄 것이며, 역적의 목을 베어 바치는 자에게는 한 등급씩 작위를 올려주겠다. 비록 미천한 신분이라도 차별하지 않고 상을 내리겠다."

진왕 정의 이러한 명에 기년궁 안에 있던 1백여 군사와 환관과 어인御人들은 모두 나가 노애의 사인들을 공격했다. 나중에는 옹성 안의 백성들까지 노애의 반역 소식을 전해 듣고 농기구와 몽둥이를 들고 가세했다.

양측 간의 싸움은 밤새도록 계속되었다. 날이 밝을 무렵, 노애는 사세가 자신에게 불리함을 깨달았다. 재빨리 내사 사와 좌익 갈을 거느리고 옹성 동문 밖으로 달아났다.

그러나 때는 이미 늦었다. 동문 밖 5리쯤 이르렀을 때 저 앞에서 한 떼의 군마가 먼지를 일으키며 달려왔다. 진왕 정의 출동 명령을 받은 장수 환의와 그 정예 병사들이었다. 싸움은 싱겁게 끝났고 노애와 그 일당은 환의에게 사로잡히는 신세가 되고 말았다.

이때 진왕 정은 거의 제정신이 아니었다. 어머니 조태후의 배신에 대한 분노가 폭발한 것이다.

"노애를 문초하여 그간의 모든 정황을 자백받아라!"

기년궁은 국문장으로 변했다. 살이 찢어지고 뼈가 부러지는 혹독한 문초를 견디다 못한 노애는 결국 그동안의 일을 사실대로 털어놓았다.

"너와 태후 사이에 난 아들이 정말 대정궁 안에 있단 말이냐?"

"그렇습니다."

진왕 정은 다시 한번 몸을 떨었다. 그는 문초를 하다 말고 친히 대정궁으로 달려갔다. 궁중을 수색한 결과 정말로 세 살짜리 아이와 한 살짜리 갓난아이가 발견되었다. 두 아이가 군사들에 의해 끌려 나가자 조태후는 가슴이 찢어지는 듯 아팠으나 차마 살려달라고 사정하지는 못했다.

방 안에 쓰러져 하염없이 눈물만 흘려낼 뿐이었다. 밖으로 끌려 나온 두 아이의 모습을 보는 순간, 진왕 정은 냉정함을 잃었다.

"때려죽여라!"

군사들이 두 아이를 포대에 집어넣고 몽둥이질을 해댔다. 서너 차례의 매질에 두 어린아이는 개구리처럼 널브러져 죽었다.

진왕 정은 더 이상 어머니 조태후의 얼굴을 보기가 싫었다. 그대로 수레를 돌려 기년궁으로 돌아갔다. 그사이 옥리가 노애로부터 새로운 사실을 알아내 보고했다.

"노애의 진술에 따르면 그에게 가짜 환관 노릇을 하게 한 것은 문신후 여불위의 소행이라고 합니다."

진왕 정은 또 한 번 배신감에 몸을 떨었다.

"우선 노애를 거열형車裂刑*에 처하고 그에 동조한 모든 역적을 참수형에 처하라!"

이리하여 노애는 온몸이 다섯 갈래로 찢어지는 참혹한 죽임을 당했고, 내사 사와 좌익 갈 또한 시장 거리로 끌려 나가 목이 잘리는 참형을 당했다. 아울러 노애의 일족과 그 연루자들에게도 형벌을 가하니 그 수가 무려 4천여 명에 달했다.

노애를 처단한 진왕 정은 이어 조태후에 대해서도 응분의 조처를 취했다.

"태후는 국모로서 자격이 없다. 녹봉을 줄이고 규모가 가장 작은 역양궁으로 거처를 옮겨 엄중히 감시하라."

어머니인지라 차마 죽일 수는 없었던 것이다. 사가史家들은 이때의 사건을 '노애의 난'이라고 부르고 있다. 정치적으로는 별 의미를 담고 있지 않으나, 후일 이해할 수 없을 정도로 난폭한 진왕 정의 행동을 생각해 보면 이때의 사건이 그의 성격에 결정적인 영향을 미치지 않았을까 하는 짐작이 든다.

노애의 난을 평정한 진왕 정은 함양성으로 돌아왔다. 그러나 그는 여전히 분노와 배신감에서 벗어나지 못했다. 아직 한 사람의 일을 처리하지 못했기 때문이다.

"여불위, 여불위는 어디 있는가?"

그동안 아버지처럼 생각해 온 여불위. 온갖 소문이 나돌아도 그럴 리 없다며 굳게 믿어온 여불위였다.

---

* 거열형(車裂刑): 처형자의 사지를 소나 말, 수레 등에 묶은 뒤 서로 다른 방향으로 전진시켜 온몸을 찢어서 죽이는 잔인한 형벌이다. 온몸을 조각낸다는 점에서는 능지처참과 같지만, 말이나 소의 힘을 사용한다는 점에서 다르다.

그런데 그 여불위가 바로 추악한 사건의 배후 조종자일 줄이야. 아니 어쩌면 소문대로 그는 자신의 친아버지일지도 모른다. 그것은 있을 수 없는 일이었다.

'그래서는 안 된다.'

자신은 영씨의 핏줄이어야 했다. 진장양왕의 친아들이라야 했다. 이렇게 생각하자 진왕 정은 새삼스레 여불위에 대해 더욱더 분노가 솟아올랐다.

"여불위를 들라 하라!"

그때 여불위는 진왕 정의 분노를 눈치채고 병을 핑계로 집 안에서 한 발자국도 움직이지 않고 있었다.

'지금 나가면 죽는다. 진노가 누그러질 때까지 일단 기다려보자.'

아무리 불러도 여불위가 입궐하지 않자 진왕 정은 차라리 잘되었다는 듯 대신들을 불러 모아 의논했다.

진왕은 여불위도 죽여버릴 작정이었다. 그러나 그는 누가 뭐라 해도 나라의 큰 공신이었고 또 여러 대신과 유세객들이 그를 변호하였기 때문에 단념했다. 이 무렵 조정 대신들의 대부분은 여불위가 천거한 사람들이었다. 그의 당 일색이라 해도 과언이 아니었다. 대신들은 이구동성으로 대답했다.

"여불위는 지난날 선왕(진장양왕)을 조나라에서 구출해 와 진나라의 사직을 이어받게 한 공로가 있습니다."

"더욱이 노애는 이미 죽었습니다. 여불위와 대질시켜 그 진위를 가릴 수도 없습니다. 뚜렷한 증거도 없이 한 사람의 말만 듣고 나라의 사직을 보존시킨 공신을 죽일 수는 없습니다."

며칠을 이렇게 의논하는 사이 진왕 정의 분노도 어느 정도 가라앉았다.

아니 어쩌면 무리하게 여불위를 죽이려다가 오히려 역공을 당할지도 모르겠다는 위험을 느낀 것인지도 몰랐다.

여불위를 파면시키고 하남 땅에 칩거하도록 명을 내렸다. 그러나 여불위의 권세는 여전했으며 제후들의 사신들이 여불위를 만나기 위해 날마다 줄을 이었다. 이에 여불위의 모반을 두려워한 진왕 정은 친서를 보냈다.

"귀공께서는 무슨 공적이 있어 하남 땅을 가지게 되었으며 10만 호의 영지를 받았는가? 또 진나라의 어떤 혈연관계가 있어 중부로 행세하고 있는가? 즉시 일가를 이끌고 촉으로 옮겨 살 것을 바라노라."

여불위는 '이러다가 끝내 사살되고 말 것이다. 치욕스럽게 죽느니 차라리 명예롭게 죽는 것이 낫다' 하고는 독배를 마시고 죽어버렸다. 진시황 12년의 일이었다. 진왕 정은 여불위의 장례 행렬에서 슬피 울음을 터뜨린 자를 잡아 모두 처형시켰다.

겨우 13살의 어린 나이에 왕위에 오른 진왕 정은 39세의 젊은 나이에 드디어 천하를 평정하여 중국 역사상 가장 거대한 통일 국가를 건설하게 된다.

어느 날 진왕 정은 신하들을 모아놓고 말했다.

"천하는 이미 통일되었는데 이 크나큰 업적을 영원히 후세에 전하기 위해서는 제왕이라는 호칭을 새로운 것으로 바꿔야겠소. 그대들의 의견을 말해 보시오."

그러자 신하들은 입을 모아 아뢰었다.

"폐하의 덕은 삼황(三皇, 복희, 신농, 여와씨)보다 뛰어나고 그 공적은 오제(五帝, 황제헌원, 전욱고양, 제곡고신, 제요방훈, 제순중화)보다 높사옵니다. 옛날 태곳적에 천황, 지황, 태황이 있었는데 그중에서도 태황이 가장 존엄했습니다. 그래서 앞으로는 왕을 태황이라 부르는 것이 좋을 듯싶습니다."

그러자 진왕 정이 말하였다.

"그러면 태황의 황과 오제의 제를 따서 황제라 칭하기로 한다. 그리고 나는 짐朕이라 칭할 것이다."

그때부터 진왕 정은 황제로 불렸다. 그 후 진왕 정은 다시, "짐은 최초로 황제가 되었기 때문에 시황제라 부르기로 한다. 짐의 뒤는 차례대로 2세, 3세 등으로 하여 이를 천만 세까지 이어나가도록 하자"고 하여 진나라가 영원히 존재할 것으로 믿었다. 이로부터 진왕 정은 진시황제로 통칭되었다.

3.
천하 통일을 이룩한
진시황

한낱 변방의 작은 나라에 지나지 않았던 진나라가 강성해진 이유는 어디에 있을까? 무엇보다도 법을 현실에 맞추어 개혁하면서 체제를 안정시킨 데 있다 할 것이다. 물론 거기에는 특권적 영주의 권한을 박탈하고 왕권을 강화시킨 정책이 매우 효과적이었다. 제나라 맹상군이나 조나라 평원군 같은 왕에 비견될 만한 호족들이 유독 진나라에서는 보이지 않음도 그 이유 때문이다. 그렇게 해서 진나라는 국론을 통일시키고 부국강병의 길로 나아갈 수 있었던 것이다.

군대의 동원 능력도 진나라는 다른 나라에 비해 월등하게 뛰어났으며, 그것은 바로 왕권 강화에 의한 중앙집권적 단일 지배 체제에서 비롯될 수 있었다. 그리고 또 하나 진나라의 강성 이유로는 경제발전을 들 수 있다. 사회가 안정되어 경제가 안정될 수 있었으며 특히 파·촉 지역을 점령한 이후 그 비옥한 땅으로부터 생산력이 급속하게 확대되었다. 그리하여 전국시대 말기에 이르러 진나라의 영토는 중국 전역의 3분의 1에 지나지 않았으나 경제력은 무려 60%를 넘어서고 있었다.

또한 중원에서 멀리 떨어져 있는 관계로 무수히 일어났던 전쟁의 소용돌이에서 상대적으로 벗어나 있던 지리적 여건도 경제발전에 한 몫을 단단히 했다고 볼 수 있다. 그리고 다른 나라는 관념적인 유교가 지배한 데비해 진나라는 현실주의적인 법가의 사상이 번성한 점 또한 경제를 융성하게 한 요인으로 들 수 있다.

그리고 군사적 우위를 바탕으로 장의의 연횡책이 성공을 거둠으로써 진나라의 강력함은 더욱 빛을 발하게 되었다. 특히 6국의 합종책을 깨뜨린 것은 천하의 패권을 장악하는 원동력이 되었다.

한편 진나라의 개혁적 분위기는 보수적이었던 다른 나라의 현실에 싫증을 내고 있던 많은 인재들을 모이게 하였다. 그리하여 진나라는 유능한 인재를 모아 천하 통일의 과업을 이뤄낼 수 있었다. 상앙을 비롯하여 장의, 범수, 이사, 여불위 등 진나라를 이끌었던 중신들이 대부분 외국에서 온 이른바 실력파였던 점은 이러한 사실을 입증해 주고 있다.

진나라는 중국 역사상 최초의 통일 국가 건설에는 수많은 영웅과 호걸, 학자가 등장하여 극적인 상황을 연출하지만, 그 가운데서도 특히 주목할 만한 인물들은 진시황, 장군 백기와 왕전, 그리고 상앙과 그 뒤를 이은 이사였다. 특히 이사는 진시황을 도와 천하 통일을 이룩했을 뿐 아니라 진시황 사후의 혼란기를 거쳐 진나라의 멸망에 이르는 과정에 깊숙이 개입한 인물이다.

춘추시대엔 170여 나라에 달하는 제후국들이 있었고, 또 이들을 주도하는 패자들이 차례로 나타나 주나라 황실을 중심으로 하여 천하의 질서를 유지했다. 그러나 전국시대로 접어들면서 그러한 질서를 유지하는 중심

축이 없어져 오로지 약육강식의 혼란한 시대로 빠져들었다. 오랫동안 대국으로 군림해 오던 중원의 진晉나라와 산동의 제齊나라가 그들의 신하들에게 군주 자리를 빼앗기고, 오랜 전통을 지닌 작은 나라들은 모두 그보다 큰 나라에 복속되었다. 진晉나라가 한韓 · 조趙 · 위魏의 세 나라로 분리되고, 나머지 중국 땅은 진秦 · 초楚 · 연燕 · 제齊의 네 나라가 차지하여 이른바 전국칠웅*이 나타났다.

이 가운데에 진秦나라 효공은 죄의 연좌제도 등을 포함한 상앙의 변법을 채용하여 이들 칠웅 중 가장 막강한 나라가 되었다. 진나라가 점점 막강해지자 그동안 유지되어 오던 세력균형이 급속히 무너지기 시작했다. 이러한 시세에 부응하여 나타난 것이 종횡가이다. 먼저 소진이란 사람은 진나라를 제외한 여섯 나라를 돌아다니면서 군주들을 설득하여 여섯 나라가 힘을 합쳐 진나라에 대항함으로써 국가의 명맥을 유지해 나가도록 했다. 이것을 '합종책'이라 한다.

그러자 장의란 사람은 여섯 나라의 연합을 이간질로 무너뜨리며 강한 진나라와 강화를 맺어야만 국가를 지탱해 나갈 수 있다고 설득하였다. 이것이 이른바 '연횡책'이다. 장의의 외교에 힘입어 진나라는 원교근공책遠交近攻策(먼 나라와는 교제하고 가까운 나라는 공격하여 병합)을 써서 서서히 주위에 있는 나라를 하나하나 멸망시켜 마침내는 천하를 통일할 수 있는 여건을 마련하였다.

진나라는 강력한 군대와 능란한 외교력으로 마침내 전국시대 일곱 강대국[전국칠웅] 중에서 가장 강력한 나라가 되었다. 나머지 여섯 나라는

---

* 전국칠웅: 당시는 이미 주나라의 왕실이 유명무실한 시기였으며, 秦 · 燕 · 趙 · 魏(혹은 梁) · 韓 · 齊 등 전국칠웅이라고 하는 나라들이 무력으로 천하를 통일하려고 각축전을 벌이던 약육강식의 시대였다.

진나라가 갈수록 강대해지는 것과는 반대로 갈수록 약소국으로 전락해 갔다.

이제 천하 통일도 머지않은 듯 보였다. 후일 진시황이 되는 진왕은 밀렸던 숙제가 풀린 듯 정사를 모두 재상에게 넘기고는 사치와 향락을 즐기기 시작했다. 그러던 어느 날 아흔이 다 된 노인 한 사람이 진왕을 찾아왔다. 예사롭지 않은 용모에 진왕이 긴장하면서 물었다.

"노인께서는 백 리 떨어진 곳에서 오셨다 들었소. 오시는 동안 고생이 많으셨겠소."

그러자 노인이 말했다.

"소인이 집을 떠나서 구십 리를 오는 데 딱 열흘이 걸렸습니다. 그리고 다시 열흘 동안 십 리 길을 걸어 어렵사리 도성에 도착했습니다."

진왕이 웃으며 말했다.

"처음에 열흘 동안 구십 리를 왔다고 하지 않았소. 어째서 나머지 십 리 길을 오는 데 열흘이나 걸렸단 말이오? 계산을 잘못하신 것 아니오?"

"처음에는 열심히 걸어서 열흘 만에 구십 리까지 올 수 있었지요. 그래서 다 왔다 생각하고는 좀 쉬고 나서 걷는데 몸이 말을 듣지 않았습니다. 마지막 십 리 길은 걸으면 걸을수록 길이 더 멀어지는 것 같았습니다. 무진 애를 써서 열흘이나 걸려 마침내 도성에 도착했습니다. 도착해서 생각해 보니 구십 리까지 온 것은 다 온 것이 아니라 딱 반을 온 셈이었습니다 [행백리자반구십行百里者半九十]."

진왕은 이 노인이 그저 걸어온 여정만을 이야기하려는 것이 아님을 알고 물었다.

"노인께서는 나에게 무슨 말을 하시려는 것이오?"

"제가 보기에 우리 진나라의 천하 통일 대업은 구십 리를 온 것과 같습니다. 대왕께서 이미 이룬 성과가 크다 하나 그것은 이제 반을 이룬 것뿐입니다. 나머지 반을 위해서는 더욱 긴장하고 더욱 노력해야 합니다. 나머지 십 리 길이 더욱 힘들고 어려운 길임을 명심하셔야 합니다!"

진왕은 노인의 충고에 정신이 번쩍 들었다. 그리고 나태해지려는 자신을 다시 단단히 부여잡고 마침내 마지막 십 리 길을 달려서 천하 통일이라는 목적지에 도달할 수 있었다.

'행백리자반구십'은 『시경』에 나오는 '백 리를 가려는 자는(行百里者) 구십 리를 가고서 반쯤 갔다고 여긴다(半於九十)'고 하는 데서 유래한다. 백리를 가는 사람에게 반은 오십 리가 아니고 구십 리라는 의미다. 즉 백 리를 가고자 하는 사람은 구십 리를 가고서야 반쯤 갔다고 여겨야 한다. 바로 마무리의 어려움을 강조하며 현재 어떤 일을 하는 데 성공에 가까울수록 더욱 정신 집중해야 하는 것을 말하면서 유종의 미를 거두도록 격려한 것이다. 그만큼 힘들고 어려운 시기가 마지막 단계고 과정이니 더욱 신중하여 긴장의 끈을 놓아서는 안 된다는 말이다.

기원전 221년 진왕 정은 중국 통일의 과업을 완성했다. 진나라는 한나라, 조나라, 위나라, 초나라, 연나라, 제나라를 차례차례 멸망시켰다. 진왕정은 자신을 높여 '황제'라 부르게 했으며 스스로를 최초의 황제라는 의미의 '시황제'라고 칭했다.

통일 후 시황제는 제도를 정비하는 데 착수했다. 당시 승상이던 왕관은 봉건제를 채택하여 시황제의 황실들을 각 지방의 왕으로 봉할 것을 진언했다. 이사는 왕관의 의견에 격렬히 반대하며 군현제를 제안했다. 군현제는 전국의 행정단위를 군과 현으로 나누어 다스리는 제도로, 이사는 전국을 36개의 군으로 나누어 그 아래에 현을 두고 모든 군과 현은 조정에서 임명된 관리가 다스리게 했다. 또한 이사는 도량형과 화폐를 통일하고, 잡스러웠던 문자들을 전서체로 통일시켰다. 이로써 진나라는 중앙집권적이고 대륙을 효율적으로 통치하기에 적절한 제도들을 확립해 나갔다.

기원전 213년 분서焚書 사건이 발생했다. 제나라 출신의 순우월이라는 학자가 진나라의 군현제를 비판하고 주나라의 봉건제를 부활시킬 것을 간언한 일이 발단이었다. 이에 전국의 유생들이 봉건제를 예찬하며 부활을 주장하기에 이르렀다. 시황제는 이것을 조정의 공론에 부쳤고, 승상 이사는 순우월과 같은 유생들의 위험한 사상의 근원이 되는 학술, 시서詩書, 백가百家를 금지시키고 30일 이내에 진나라에 도움이 되는 역사와 의약, 복서卜筮, 농경 등에 관한 책 이외의 다른 책들을 태워 버리라고 주청했다. 시황제는 이사의 의견을 받아들였는데 이를 '분서'라고 한다. 그다음 해인 기원전 212년에는 시황제가 총 460여 명의 유생들을 붙잡아 구덩이를 파고 생매장시킨 갱유坑儒 사건이 벌어져, 이를 '분서갱유'라고 한다. 이 사건은 시황제와 승상 이사가 엄격한 법을 시행함으로써 집권 초기의 불안정한 정국을 안정시키고 진나라를 막강한 국가로 성장시키고자 벌인 일이었다.

4.

진시황이 진심으로 사랑한
여인 과부 청

진시황과 관련해 잘 알려지지 않은 이야기 중 하나가 정식으로 황후를 두지 않았다는 것이다. 「진시황본기」에도 여성에 관한 기록은 거의 없다. 진시황의 기록에서 어머니 조태후를 제외하고 여성에 관한 것은 과부 청이 거의 전부다. 그만큼 과부 청에 대한 진시황의 관심이 유독 남달랐다는 뜻이기도 하다. 생모를 가리키는 '여불위의 첩'이란 대목과 '모태후의 죽음' 정도가 거의 전부다. 기록의 한계가 있겠지만 진시황의 여성 혐오증을 입증하는 간접 증거가 될 수 있다.

천하를 자신의 손에 넣고 호령하는 절대 권력을 가진 아들의 보호 아래 승상 여불위와 간통하고 그것도 모자라 천한 노애와 음탕한 짓을 저질러 몰래 자식까지 둔 어머니의 사생활과는 너무 대비되는 과부 청이라는 여인 앞에서 진시황은 자신이 진정으로 바라는 여인상을 발견했던 것 같다.

혼자의 몸으로 절개를 굳게 지키며 당당하게 가업을 지켜내는 과부 청의 모습이 진시황에게는 경이롭게 비쳤을 것이다. 당시의 풍습으로 본다면, 남편이 먼저 세상을 뜬 여성들은 대부분 개가를 했기 때문이다.

진한秦漢 시대 그 무렵은 남편을 여의고 시집가는 것은 당연시했던 시대였다. 이를테면, 유방을 도와 항우를 물리치고 한나라 건국에 커다란 공을 세웠던 일등공신 진평은 이미 다섯 번이나 결혼했던 여성의 여섯 번째 남편이었다. 한무제의 어머니도 두 번 결혼했다. 그리고 진시황이 생모 조희와 여불위 사이의 '사통'으로 태어난 사생아였다는 사실은 이미 세상 사람들에게 널리 알려져 있는 '출생의 비밀'이다.

그런데 홀로된 몸으로 가문을 훌륭히 이끌고 방탕한 생활에 빠지지 않은 과부 청의 굳은 절개에 감동한 진시황은 과부 청을 극진히 대접하며, 어머니와 상반된 곧은 성품에 존경을 표하며 그녀에게 '여회청대'라는 건물까지 지어줬다. 또한 진시황 본기에 "청은 과부의 몸으로 가업을 잘 지키고 타인에게 업신여김을 당하지 않았다"라고 한 내용으로 보면 행동거지가 그 당시에 모범이 되었을 가능성이 높다.

생모를 제외하고 진시황과 관련된 여성이라면 「화식열전」에 짤막하게 기록돼 있는 과부 청이 전부다.

그 기록을 보면, 파巴 지역에 청이라는 과부가 있었다. 조상이 단사丹砂를 캐는 광산을 발견해 몇 대에 걸쳐 이익을 독점해 왔고 이로써 헤아릴 수 없을 정도로 많은 가산을 소유하게 됐다.

그녀는 거상 집안으로 시집을 갔지만, 결혼한 뒤 얼마 지나지 않아 시아버지와 남편을 연이어 잃는 비극을 맞아야 했다. 그녀는 재가하지 않은 채 가업을 이어받았고, 평생을 홀몸으로 살았다. 진시황은 그런 그녀를 절조가 있는 '정부貞婦'로 칭하면서 그녀를 존경하였다.

하지만 그녀는 단지 자신만을 위하여 부를 추구하지 않았다. 그녀의 집에서 일을 하는 노비와 하인 그리고 각종 일꾼들과 호위 병사들까지 해서 1,000여 명에 이르렀다. 더구나 그녀의 사업과 직간접적으로 연관되어 있는 사람들은 자그마치 1만 명이 넘었다. 그녀는 그런 사람들 모두를 잘 대접하고 그들의 생활을 자상하고 세심하게 보살폈다. 그리하여 그녀는 사람들의 존경을 받았고, 사람들은 그녀를 "살아 있는 신선"이라고 불렀다.

당시 파촉 지방에서 그녀가 살았던 현縣의 인구는 5만 명이었는데, 그녀의 사업에 연결되어 있던 사람들만 해도 1만 명이 넘을 정도로 그녀의 세력은 강력했다. 이렇게 하여 만들어진 그녀의 왕국은 가히 '단사제국丹砂帝國'이라고 불릴 만했다. 진시황이 그녀를 극진하게 대접해 주었던 이유 중에는 그녀의 배후에 존재했던 이러한 강력한 권위와 힘이 작용하고 있었다는 추론은 충분한 설득력을 지닌다.

사마천은 「화식열전」 편에서 과부 청에 대하여 다음과 같이 기술하고 있다.

파촉 지방 과부 청은 그 조상이 단사가 생산되는 광산을 발견하여 몇 대에 걸쳐 그 이익을 독점하여 재산이 너무 많아 계산할 수 없을 정도였다. 청은 단지 한 사람의 과부에 불과했지만 조상이 남긴 가업을 능히 지킬 수 있었고, 재산으로써 자신을 보호하고 다른 사람의 모욕이나 침범을 받지 않았다. 진시황은 그녀를 절조가 있는 정부貞婦로 여겨 그를 존경하고 빈객賓客으로 대우하였으며, 그녀를 위하여 여회청대女懷淸臺를 짓도록 하였다. 청은 궁벽한 시골의 과부였지만 도리어 천자의 예우를 받아 이름을 천하에 떨쳤으니, 이는 실로 그 부유함에 기인한 것이 아니겠는가?

파촉 지방 과부 청은 당시 중국 최초의 여성 부호일 수도 있다. 그녀는 재산을 모으고 그것을 잘 관리함으로써 이렇게 영원한 영예를 얻었던 것이었다. 덧붙이자면, 그녀는 중국 정사正史에서 자신의 본명으로 기록된 최초의 여성이었다. 조상이 단사를 캐는 광산을 발견해 몇 대에 걸쳐 이익을 독점해 왔고 이로써 헤아릴 수 없을 정도로 많은 가산을 소유하게 됐다.

진시황은 천하 통일을 이룬 뒤 가혹한 전제 정치를 펼쳤는데, 이를 위해 각지의 호족 세력을 약화시키는 조치는 필수적 수순이었다. 이에 따라 각지의 귀족과 호족들은 타지로 강제 이주되었다. 이 중 총 12만 호가 진나라 수도인 함양으로 이주하였다. 파촉 지방 과부 청도 함양으로 이주하였다.

진시황은 남편을 여의고 개가하는 것을 당연시했던 시대에 가정을 위해 일종의 '희생자'이기를 자처한 채 평생 수절한 그녀를 대단히 높이 평가했다. 그는 과부 청을 빈객으로 극진하게 대우하였으며, 그녀를 위하여 특별히 '여회청대'를 짓도록 하였다. 당시에 어느 한 개인, 특히 한 여성을 위하여 대臺를 쌓고 공덕비를 세웠다는 것은 결코 쉽게 볼 수 있는 조치가 아니었다.

자신의 친모 조태후의 음탕함 때문에, 심한 압박에 시달렸던 진시황제는 황후 자리에 아무도 앉히지 않았다. 어머니에 대한 환멸과 압박이 황후에 대한 불신으로 이어졌던 것이다. 거대하고 호화스러운 아방궁에서 1만 명이나 되는 후궁들과 끊임없는 환락 생활을 즐겼던 진시황은 끝끝내 황후 자리만큼은 궐석으로 놔두었다.

황후 자리가 비어 있자 아방궁의 미녀 후궁들은 황후 자리를 차지하기 위해 종종 암투를 벌였는데 진시황은 황후 자리를 탐내는 후궁들은 가차없이 죽이거나 쫓아내 버렸다. 어머니 조태후의 음탕함 때문에 받았던 진시황은 정신적 상처가 얼마나 컸었는지 끝끝내 황후 자리를 세우지 않았다.

그런데 수많은 미녀와 아방궁의 향락 생활을 즐겼던 진시황이 진실로 존경했던 여인이 따로 있었다. 성정이 불같고 포악했던 진시황도 이 여인만큼은 매우 존경스럽게 모셨으며 극진하게 대접하였다. 천하의 호색한이었던 진시황을 순정남으로 만들었던 이 여인은 바로 과부 청이었다. 진시황은 참지 못할 심적 고통을 받거나 마음이 울적해지면 과부 청을 궁궐로 불러들였으며 그녀와 대화를 나누면서 울적해진 마음을 달래곤 했다.

진시황이 과부 청을 존경하고 흠모했던 이유는 그녀가 평생 절개를 지키면서 모범적인 생활을 해왔기 때문이었다. 과부 청은 어린 나이에 시집을 왔지만 곧바로 남편이 병사하는 불행을 겪게 된다. 그렇지만 과부 청은 끝까지 시부모를 봉양했고 자식들을 잘 교육시키면서 자신의 가문을 소중히 잘 지켰다.

그녀는 지조와 절개를 지킨 당대의 효부였는데 어머니의 음탕함에 엄청난 환멸을 느꼈던 진시황은 과부 청의 절개를 지키는 모습에 대해 크게 존경심을 갖게 되었다.

진시황은 아버지의 사랑을 거의 받지 못한 채 최고 권력자에 올랐고 어머니에 대해서는 극도의 증오심과 분노를 품게 되었다. 어머니의 난잡한 사생활은 어머니는 물론 모든 여성에 대해 극도의 환멸감을 갖게 된 원인을 만들었다. 그가 평생 정식 황후를 두지 않은 것도 이와 연관이 있을 것이다.

그의 성격은 우울하고 음침했다. 유년기를 늘 혼자서 보낸 탓에 어둡고 생각이 많았다. 모든 것을 혼자 생각했고 상상을 통해 실제의 상황에 대해서 예측하고 그에 따라 행동이나 의사결정을 하는 데 이미 익숙했다. 그의 주위에는 아부를 통한 이권 투쟁에 혈안이 된 신하만 있을 뿐 진지하게 상의할 대상도 귀담아들어 줄 상대도 없었다. 이런 환경으로 인해 독단적 성격이 형성되었을 것이고, 항상 암살 위협도 주위에 대한 그의 증오심에 큰 영향을 주었을 것이다. 어둡고 우울한 성격에 보태어 아무도 믿지 못하는 극도의 신경질적인 의심증까지 형성된 것 같다.

『사기』「진시황본기」에 따르면 함양 부근에 엄청난 규모의 휴식 겸 놀이 공간을 만들어 놓고 자신이 행차해 머물 경우, 그 거처를 누설하는 자에게는 모두 사형에 처했다고 한다. 진시황의 암살 공포심과 의심증을 잘 보여주는 대목이다.

그는 자신을 짓누르는 모든 압박과 외부의 위협, 공격 등에 대항해 신체를 보호하려는 압박으로부터 벗어나려고 노력했다. 매일 업무량을 정해 놓고 그것을 다 하지 못하면 잠도 자지 않았다는 기록은 그가 확실히 업무 중독자이었음을 잘 보여준다.

천하 통일 이후에는 자신의 제국을 작동시키기 위한 목적을 달성하기 위해 심혈을 기울였고 그 목적을 달성하기 위해 몸소 점검하기 위해 엄청난 규모와 장기간에 걸친 제국 순시를 햇수로 13년 동안 다섯 차례나 단행하는 의욕을 보였다.

한차례 순시를 나가기 위한 준비와 그 규모 및 기간을 감안하면 순시에서 돌아오자마자 바로 다음 순시를 준비했다는 것이고 통일 후 죽기 전까지 거의 절반 가까이 외부에 있었다는 뜻이 된다.

이런 바쁜 국사 중에도 천하의 진시황이 추녀인 과부 청에게 크게 집착했던 이유는 아마도 과부 청으로부터 심신의 위안을 받았던 것으로 보인다. 과부 청은 못생긴 외모를 갖고 있었는데도 불구하고 진시황이 진정으로 그녀를 존경했다고 하면 그녀는 남다른 포용력과 겸허한 능력으로 진시황을 대했었음을 알 수 있다. 그리고 추녀인 과부에게 크게 집착했던 이유는 아마도 과부 청의 절개를 지키는 행실을 보면서 어머니의 음탕함 때문에 받았던 상처를 치유할 수 있었던 계기로 보인다.

5.
진나라의
패망에 일조한
이사

    진시황이 50살이 되던 해인 기원전 210년 승상 이사와 옥새를 관리하는 중거부령인 환관 조고, 그리고 26번째 아들이자 막내아들 호해와 함께 전국 순행에 올랐다. 노선은 남방의 여러 군현이었다. 조고는 본래 조나라의 먼 왕실 자제였다. 그러나 가족이 죄를 지어 망명하여 진나라로 오게 되었다. 조고는 시황제와 호해에게 온갖 아첨을 떨어 막강한 신임을 얻었다.

    그런데 순행 도중 사구 지방에서 진시황은 갑자기 병을 얻어 기원전 210년 50세의 젊은 나이로 세상을 떠났다. 시황제는 군사는 몽염이 맡고 황태자 부소를 후계자로 삼으라는 유언을 남겼으나, 옥새를 관리하던 아첨꾼 조고가 호해를 꼬드겨 불효자 부소와 몽염은 자결하라는 내용으로 유언을 바꾸었다.

    여기에 이사도 가담했다. 조고가 작성한 유언장은 승상 이사의 승인으로 완성되었다. 분서갱유를 반대하다가 변방으로 추방된 부소가 황제가 되면 자신에게 분서갱유에 대한 책임을 물을 것이라 생각했고, 또 부소와 관계가 돈독한 몽염이 등용되면 자신의 위치가 위태하다고 생각했기 때문이었다. 결국 이사는 조고, 호해와 결탁하여 시황제의 유언장을 조작해 부소를 자결시키고 호해를 진나라 2세 황제로 옹립했다.

2세 황제는 모든 정치는 조고와 이사에게 맡기고 사치와 향락에 빠졌다. 그는 시황제 능묘와 아방궁 축조, 만리장성 건설 등을 재촉하여 백성들의 원성을 샀다. 기원전 209년 진나라에 불만을 품은 진승이 봉기를 일으키는 등 반란이 끊이지 않으면서 진나라는 대혼란의 위기에 빠졌다. 진나라가 무너질 조짐이 보이자 이사는 2세 황제를 만나 아방궁 축조를 중단하고, 농민의 조세를 감면시키자는 등의 대책을 진언했다. 그러나 이번에도 아첨꾼 조고의 방해로 이사는 2세 황제의 분노만 사게 되었다.

기원전 208년 조고는 이사의 아들이 농민 봉기를 일으킨 진승과 친분이 있다는 모함으로 이사를 투옥시켰다. 결국 이사는 장남 이유가 초나라 군과 내통하고 있었다는 거짓 죄목으로 요참형에 처해졌다. 그리하여 기원전 208년 진나라의 최대 공신 이사는 수도 함양 거리에서 자신이 만든 법령에 의해 공개적으로 허리가 잘려 죽었다. 그의 가족도 몰살되었다. 승상 이사가 죽고 얼마 후 진나라도 멸망한다.

이사는 자신에게 찾아온 기회를 포착하여 말단의 자리에서 최고의 자리인 승상까지 올랐다. 그러나 대의를 지켜야 할 때 개인의 이익을 좇아 결국 자신을 망치고 국가를 패망의 길에 접어들게 했다. 그는 시황제를 도와 진이 중국 통일을 이룩하는 데 가장 큰 공을 세웠고, 낙후된 진나라에 법가 사상을 도입하여 강력한 중앙집권 국가로 만들었지만, 결국 시황제의 유언을 위조함으로써 진나라를 멸망에 이르게 했다.

그러나 진나라가 전국을 통일한 이후 법치로 인한 형벌을 받은 사람이 어느 정도로 많았는지 사마천은 『사기』에서 "한비자는 도덕을 법률에 맞추도록 하되, 마치 먹줄을 친 것처럼 한 치의 어긋남도 없이 그 줄을 벗어나지 않도록 할 것을 주장하였다. 이는 인정仁政에 비추어 생각할 때 절박한 것이며, 잘잘못을 분명히 가리자는 것은 좋으나 결과적으로 인간의 따뜻한 아름다움을 없애는 것이다"라고 서술했다.

유가의 경우는 잘못과 그에 대한 처벌은 가능한 한 일치하도록 하고 군주나 제후는 덕으로써 잘못을 범한 이를 감화시킬 것을 강조하며 인간 심성의 변화에 근거한 보다 내적인 질서를 추구하였다. 그러나 법가는 이와는 대조적으로 잘못에 비해 처벌은 아주 강하게 함으로써 외적 질서를 유지할 수 있다고 보았다. 즉 유가의 예는 법과 도덕을 아우르는 것으로, 법이 강제성을 갖고 있고 도덕이 인간의 자율성에 기초하고 있음에 비하여 양면을 모두 지니고 있다. 따라서 예는 교화의 수단일 뿐만 아니라 정치적 명분을 밝히는 도구이므로, 정치를 순화할 수 있는 기능이 있다.

진시황의 법치로 인해 백성들이 얼마나 많은 고초를 겪었는지 다음 두 가지 사례로부터 짐작할 수 있다. 하나는 "형을 받은 자는 길 가는 사람의 반에 해당하고 죽은 사람은 날마다 시장에 쌓였다"는 내용이다. 길 가는 사람의 절반이 형벌을 받은 사람이었다면 그 수를 헤아릴 수 없을 것이고, 또 매일 죽은 사람이 시장에 쌓였다는 것은 형벌이 얼마나 엄했는지 짐작할 수 있다.

또 하나는 진나라의 만리장성을 쌓는 데에 동원된 노예들이 바로 범법자라는 사실이다. 아방궁과 여산의 진시황 묘를 짓는 일에 궁형을 당하고 도형을 받은 자가 70여 만이었다고 한다. 한漢나라 사람들의 연구에 따르면 이 점이 진나라가 얼마 가지 못하고 멸망하게 된 주요한 원인이라고 진단하였다. 다시 말하면, 법치로 인한 형벌을 많이 내리고 인애를 적게 베풀었음을 말하는 것이다.

법가는 현명한 군주에 의한 덕치나 인정보다는 엄격한 법과 제도에 근거한 통치를 강조하였다. 그러나 그것은 그야말로 외적 강제일 뿐이며 강제가 사라질 때에는 어떤 질서도 유지될 수 없음을 간과한 것이다.

이처럼 진나라가 망한 이면에는 여러 원인이 내재해 있다. 그러나 그것은 밖에 드러난 외적인 것이고, 그 이면에는 역시 혈연에 의한 세습에 기인하고, 특히 모친 조태후에게 실망한 시황제의 폭정도 한몫했다. 만약 진시황이 어질고 유덕한 인재를 미리 육성하여 선양하였다면 그렇게 빨리 망할 리가 없었을 것이다.

6.
하룻밤을 자고
만리장성을 쌓다

천하 통일을 이룬 진시황에게도 계속 부담을 주는 세력이 있었으니 바로 흉노족이었다. 그래서 흉노족의 침입을 막기 위해 북쪽 국경에 거대한 장성을 쌓도록 하고 몽염 장군에게 30만 병사를 주어 그 임무를 맡도록 했다. 이 만리장성을 쌓기 위해 기술자와 인부들을 모아 대역사를 시작했을 때의 일이다.

중국에서 북방 유목민족의 침공을 막기 위해 성벽을 쌓기 시작한 것은 춘추전국시대로까지 거슬러 올라간다. 춘추시대의 제齊 · 초楚, 전국시대의 연燕 · 조趙 · 진秦 등이 유목민족과의 접경에 성벽을 쌓아 침공에 대비했다.

그러나 '만리장성'이라고 불리는, 동서로 길게 이어진 성벽을 쌓기 시작한 것은 진나라 시황제 때부터이다. 중국을 통일한 시황제는 흉노의 침공을 막기 위해 춘추전국시대에 각 나라가 만든 북방의 요새와 성벽을 연결시켜 기원전 214년에 만리장성을 쌓았다.

어느 깊은 산골 외딴집에 갓 결혼한 신혼부부가 살고 있었다. 그러나 결혼한 지 사흘 만에 남편이 만리장성을 쌓는 부역에 끌려가고 말았다. 한번 만리장성을 쌓는 일에 끌려가면 공사가 끝나기 전에는 나올 수 없기 때문에 신혼부부는 뜻하지 않은 생이별을 하게 되었다. 하는 수 없이 젊고 아름다운 부인은 부역에 끌려간 남편과 다시 만날 수 있다는 확신으로 산속에서 혼자 외롭게 살아가고 있었다. 요즈음 같으면 다른 방법을 찾아볼 수도 있었겠지만, 그 당시에는 조금도 딴마음을 먹을 수 없었다.

남편을 만리장성 쌓는 일에 부역을 보낸 여인이 혼자서 외롭게 살아가고 있는 산골 외딴집에 어느 날 저녁 무렵에 지나가던 나그네가 찾아들었다. 부역을 나간 남편의 나이쯤 되는 사내가 싸리문 밖에서 "길가는 나그네인데, 갈 길은 먼데 날은 저물고 이 근처에 인가라고는 이 집밖에 없습니다. 헛간이라도 좋으니 하룻밤 묵어가게 해주십시오"라고 간곡하게 부탁하였다. 그러자 부인이 "여인네 혼자 살기 때문에 과객을 재울 수가 없습니다"라고 차마 박정하게 거절할 수가 없었다. 너무 깊은 산속이라 인가도 없고 달리 묵을 수 있는 곳도 없었기 때문이다.

나그네에게 저녁 식사를 대접한 후, 바느질하고 있는 여인에게 나그네가 말했다.

"보아하니 이 외딴집에 혼자 살고 있는 것 같은데 무슨 사연이 있습니까?"

여인은 숨길 것도 없어서 그간의 사정을 말해 주었다. 그러다 보니 밤이 깊어지자 한 방에서 서로 다른 잠자리에 들게 되었다. 부인은 아랫목에 사내는 윗목에서 잠을 청했다. 손만 뻗으면 닿을 듯 숨소리조차 들리는 지척의 거리여서 사내는 잘 수가 없었다. 그러다 보니 자연히 딴마음이 생겼다.

여인이 덮고 있는 이불 속으로 기어들면서 노골적인 수작을 걸기 시작했고, 쉽게 허락할 것 같지 않은 여인과 실랑이가 거듭되자 사내는 더욱 안달이 났다.

"부인, 이렇게 젊고 아름다운 당신이 청상과부처럼 혼자서 이 산속에서 살다가 늙는다면 인생이 너무 허무하지 않겠습니까? 돌아올 수 없는 남편을 생각해서 정조를 지킨들 무슨 소용이 있습니까? 언제 돌아올지 모르는 남편을 기다리며 살기에는 당신은 너무 젊고 아름답습니다. 내가 당신을 위해 평생을 행복하게 해드릴 터이니 아무도 모르는 곳으로 가서 우리 함께 삽시다."

그러면서 사내는 더욱 흥분하여 달려들었고, 인적 없는 깊은 산골 야심한 밤 외딴집에서 여인 혼자서 절개를 지키겠다고 아등바등 있는 힘을 다해 저항했지만 소용없는 일이었다. 부인은 일단 사내의 뜻을 받아들여 몸을 허락하겠다고 진정시킨 다음, 한 가지 청을 들어달라고 부탁했다. 부인의 말에 귀가 솔깃해진 사내는 어떤 부탁이라도 들어줄 터이니 어서 말하라며 재촉했다. 그러자 부인은 자세를 바로 한 다음에 말하였다.

"남편과는 결혼해 잠시라도 함께 산 부부의 정리가 있는데, 부역장에 끌려간 남편이 언제 돌아올지 모른다고 해서 사람이 도리도 없이 그냥 당신을 따라나설 수는 없는 일 아닙니까? 그러니 제가 새로 지은 남편의 옷 한 벌을 싸 드릴 테니 날이 밝는 대로 제 남편을 찾아가서 갈아입을 수 있도록 전해 주시고 그 증표로 글 한 장을 받아다 주십시오. 어차피 살아서 다시 만나기 어려운 남편에게 수의를 마련해 주는 마음으로 옷이라도 한 벌 지어 입히고 나면, 당신을 따라나선다고 해도 마음이 가벼울 것 같습니다. 당신이 제 심부름을 마치고 돌아오시면 저는 평생을 당신을 의지하고 살겠습니다. 그 약속을 먼저 해주신다면 기꺼이 몸을 허락하겠습니다.”

사내가 듣고 보니 그리 어려운 일도 아니었다. ‘그렇게 하겠다’고 약속하고 ‘이게 웬 한밤중에 떡이냐’ 하는 생각으로 여인과 못다 한 사랑의 욕망을 날이 새는 줄 모르고 나눈 채 깊은 잠에 곯아떨어졌다.

해가 떠올라 창밖이 훤해지자 누군가 흔들어 깨우는 바람에 사내는 단잠에서 깨었는데. 아침 햇살을 받아 얼굴이 빛나도록 아름다운 젊은 여인이 살포시 미소를 머금고 자기를 내려다보고 있었다. 그 모습이 너무 아름다워 이런 미인과 평생 해로하며 같이 살 수 있게 되었다는 벅찬 기쁨에 사내는 정성껏 차려준 아침밥을 먹고 간밤의 피로도 잊은 채 어제의 약속을 지키기 위해 길을 떠날 채비를 했다. 여인은 사내가 보는 앞에서 장롱 속에서 새 옷 한 벌을 꺼내 정성껏 보자기에 싸더니 남자의 봇짐 속에 챙겨 넣었다. 사내는 젊고 아름다운 여인과 잠시도 떨어지기 아쉬웠지만 하루라도 빨리 심부름을 마치고 돌아와서 평생을 이 여인과 함께 살아야겠다는 마음으로 쉬지 않고 달리듯 부역장을 향했다.

길을 떠난 지 며칠 후 드디어 여인의 남편이 일하는 부역장에 도착한 사내는 감독하는 관리를 찾아서 여인의 남편 면회를 신청했다. 면회를 담당하는 관리에게 부역하는 여인의 남편에게 옷을 갈아입히고 한 장의 글을 받아 가야 한다는 전후 사정 이야기를 했다. 그런데 부역자에게 옷을 갈아입히려면 부역자가 공사장 밖으로 나와야 하며, 부역자가 공사장 밖으로 나오려면 그를 대신해서 다른 사람이 들어가 부역자 대신 일을 해야 한다는 규정 때문에, 옷을 갈아입을 동안 누군가 다른 사람이 교대를 해주어야 했다.

이윽고 여인의 남편을 만난 사내는 옷 보따리를 건네주고는, 옷을 갈아입을 동안 대신 공사장에 들어가 일을 해야 했으므로, "빨리 이 옷을 갈아입고 편지를 한 장 써서 돌아오시오" 하고는 사내는 별생각 없이 여인의 남편을 대신해 작업장으로 들어갔다. 남편이 옷을 갈아입으려고 보자기를 펼치자 옷 속에서 한 장의 편지가 떨어졌다.

"당신의 사랑하는 아내입니다. 언제 돌아올지 모르는 당신을 공사장에서 빼내기 위해 이 옷을 전한 남자와 어쩔 수 없이 하룻밤을 보내게 되었습니다. 외간 남자와 하룻밤을 같이 보내게 된 것을 두고 평생 허물하지 않겠다는 생각이 들면 이 옷을 갈아입는 즉시 뒤도 돌아보지 말고 빨리 그 자리를 떠나 제가 있는 집으로 돌아오시고, 혹시라도 그럴 마음이 없거나 허물을 탓하려거든 그 남자와 다시 교대해서 공사장 안으로 들어가십시오."

결혼 후 단 사흘을 보내고 만리장성을 쌓는 부역장에 끌려온 남편에게 그동안 꿈에도 잊지 못하던 그리운 아내의 편지였다. 자신을 기약 없는 부역에서 빼내 주기 위해 다른 남자와 하룻밤을 보냈다니 그런 일은 강물에 배 지나간 자리와 같아서 흔적도 남지 않는다는데, 그 일을 잊고 평생을 아름다운 아내와 행복하게 해로하는 게 천만번 낫지, 어떤 어리석은 사람이 평생 못 나올지도 모르는 만리장성 공사장에 다시 들어가서 아내의 편지를 가져온 사내와 다시 교대를 해 그 어려운 중노동을 하겠는가? 여인의 남편은 옷을 갈아입고 기다렸다는 듯이 바쁘게 그 길로 부인에게 달려가서 아무 일 없었다는 듯이 행복하게 잘 살았다고 한다.

욕심에 눈이 먼 어리석은 사내는 순간의 욕망을 참지 못하고 아름다운 여인과 하룻밤을 함께 보낸 대가로 인해 졸지에 여인의 남편을 대신해서 평생 동안 비참하게 후회와 눈물로 만리장성을 쌓는 신세가 되었다. 예쁜 여인과의 하룻밤 대가치고는 그야말로 혹독하고 처참한 처지가 된 것이다.

변원종

한남대학교 대학원 동양철학과에서 철학박사를 취득하고, 한국방송통신대학교에서 상담원을 역임하였다. 이후 한남대학교 인문과학연구소 전임연구원, 한국학술진흥재단 인문사회분야 전임연구원으로 "국학고전연구" '한국유학 3대 논쟁자료 수집·정리 및 역주'인 「역주 예송논쟁」과 통과의례인 관례·혼례·상례, 정기의례인 제례를 집대성한 시남 유계의 『가례원류』를 3년에 걸쳐 공동 번역과 역주를 수행하였으며, 한남대학교 철학과 강의전담교수를 역임하였다.

주요 저서로는 『주자의 철학』(공저), 『朱子學의 形成과 論辨의 思惟構造』, 『朱子學과 陸王學』, 『동양의 삶의 지혜』, 『세상의 이치를 담은 한비자』, 『공자 2,500년의 시간여행』, 『동양고전의 윤리의식과 도덕적 인물』, 『참된 도를 찾는 인격수양의 길』(공저), 『장자의 사유세계와 한비자의 행동강령』, 『조선시대 여성들의 연애사』, 『배움에서 삶의 정도를 찾은 선비들』 등이 있다.

나라의 운명을 바뀌게 한
천하절색

초판인쇄 2025년 3월 28일
초판발행 2025년 3월 28일

지은이 변원종
펴낸이 채종준
펴낸곳 한국학술정보(주)
주   소 경기도 파주시 회동길 230(문발동)
전   화 031-908-3181(대표)
팩   스 031-908-3189
투고문의 ksibook1@kstudy.com
등   록 제일산-115호(2000. 6. 19)

ISBN 979-11-7318-315-7 03910